Strategisches Risikomanagement für Verteilnetzbetreiber im liberalisierten Energiemarkt

Kerstin R. Eiselbrecher

Strategisches Risikomanagement für Verteilnetzbetreiber im liberalisierten Energiemarkt

Theorie und praktische Implikationen

Springer Gabler

Kerstin R. Eiselbrecher
München, Deutschland

Leipzig, HHL Leipzig Graduate School of Management, Dissertation, 2020

ISBN 978-3-658-31613-6 ISBN 978-3-658-31614-3 (eBook)
https://doi.org/10.1007/978-3-658-31614-3

Die Deutsche Nationalbibliothek verzeichnet diese Publikation in der Deutschen Nationalbibliografie; detaillierte bibliografische Daten sind im Internet über http://dnb.d-nb.de abrufbar.

Planung/Lektorat: Carina Reibold
Springer Gabler ist ein Imprint der eingetragenen Gesellschaft Springer Fachmedien Wiesbaden GmbH und ist ein Teil von Springer Nature.
Die Anschrift der Gesellschaft ist: Abraham-Lincoln-Str. 46, 65189 Wiesbaden, Germany

Grau, teurer Freund, ist alle Theorie
und grün des Lebens goldner Baum.

(Goethe, Faust I)

Geleitwort

Die fortschreitende Liberalisierung des Energiemarktes führte aus Sicht der Verteilnetzbetreiber (VNB) zu mehrdimensionalen Veränderungen von Markt-, Vertrags- sowie Supply Chain-Strukturen.

Aufgrund der in der Vergangenheit sehr hohen Verluste, die für VNB aus Lieferanteninsolvenzen resultierten und der mangelnden Verfügbarkeit paradigmenspezifischer und zieladäquater Konzepte, lässt sich die von Frau Eiselbrecher bearbeitete Aufgabenstellung deshalb als aktuelles, mit hoher theoretischer wie praktischer Relevanz verbundenes Thema qualifizieren.

Das Hauptziel der vorliegenden Arbeit besteht in der Konzeption eines strategischen Risikomanagementmodells, das Verteilnetzbetreibern Methoden und (Handlungs-) Empfehlungen zur Verfügung stellt, um ursachen- sowie wirkungsorientiert Lieferantenrisiken aus Insolvenz und Anfechtung im liberalisierten Energiemarkt zu handhaben.

Die Verfasserin erbringt durch die schrittweise theorie- und empiriegeleitete Entwicklung des angestrebten Meta- sowie des Detailmodells, inklusive der Zuordnung von Instrumenten, in der vorliegenden Arbeit eine beachtliche analytische wie konzeptionelle Eigenleistung. Das Gesamtmodell ist strukturell in vielfältiger Hinsicht als Pionierleistung zu würdigen und enthält zahlreiche neue Erkenntnisse, die im Bereich des strategischen Risikomanagements von VNB im liberalisierten Energiemarkt Ausgangspunkt für weiterführende Studien bilden.

Das Buch, dem eine Dissertation an der HHL Leipzig Graduate School of Management zugrunde liegt, wendet sich gleichermaßen an Leser aus Wissenschaft und Praxis.

Leipzig
im Juni 2020

Prof. Dr. Iris Hausladen

Vorwort

Die Idee zu dieser Arbeit entstand während meiner Tätigkeit bei einem Verteilnetzbetreiber, als die Energieanbieter (Lieferanten) TelDaFax und FlexStrom Insolvenz anmeldeten und laut Medienberichten bei 1,5 Millionen Gläubigern einen volkswirtschaftlichen Schaden in Milliardenhöhe hinterließen. Weitere Insolvenzfälle belegen, dass in Folge der Liberalisierung des Energiemarkts und des daraus resultierenden Wettbewerbs Insolvenzen von Energieanbietern die Energiewirtschaft auch weiterhin beschäftigen werden.

Die Schnittstelle der Verteilnetzbetreiber zwischen Kunden und Lieferanten, ihre eigene hohe Betroffenheit sowie die besonderen energiewirtschaftlichen Vorgaben führten zu der Zielsetzung, ein strategisches Risikomanagementmodell für die Verteilnetzbetreiber zu entwickeln, das dazu beiträgt, ihre Forderungsausfälle aus Lieferanteninsolvenzen und Anfechtungen – und als mögliche Konsequenz ihres Handelns auch für weitere Marktpartner – zu reduzieren.

Im Ergebnis dieser Arbeit zeigt das Modell den Verteilnetzbetreibern ein strukturiertes und praxisgerecht gestaltetes Vorgehen auf, das es ihnen unter Berücksichtigung der energiewirtschaftlichen Rahmenbedingungen und identifizierter Risikofaktoren ermöglicht, das Vorliegen relevanter Risikofaktoren zu erkennen, die Risikoausprägung der einzelnen Lieferanten zu bewerten und entsprechende Maßnahmen zur Risikohandhabung und Risikoüberwachung zu ergreifen. Hinweise zur Integration im Unternehmen dienen dazu, die Implementierung zu fördern.

Ich möchte mich an dieser Stelle bei allen bedanken, die mich bei der Erstellung dieser Arbeit unterstützt und begleitet haben.

Mein besonderer Dank gilt meiner sehr geschätzten Doktormutter Frau Prof. Dr. Iris Hausladen, die diese Arbeit durch konstruktive Diskussionen und Anregungen wissenschaftlich begleitet und geprägt hat. Herrn Prof. Dr. Arnis Vilks danke ich herzlich für die Erstellung des Zweitgutachtens und Herrn Prof. Dr. Wilhelm Althammer für die Übernahme des Prüfungsvorsitzes. Mein großer Dank gilt auch dem Team der HHL Leipzig Graduate School of Management für die Betreuung während des Promotionsstudiums. Frau Beate Kanheißner danke ich sehr für die Organisation rund um mein Stipendium des Beta Gamma Sigma-Kapitels der HHL & der Gesellschaft der Freunde der HHL und Frau Vera Götz für die Koordination der Disputation sowie ihre Motivation und Begleitung beim Zieleinlauf.

Diese Arbeit hat durch die Unterstützung verschiedener Praktiker erheblich profitiert. Ganz besonders bedanke ich mich bei den Juristen und Verteilnetzbetreibern für die Dokumente, Interviews und interessanten Einblicke in ihren Arbeitsbereich, die wichtige Erkenntnisse für diese Arbeit gewinnen ließen.

Ein großer Dank gilt meinen Führungskräften der Stadtwerke München GmbH, die mir die nebenberufliche Promotion ermöglicht haben. Meinen Kollegen Dr. Bernhard Boeck, Franziska Buchard-Seidl, Christian Gutzmann, Uwe Handreka, Falk Johns, Andrea Schlotzer, Nicola Schmitt und Peer Schulze danke ich sehr, dass sie mir immer unterstützend zur Seite standen und mir durch die interessanten Diskussionen wichtige Impulse für diese Arbeit gegeben haben.

Ganz besonders bedanke ich mich bei Thomas Wiedmann. Seine aufbauenden Worte zu allen möglichen Tages- und Nachtzeiten haben mir das notwendige Durchhaltevermögen für die Erstellung dieser Arbeit gegeben.

Mein sehr persönlicher Dank gilt meinen Eltern. Ohne ihre liebevolle, bedingungslose Unterstützung und ihr Vertrauen in mich wäre die vorliegende Arbeit nicht möglich gewesen. Ich widme uns diese Arbeit.

In der Zeit während der Erstellung dieses Buches habe ich leider sehr viele liebe Menschen verloren. Ich möchte daher in diesem Vorwort meiner Patentante Rosina und ihrem Mann Rudi, meinem Onkel Heiner, meinen beiden Cousinen Petra und Claudia sowie meinem Cousin Harald und Herrn Heinz Wiedmann gedenken und ihnen für die vielen schönen gemeinsamen Momente danken. Schade, dass ihr dieses Buch nicht mehr in euren Händen halten könnt.

München
im Juli 2020

Kerstin R. Eiselbrecher

Inhaltsverzeichnis

1 Einführung 1
1.1 Ausgangssituation und Problemstellung 5
1.2 Behandlung des Themas in der Literatur 10
1.3 Zielsetzung und Aufbau der Arbeit 25

2 Theoretischer Bezugsrahmen 29
2.1 Die Liberalisierung des Energiemarkts als Ausgangssituation 29
2.1.1 Historie der Energieversorgung und Spezifika in der Kette der liberalisierten Stromversorgung 30
2.1.2 Supply Chain Management und Rollen der Marktpartner 35
2.1.3 Charakterisierung der Verteilnetzbetreiber-Lieferanten-Beziehung 42
2.2 Das Risiko aus dem diskriminierungsfreien Netzzugang 52
2.2.1 Charakterisierung des Risikobegriffs 52
2.2.2 Systematisierung von Risiken 55
2.2.3 Das Risiko aus insolvenzbedingten Lieferantenausfällen im Kontext der Supply Chain der Stromversorgung 57
2.2.4 Risikospezifizierung auf der Stufe der Verteilnetzbetreiber 61
2.3 Strategisches Risikomanagement als Rahmen zum bewussten Umgang mit Risiken 67
2.3.1 Charakterisierung und Zielsetzung des strategischen Risikomanagements 67

2.3.2 Konzeptionelle Ansätze zum Risikomanagement in der Supply Chain ... 69
2.3.3 Struktur des strategischen Risikomanagements ... 72
2.3.3.1 Risikopolitische Grundsätze ... 74
2.3.3.2 Prozess des Risikomanagements ... 75
2.3.3.3 Integration und organisatorische Verankerung ... 78
2.4 Berechtigung und Zielsetzung des strategischen Risikomanagements für Verteilnetzbetreiber ... 79
2.5 Zusammenfassung des theoretischen Bezugsrahmens ... 80

3 Metamodell zum strategischen Risikomanagement für Verteilnetzbetreiber ... 83
3.1 Rahmenbedingungen des Metamodells ... 85
3.1.1 Gesetzliche und regulatorische Vorgaben ... 85
3.1.2 Risikopolitische Grundsätze ... 87
3.2 Einflussgrößen des Metamodells ... 90
3.2.1 Forschungsdesign und Durchführung der empirischen Analyse ... 91
3.2.1.1 Zielsetzung und methodisches Vorgehen ... 91
3.2.1.2 Datenerhebung und Abschlusskriterium der Untersuchung ... 93
3.2.1.3 Datenanalyse und Theoriebildung ... 96
3.2.1.4 Ergebnisse der Analyse ... 98
3.2.1.5 Kritische Würdigung der empirischen Untersuchung ... 102
3.2.2 Selektion metamodellrelevanter Risikofaktoren ... 103
3.3 Gestaltungsfelder des Metamodells ... 109
3.3.1 Risikoidentifikation auf Verteilnetzbetreiber-Ebene ... 110
3.3.2 Risikoanalyse/-bewertung ... 117
3.3.3 Risikohandhabung ... 122
3.3.4 Risikoüberwachung ... 127
3.3.5 Integration und organisatorische Verankerung ... 130
3.4 Zusammenfassung des Metamodells und weitere Vorgehensweise ... 131

4 Empirische Untersuchung in der Praxis der Verteilnetzbetreiber ... 133
4.1 Zielsetzung und methodisches Vorgehen ... 133
4.2 Datenerhebung ... 135

4.2.1 Auswahl der Verteilnetzbetreiber und Charakterisierung der Interviewpartner ... 136
4.2.2 Vorbereitung der Interviews ... 138
4.2.3 Durchführung der Interviews ... 139
4.2.4 Nachbereitung Interviews ... 140
4.3 Datenanalyse und Erkenntnisse ... 140
4.3.1 Derzeitiges Vorgehen der Verteilnetzbetreiber ... 141
4.3.1.1 Fallstudie VNB1 ... 141
4.3.1.2 Fallstudie VNB2 ... 143
4.3.1.3 Fallstudie VNB3 ... 144
4.3.1.4 Fallstudie VNB4 ... 146
4.3.1.5 Fallstudie VNB5 ... 148
4.3.2 Ableitung des Entwicklungsstands der Praxis ... 150
4.3.3 Bewertung der Elemente des Metamodells aus Sicht der Praxis ... 154
4.3.3.1 Anforderungen der Verteilnetzbetreiber ... 154
4.3.3.2 Betrachtete und geeignete Einflussgrößen ... 156
4.3.3.3 Beurteilung der Gestaltungsfelder ... 160
4.3.3.3.1 Risikoidentifikation auf Verteilnetzbetreiber-Ebene ... 160
4.3.3.3.2 Risikoanalyse/-bewertung ... 162
4.3.3.3.3 Risikohandhabung ... 163
4.3.3.3.4 Risikoüberwachung ... 166
4.3.3.3.5 Integration und organisatorische Verankerung ... 169
4.4 Kritische Würdigung der empirischen Untersuchung ... 170

5 Modell des strategischen Risikomanagements zur Anwendung in der Praxis ... 173
5.1 Rahmenbedingungen des Modells ... 173
5.1.1 Gesetzliche und regulatorische Vorgaben ... 174
5.1.2 Risikopolitische Grundsätze ... 174
5.2 Einflussgrößen des Modells ... 176
5.3 Gestaltungsfelder des Modells ... 178
5.3.1 Risikoidentifikation auf Verteilnetzbetreiber-Ebene ... 178
5.3.2 Risikoanalyse/-bewertung ... 180
5.3.2.1 Methodenauswahl und Vorstellung der Auskunftspersonen ... 181

5.3.2.2 Risikoprofil und Risikoportfolio zum Lieferanteninsolvenzrisiko 183
5.3.2.3 Risikoprofil und Risikoportfolio zum Anfechtungsrisiko 187
5.3.2.4 Zusammenführung zum Risikoportfolio des finanzwirtschaftlichen Risikos 189
5.3.3 Risikohandhabung 191
5.3.4 Risikoüberwachung 196
5.3.5 Integration und organisatorische Verankerung 197
5.3.5.1 Integration in die Organisationsstruktur 197
5.3.5.2 Handlungsempfehlungen zur Implementierung 199
5.4 Zusammenfassung und Bewertung des Modells 201

6 Zusammenfassung der Ergebnisse und Ausblick 205

Literaturverzeichnis 217

Abkürzungsverzeichnis

AktG	Aktiengesetz
ARegV	Verordnung über die Anreizregulierung der Energieversorgungsnetze (Anreizregulierungsverordnung)
BDEW	BDEW Bundesverband der Energie- und Wasserwirtschaft e. V.
BGBl	Bundesgesetzblatt
BK	Beschlusskammer
BNetzA	Bundesnetzagentur für Elektrizität, Gas, Telekommunikation, Post und Eisenbahnen
EDIFACT	Electronic Data Interchange for Administration, Commerce and Transport
EEG	Gesetz für den Ausbau erneuerbarer Energien (Erneuerbare-Energien-Gesetz)
EnWG	Gesetz über die Elektrizitäts- und Gasversorgung (Energiewirtschaftsgesetz)
EU	Europäische Union
i. e. S.	im engeren Sinn
ild	Institut für Logistik- & Dienstleistungsmanagement
InsO	Insolvenzordnung
KonTraG	Gesetz zur Kontrolle und Transparenz im Unternehmensbereich
MsbG	Gesetz über den Messstellenbetrieb und die Datenkommunikation in intelligenten Energienetzen (Messstellenbetriebsgesetz)
NAV	Verordnung über Allgemeine Bedingungen für den Netzanschluss und dessen Nutzung für die Elektrizitätsversorgung in Niederspannung (Niederspannungsanschlussverordnung)
RLM	Registrierende Leistungsmessung
SLP	Standardlastprofil

StromNZV	Verordnung über den Zugang zu Elektrizitätsversorgungsnetzen (Stromnetzzugangsverordnung)
VKU	VKU Verband kommunaler Unternehmen e. V.
VNB	Verteilnetzbetreiber

Abbildungsverzeichnis

Abb. 1.1 Aufbau der Arbeit 26
Abb. 2.1 Wertschöpfungskette im liberalisierten Strommarkt 32
Abb. 2.2 Wesentliche Merkmale in der Strom Supply Chain 50
Abb. 2.3 Insolvenzbedingter Lieferantenausfall im Kontext der Supply Chain 59
Abb. 2.4 Risikoereigniskette der Verteilnetzbetreiber 62
Abb. 2.5 Konzeptionelle Ansätze zum Risikomanagement in der Supply Chain 71
Abb. 2.6 Aufbau und Strukturelemente des Risikomanagements mit Supply Chain Orientierung 73
Abb. 2.7 Phasen des Risikomanagementprozesses in der Literatur 75
Abb. 3.1 Metamodell zum strategischen Risikomanagement für Verteilnetzbetreiber 84
Abb. 3.2 Hauptziel und Zielkriterien des strategischen Risikomanagements 88
Abb. 3.3 Leitlinien des Metamodells 89
Abb. 3.4 Forschungsfragen zur empirischen Untersuchung der Einflussgrößen 91
Abb. 3.5 Datengrundlage zur empirischen Untersuchung der Einflussgrößen 94
Abb. 3.6 Umsetzung der Datenanalyse mit ATLAS.TI 97
Abb. 3.7 Risikofaktoren Insolvenz und Begründung 99
Abb. 3.8 Risikofaktoren einer insolvenzrechtlichen Anfechtung 101
Abb. 3.9 Theoretische Sättigung der qualitativen Datenanalyse 104
Abb. 3.10 Selektierte und strukturierte Risikofaktoren einer Lieferanteninsolvenz 107

Abb. 3.11 Selektierte Risikofaktoren einer Anfechtung ... 108
Abb. 3.12 Methoden zur Erkennung der selektierten Risikofaktoren ... 111
Abb. 3.13 Maßnahmen zur Risikoanalyse/-bewertung ... 118
Abb. 3.14 Maßnahmen zur Risikoreduzierung ... 123
Abb. 3.15 Maßnahmen zur Risikoüberwachung ... 127
Abb. 3.16 Methoden zur Identifikation neuer Risikofaktoren ... 129
Abb. 4.1 Datenbasis zur empirischen Untersuchung der Praxis ... 138
Abb. 4.2 Bewertungsschema zur Reifegradbestimmung des Risikomanagements ... 151
Abb. 4.3 Reifegrade und Performancelücke im Risikomanagement der Verteilnetzbetreiber ... 152
Abb. 4.4 Anforderungen der Verteilnetzbetreiber an das Risikomanagement ... 155
Abb. 4.5 Risikofaktoren einer Insolvenz aus Verteilnetzbetreiber-Sicht ... 158
Abb. 4.6 Risikofaktoren einer Anfechtung aus Verteilnetzbetreiber-Sicht ... 159
Abb. 4.7 Risikoidentifikation auf Verteilnetzbetreiber-Ebene ... 161
Abb. 4.8 Risikoanalyse/-bewertung der Verteilnetzbetreiber ... 163
Abb. 4.9 Risikohandhabung aus Verteilnetzbetreiber-Sicht ... 164
Abb. 4.10 Risikoüberwachung nach Art der Überwachung ... 167
Abb. 4.11 Risikoüberwachung zur Aktualisierung der Risikofaktoren ... 168
Abb. 5.1 Leitlinien des strategischen Risikomanagements der Verteilnetzbetreiber ... 175
Abb. 5.2 Risikofaktoren einer Insolvenz und Anfechtung ... 177
Abb. 5.3 Methodenbaukasten Risikoidentifikation auf VNB-Ebene ... 179
Abb. 5.4 Methodenbaukasten zur Risikoanalyse/-bewertung ... 182
Abb. 5.5 Auskunftspersonen VNB4 zur Gestaltung des Risikomanagements ... 183
Abb. 5.6 Risikoprofil Insolvenzrisiko ... 184
Abb. 5.7 Risikoportfolio Insolvenzrisiko ... 186
Abb. 5.8 Risikoprofil Anfechtungsrisiko ... 188
Abb. 5.9 Risikoportfolio Anfechtungsrisiko ... 189
Abb. 5.10 Zusammenführung der Risikoportfolios ... 190
Abb. 5.11 Normstrategien Lieferanteninsolvenzrisiko ... 192
Abb. 5.12 Normstrategien Anfechtungsrisiko ... 194
Abb. 5.13 Methodenbaukasten zur Risikohandhabung ... 195
Abb. 5.14 Methodenbaukasten zur Risikoüberwachung ... 196

Abb. 5.15 Methodenbaukasten zur Risikoidentifikation auf Marktebene 197
Abb. 5.16 Integration und organisatorische Verankerung in der Praxis 199
Abb. 5.17 Erfüllungsgrad des Modells hinsichtlich der Anforderungen und Leitlinien 203
Abb. 6.1 Modell zum strategischen Risikomanagement für Verteilnetzbetreiber 210

1 Einführung

Auf Bestreben der EUROPÄISCHEN UNION (EU), einen Energiebinnenmarkt zu schaffen, leitete Deutschland mit dem GESETZ ZUR NEUREGELUNG DES ENERGIEWIRTSCHAFTSRECHTS VOM 24. APRIL 1998 die Liberalisierung seines Strom- und Gasmarkts ein.[1] Die Verbraucher sind seitdem nicht mehr an das Energieversorgungsunternehmen gebunden, an dessen örtliches Netz sie angeschlossen sind, sondern können ihren Strom- und Gasanbieter frei auswählen.

Die Liberalisierung führte zu einschneidenden Veränderungen in der deutschen Strom- und Gasversorgung. Während zu Zeiten des Monopolmarkts vertikal integrierte Energieversorgungsunternehmen innerhalb abgegrenzter Gebiete als Alleinanbieter für die Versorgung der Kunden zuständig waren[2] und dadurch die Wertschöpfungskette (Supply Chain) der Strom- und Gasversorgung vollständig beherrschten, erforderte die Implementierung des Wettbewerbs die Auflösung der Gebietsmonopole und den diskriminierungsfreien Netzzugang Dritter.[3] Zur Unabhängigkeit der Netzbetreiber wurden die Energieversorgungsunternehmen mit § 6 ENERGIEWIRTSCHAFTSGESETZ (EnWG)[4] zur Entflechtung verpflichtet. Dadurch

[1] Vgl. BUNDESTAG (1998a), S. 730–736.

[2] Vgl. ORTLIEB, B. (2016), S. 199.

[3] Vgl. BOZEM, K. (2007), S. 67.

[4] Vgl. BUNDESTAG (2005a), S. 1970–2009.

Elektronisches Zusatzmaterial Die elektronische Version dieses Kapitels enthält Zusatzmaterial, das berechtigten Benutzern zur Verfügung steht https://doi.org/10.1007/978-3-658-31614-3_1

K. R. Eiselbrecher, *Strategisches Risikomanagement für Verteilnetzbetreiber im liberalisierten Energiemarkt*, https://doi.org/10.1007/978-3-658-31614-3_1

unterliegen die Wertschöpfungsstufen Erzeugung und Vertrieb (Strom–/Gasanbieter[5]) dem Wettbewerb, die natürlichen Monopole[6] der Netze werden staatlich reguliert, um einen wettbewerbsbehindernden Machtmissbrauch zu verhindern.[7] In diesem Zusammenhang gibt die BUNDESNETZAGENTUR FÜR ELEKTRIZITÄT, GAS, TELEKOMMUNIKATION, POST UND EISENBAHNEN (BNetzA) als oberste Regulierungsbehörde den Übertragungsnetzbetreibern (überregionaler Transport der Energie[8]) und Verteilnetzbetreibern (regionale Verteilung der Energie[9]) jeweils einheitlich anzuwendende Verträge und Rahmenbedingungen zur Aufnahme und Abwicklung der Netznutzung vor.[10] Die Netzentgelte basieren durch die fehlende wettbewerbliche Preisbildung auf den von den jeweils zuständigen Regulierungsbehörden[11] errechneten Erlösobergrenzen, die die Netzbetreiber aus der Durchleitung der Energie maximal vereinnahmen dürfen.[12]

Inzwischen haben sich rund 1.300 Stromlieferanten und nahezu 1.000 Gaslieferanten am Markt eingefunden.[13] Dass aber nicht alle Strom- und Gasanbieter dem Wettbewerbsdruck standhalten und welche Folgen dies für die Marktpartner hat, zeigte erstmals deutlich die Insolvenz des Strom- und Gaslieferanten TELDAFAX ENERGY GMBH im Jahr 2011.[14] Mit rund 700.000 Gläubigern und einem volkswirtschaftlichen Schaden von über 650 Millionen Euro[15] zählt sie zu den größten Insolvenzverfahren der deutschen Wirtschaftsgeschichte.[16] Zwar sicherte mit Einstellung des Geschäftsbetriebs der örtliche Ersatzversorger die

---

[5] Nach § 2 Nr. 5 StromNZV als Stromlieferanten, nach § 3 Nr. 19b EnWG als Gaslieferanten bezeichnet.

[6] Vgl. KNIEPS, G. (2003), S. 13; vgl. PANOS, K. (2013), S. 46.

[7] Vgl. § 1 EnWG.

[8] Vgl. § 3 Nr. 32 EnWG.

[9] Vgl. § 3 Nr. 37 EnWG.

[10] Vgl. BUNDESNETZAGENTUR FÜR ELEKTRIZITÄT, GAS, TELEKOMMUNIKATION, POST UND EISENBAHNEN (Hrsg.) (2019g), [Stand 29.11.2019] mit § 20 EnWG.

[11] Bei Netzbetreibern mit weniger als 100.000 angeschlossenen Kunden ist dies nach § 54 Abs. 2 EnWG die Landesregulierungsbehörde, sonst die BNetzA.

[12] Vgl. BUNDESNETZAGENTUR FÜR ELEKTRIZITÄT, GAS, TELEKOMMUNIKATION, POST UND EISENBAHNEN (Hrsg.) (2019f), [Stand 29.11.2019] mit §§ 20, 21, 23a EnWG.

[13] Vgl. BDEW BUNDESVERBAND DER ENERGIE- UND WASSERWIRTSCHAFT E. V. (Hrsg.) (2019c), [Stand 29.11.2019]. Erhebung mit Stand 03/2019; Eine Addition ist durch die Tätigkeit von Lieferanten in beiden Sparten nicht möglich.

[14] Vgl. zur Eröffnung des Insolvenzverfahrens AMTSGERICHT BONN (Hrsg.) (2011).

[15] Vgl. HANDELSBLATT ONLINE (Hrsg.) (2015), [Stand 01.12.2019].

[16] Vgl. SPILCKER, A. (2015), [Stand 01.12.2019].

unterbrechungsfreie Weiterversorgung der Kunden,[17] dennoch wurde unter außerordentlich hoher Medienbegleitung das mit dem Wettbewerb entstandene Risiko durch wirtschaftlich instabile Energielieferanten in das Bewusstsein der Öffentlichkeit gerückt.[18] Die volkswirtschaftlichen Schäden beinhalten neben nicht mehr erbrachten Leistungen und unbeglichenen Forderungen auch die bis dahin unerwarteten Rückzahlungen aus insolvenzrechtlichen Anfechtungen, die der Sicherstellung einer gleichmäßigen Gläubigerbefriedigung[19] dienen. Aus der umfangreichen Berichterstattung zur TELDAFAX ENERGY GMBH lässt sich vertiefend feststellen, dass die betroffenen Endkunden durchschnittlich 430 Euro beispielsweise durch Vorauszahlungen verloren haben.[20] Dem Staat wurden mehrere Millionen Euro an Steuergeldern nicht bezahlt,[21] zusätzlich dazu mussten nach einem Vergleich über 140 Millionen Euro an bereits vereinnahmten Steuern an die Insolvenzverwaltung zurückgezahlt werden.[22] Ebenso erging es den Netzbetreibern, die sowohl Forderungsausfälle durch nicht beglichene Rechnungen aus der Netznutzung als auch insolvenzrechtliche Anfechtungen in Höhe von über 230 Millionen Euro erhielten.[23]

Während die Insolvenz der TELDAFAX ENERGY GMBH noch als Einzelfall angesehen wurde und die Netzbetreiber ihre Forderungsverfolgung optimierten, gewann das Risiko hoher finanzieller Verluste durch wirtschaftlich instabile Lieferanten im Jahr 2013 mit den Insolvenzen der FLEXSTROM AG[24] und ihrer Tochtergesellschaften FLEXGAS GMBH[25], OPTIMALGRÜN GMBH[26] und LÖWENZAHN ENERGIE GMBH[27] erneut an Bedeutung. Mit nahezu 570 Millionen Euro und durch

---

[17] Vgl. § 38 EnWG.

[18] Vgl. exemplarisch HANDELSBLATT ONLINE (Hrsg.) (o. J.), [Stand 01.12.2019].

[19] Vgl. § 129 InsO.

[20] Vgl. HANDELSBLATT ONLINE (Hrsg.) (2015), [Stand 01.12.2019].

[21] Vgl. JHERING, G. VON (2013a), S. 32f, wonach die Steuerschuld alleine der Stromsteuer bereits zum 01.10.2009 rund 28,3 Millionen Euro betrug. Inwieweit diese beglichen wurde ist nicht bekannt.

[22] Vgl. IWERSEN, S. (2016a), S. 25.

[23] Vgl. IWERSEN, S. (2016b), S. 22.

[24] Vgl. zur Eröffnung des Insolvenzverfahrens AMTSGERICHT CHARLOTTENBURG (Hrsg.) (2013b).

[25] Vgl. zur Eröffnung des Insolvenzverfahrens AMTSGERICHT CHARLOTTENBURG (Hrsg.) (2013a).

[26] Vgl. zur Eröffnung des Insolvenzverfahrens AMTSGERICHT CHARLOTTENBURG (Hrsg.) (2013d).

[27] Vgl. zur Eröffnung des Insolvenzverfahrens AMTSGERICHT CHARLOTTENBURG (Hrsg.) (2013c).

die rund 835.000 betroffenen Gläubiger erreichte die Insolvenz der FLEXSTROM-Gruppe ein noch höheres Ausmaß als die TELDAFAX ENERGY GMBH.[28] Auch hier zählen Staat und Netzbetreiber nach den Angaben von Experten und mit der Insolvenz vertrauten Juristen mit einem zwei- beziehungsweise dreistelligen Millionenbetrag zu den Gläubigern mit den größten Verlusten.

Die Ausführungen machen deutlich, dass mit der hohen Anzahl der am Markt tätigen Energielieferanten das Ziel eines Wettbewerbs im Strom- und Gasmarkt zwar erreicht wurde, allerdings weisen die volkswirtschaftlichen Schäden auch darauf hin, dass die Regulierung das Risiko durch wirtschaftlich instabile Lieferanten auf die Marktteilnehmer überträgt. Besondere Betroffenheit zeigt sich bei den Netzbetreibern, die sich aufgrund des Kontrahierungszwangs im Gegensatz zu anderen Geschäftspartnern nur unter sehr strengen Voraussetzungen aus der Verpflichtung zum Netzzugang lösen können. Neben dem Risiko von Forderungsausfällen durch unbeglichene Rechnungen im Insolvenzfall erhöht die Aufrechterhaltung der Geschäftsbeziehung im Krisenzeitraum die Wahrscheinlichkeit einer insolvenzrechtlichen Anfechtung und damit weiterer Forderungsausfälle durch Rückzahlungen an die Insolvenzverwaltung.[29] Das Risiko dieser Forderungsausfälle ist für die Netzbetreiber besonders problematisch, da sie dadurch die regulatorisch genehmigten Erlösobergrenzen zur Bereitstellung der Netze nicht vollständig vereinnahmen können.

Auf der Suche nach einer Lösung zur Verringerung des finanzwirtschaftlichen Risikos aus der Lieferantenbeziehung rückt das Erfordernis eines Risikomanagements im liberalisierten Energiemarkt in den Vordergrund. Dabei zeigen die Netzbetreiber durch ihre zentrale Funktion der Netzbereitstellung ein großes Potenzial, mit einer Integration auf ihrer Wertschöpfungsstufe nicht nur ihrem eigenen, sondern als mögliche Konsequenz ihres Handelns auch dem finanzwirtschaftlichen Risiko weiterer mit den Lieferanten verbundener Marktpartner entgegenzuwirken. Als Gläubigergruppe mit immensen Forderungsausfällen bei Insolvenzeintritt und besonderen regulatorischen Vorgaben in der Lieferantenbeziehung weisen sie zudem einen hohen Handlungsbedarf auf.

Die vorliegende Arbeit widmet sich der Entwicklung eines Managementkonzepts für die Verteilnetzbetreiber, welches es ihnen ermöglicht, im Einklang mit den energiewirtschaftlichen Vorschriften der Risikoentstehung und Risikowirkung aus Lieferanteninsolvenzen und insolvenzrechtlichen Anfechtungen bereits proaktiv zu begegnen und das finanzwirtschaftliche Risiko primär zu reduzieren. Die Fokussierung auf die regionalen Verteilnetzbetreiber und die Sparte Strom dient der

---

[28]Vgl. PAWLAK, C. (2015), [Stand 29.11.2019].

[29]Vgl. MÖNNING, R.-D./ZIMMERMANN, F. (2015), S. 2.

Reduzierung der Komplexität bei gleichzeitiger Berücksichtigung einer möglichst großen Anwendergruppe.

Eine risikobewusste Gestaltung der Verteilnetzbetreiber-Lieferanten-Beziehung leistet zugleich einen Beitrag zur Behebung des aufgezeigten Defizits im liberalisierten Energiemarkt, indem ein frühzeitiges Erkennen risikobehaftet erscheinender Lieferanten und die Anwendung adäquater Maßnahmen zur Risikohandhabung durch die Verteilnetzbetreiber auch den aufgezeigten volkswirtschaftlichen Schäden entgegenwirken. Zugleich kann negativen Pressemeldungen infolge von Lieferanteninsolvenzen und dem sich bereits abzeichnenden Vertrauensverlust der Verbraucher in den Energiemarkt begegnet werden, der sich aus einer beginnenden Stagnation der Lieferantenwechsel ableiten lässt.[30]

Im Rahmen dieser Untersuchung werden keine rechtlichen Prüfungen ersetzt. Insbesondere in Zusammenhang mit dem Insolvenzrecht können zwar allgemeine Empfehlungen zu einer möglichst anfechtungssicheren Gestaltung der Verteilnetzbetreiber-Lieferanten-Beziehung gegeben werden, jedoch sind bei der Bewertung des Anfechtungsrisikos die Gesamtumstände und die Betrachtung des Einzelfalls entscheidend.

Zur zielgerichteten Bearbeitung der Themenstellung wird im Folgenden die Ausgangssituation und Problemstellung aufbereitet. Dies dient der Erfassung der seit den Insolvenzen der TELDAFAX ENERGY GMBH und FLEXSTROM-Gesellschaften erfolgten Änderungen im liberalisierten Energiemarkt und der Darlegung des Forschungsbedarfs.

1.1 Ausgangssituation und Problemstellung

Seit den Insolvenzen der TELDAFAX ENERGY GMBH und FLEXSTROM-Gesellschaften sind inzwischen mehrere Jahre vergangen. Das Ausmaß der Insolvenzen und ihrer Anfechtungen haben nicht nur bei den Marktpartnern dieser Lieferanten zu großer Betroffenheit geführt, sondern auch die BNetzA, die Judikative sowie die Legislative beschäftigt. So wurden durch das außerordentliche Bestreben der Verbände und ihrer Zusammenarbeit mit der BNetzA sowie der Gesetzgebung die Rahmenbedingungen zur Gestaltung der Verteilnetzbetreiber-Lieferanten-Beziehung angepasst.[31] Der zur Netznutzung abzuschließende und

[30] Vgl. BUNDESNETZAGENTUR FÜR ELEKTRIZITÄT, GAS, TELEKOMMUNIKATION, POST UND EISENBAHNEN/BUNDESKARTELLAMT (Hrsg.) (2019), S. 6.

[31] Vgl. BDEW BUNDESVERBAND DER ENERGIE- UND WASSERWIRTSCHAFT E. V. (Hrsg.) (2015); vgl. BUNDESNETZAGENTUR FÜR ELEKTRIZITÄT, GAS, TELEKOMMUNIKATION,

derzeit gültige Standard-Lieferantenrahmenvertrag[32] ermöglicht nun eine anfechtungssichere Abwicklung des Zahlungsverkehrs,[33] und die INSOLVENZORDNUNG (InsO)[34] wurde hinsichtlich der Anfechtungsvoraussetzungen unter anderem mit einem verkürzten Anfechtungs- und Verzinsungszeitraum gläubigerfreundlicher gestaltet.[35]

Inwieweit diese Änderungen tatsächlich auch zu einer Verringerung der Forderungsausfälle für die kontrahierungspflichtigen Verteilnetzbetreiber führen werden, ist wegen der noch fehlenden Anwendungsfälle unklar. Da sich die Anfechtungen der TELDAFAX ENERGY GMBH und FLEXSTROM AG nach Angaben von in die Insolvenzabwicklung involvierten Juristen ohnehin bereits im nun gültigen vierjährigen Anfechtungszeitraum bewegten und zudem Zinszahlungen Verhandlungsmasse waren, sind die kontroversen Diskussionen der Energiewirtschaftsexperten nachvollziehbar, insbesondere auch deshalb, weil Branchenvertreter den Kontrahierungszwang als Ursache der hohen Forderungsausfälle ansehen und ihr Vorschlag nach einer gesetzlichen Ausnahmeregelung „(...) für den gesamten Bereich der leitungsgebundenen Ver- und Entsorgung (...)" in der Novelle zur INSOLVENZORDNUNG keine Berücksichtigung fand.[36]

Ein Eingreifen der BNetzA als regulatorisches Mittel zur Reduzierung des finanzwirtschaftlichen Risikos ist nicht zu erwarten. Im Zusammenhang mit dem liberalisierten Energiemarkt besteht ihre Hauptaufgabe in der Sicherung des Wettbewerbs. Eine Einführung von Netzzugangsvoraussetzungen für Lieferanten oder eines von den Medien und Verbraucherschützern immer wieder geforderten Handelns der BNetzA bei instabil erscheinenden Lieferanten[37] hingegen stellen Einschränkungen des Wettbewerbs dar. Maßnahmen der BNetzA werden sich deshalb auch in Zukunft auf Verstöße gegen die Marktregeln beschränken.[38]

POST UND EISENBAHNEN (Hrsg.) (2015); vgl. VKU VERBAND KOMMUNALER UNTERNEHMEN E. V. (Hrsg.) (2015c); vgl. BUNDESNETZAGENTUR FÜR ELEKTRIZITÄT, GAS, TELEKOMMUNIKATION, POST UND EISENBAHNEN (Hrsg.) (2017a).

[32]Nach § 20 EnWG auch unter der Terminologie Netznutzungsvertrag gebräuchlich.

[33]Vgl. BUNDESNETZAGENTUR FÜR ELEKTRIZITÄT, GAS, TELEKOMMUNIKATION, POST UND EISENBAHNEN (Hrsg.) (2017b), § 8 Nr. 16; vgl. BUNDESNETZAGENTUR FÜR ELEKTRIZITÄT, GAS, TELEKOMMUNIKATION, POST UND EISENBAHNEN (Hrsg.) (2017a), S. 23, Nr. 1.7.5.

[34]Vgl. BUNDESTAG (1994), S. 2866–2910 unter Novellierung im Jahr 2017.

[35]Vgl. WESCHE, C. (2017), S. 3ff mit §§ 133, 142, 143 InsO.

[36]VKU VERBAND KOMMUNALER UNTERNEHMEN E. V. (Hrsg.) (2015c), S. 2.

[37]Vgl. RIEDEL, P. (2017), [Stand 29.11.2019]; vgl. VERBRAUCHERZENTRALE NRW E. V. (Hrsg.) (2018), S. 10; vgl. POPPE, M. (2019), [Stand 29.11.2019].

[38]Vgl. zum Eingreifen der BNetzA gegenüber der TelDaFax ENERGY GmbH, FlexStrom AG und Care Energy AG VERBRAUCHERZENTRALE NRW E. V. (Hrsg.) (2018), S. 8f; gegenüber der

Für die Verteilnetzbetreiber haben der BDEW BUNDESVERBAND DER ENERGIE- UND WASSERWIRTSCHAFT E. V. (BDEW) und der VKU VERBAND KOMMUNALER UNTERNEHMEN E. V. (VKU) im Jahr 2017 daher Anwendungshilfen zur Forderungssicherung veröffentlicht. Diese beinhalten die Empfehlung einer konsequenten Forderungsverfolgung durch die Nutzung der vertraglichen Sanktionen und geben Hinweise zur Vermeidung des Anfechtungsrisikos.[39] Die Anwendungshilfen leisten damit einen wichtigen Beitrag für die Verteilnetzbetreiber zur Gestaltung ihres Forderungsmanagements. Offen bleiben die Fragen nach einer transparenten und zukunftsbezogenen Bewertung der einzelnen Lieferanten hinsichtlich ihres Insolvenzrisikos und drohenden Anfechtungsrisikos sowie der Zuordnung regulierungskonformer und vorwiegend präventiver Maßnahmen zur Risikohandhabung.

Die Ausführungen zu den hohen volkswirtschaftlichen Schäden aus dem freien Netzzugang zeigen die Bedeutung und außerordentlich hohe Praxisrelevanz des Themas auf. In Anbetracht der steigenden Strompreise (vgl. Anhang 1) und dadurch noch härterer Wettbewerbsbedingungen der Lieferanten sind weitere Insolvenzfälle zu erwarten, was die Dringlichkeit zur Implementierung eines Risikomanagements an der Stelle der Verteilnetzbetreiber für den deutschen Energiemarkt und seine Marktteilnehmer besonders deutlich macht.

Der Forschungsbedarf dieser Arbeit leitet sich aus den Folgen der Liberalisierung des deutschen Energiemarkts ab. Damit unterliegt die Entwicklung eines Modells zum Risikomanagement in der regulierten Verteilnetzbetreiber-Lieferanten-Beziehung durch das ENERGIEWIRTSCHAFTSGESETZ, die INSOLVENZORDNUNG und die regulatorischen Vorgaben besonderen Rahmenbedingungen. Eine bloße Adaption von bestehenden Ansätzen zur risikobewussten Gestaltung der Lieferantenbeziehung aus der Betriebswirtschaft in die Energiewirtschaft kann nicht erfolgen, da deren Eignung die Berücksichtigung der branchenspezifischen Struktur der Wertschöpfungskette[40] sowie der Charakteristika der relevanten Akteure, deren

---

Care Energy auch BUNDESNETZAGENTUR FÜR ELEKTRIZITÄT, GAS, TELEKOMMUNIKATION, POST UND EISENBAHNEN (Hrsg.) (2016); gegenüber der BEV Bayerische Energieversorgungs mbH BUNDESNETZAGENTUR FÜR ELEKTRIZITÄT, GAS, TELEKOMMUNIKATION, POST UND EISENBAHNEN (Hrsg.) (2019e), [Stand 29.11.2019].

[39] Vgl. für den BDEW Bundesverband der Energie- und Wasserwirtschaft e. V. WESCHE, C. (2017), S. 5, S. 9; vgl. VKU VERBAND KOMMUNALER UNTERNEHMEN E. V. (Hrsg.) (2017), S. 25, S. 30ff.

[40] Abgeleitet aus PORZIG, N. (2014), S. 2.

Zusammenarbeit[41] aber auch der Prozesse und Ziele in der Supply Chain[42] verlangt. Von großer Bedeutung ist neben den energiewirtschaftlichen Besonderheiten auch das zu betrachtende Risiko mit seinen Ursache-Wirkungs-Beziehungen und ein geeigneter Rahmen zum systematischen und damit bewussten Umgang mit dem finanzwirtschaftlichen Risiko aus der Lieferantenbeziehung.

Die Aufbereitung der Themenstellung verlangt daher zur Nachvollziehbarkeit der Risikosituation ein Grundverständnis zu den Hintergründen der Liberalisierung und die Kenntnis des energiewirtschaftlichen Rahmens. Die Konturierung des energiewirtschaftlichen Bewegungsfelds und Ableitung des Gestaltungsspielraums der Verteilnetzbetreiber im Risikomanagement gegenüber den Lieferanten erfordert die Analyse der Supply Chain der deutschen Stromversorgung und eine dezidierte Untersuchung an der Schnittstelle zwischen Verteilnetzbetreibern und Lieferanten. Neben der Identifikation der strukturellen und wirtschaftlichen Besonderheiten sind die Ursache-Wirkungs-Beziehungen des finanzwirtschaftlichen Risikos festzustellen. Dabei setzt der Anspruch eines theoretisch fundierten und praxisadäquaten Managementkonzepts zum Risikomanagement der Verteilnetzbetreiber die Entwicklung anhand realer Risikofaktoren voraus. Zu berücksichtigen ist dabei die Zusammensetzung des finanzwirtschaftlichen Risikos aus den zwei Einflussgrößen des Lieferanteninsolvenzrisikos und Anfechtungsrisikos.

Um eine Umsetzung im Sinne standardisierter Marktregeln zu entwickeln, die eine Gleichbehandlung der Lieferanten auch im Risikomanagement aller Verteilnetzbetreiber sicherstellen, empfiehlt sich die Festlegung der zu beachtenden Risikofaktoren für alle Verteilnetzbetreiber, die Vorgabe zur Operationalisierung der lieferantenspezifischen Risikoausprägung sowie die Definition von Eingriffsgrenzen und daran adaptierter regulierungskonformer Maßnahmen zur Risikohandhabung. Anzustreben ist dazu auch eine Einteilung der Lieferanten in Risikotypen, da die unterschiedlichen Einflussgrößen mit den divergierenden Ausprägungen der Risikofaktoren die Deduktion jeweils angepasster Maßnahmen erfordern werden. Die klaren Anwendungsregeln stellen die Nachvollziehbarkeit der Ermittlung des finanzwirtschaftlichen Risikos sicher und lassen die Lieferanten untereinander vergleichen. Insbesondere die Beurteilung des lieferantenspezifischen Insolvenzrisikos eröffnet der BNetzA die Möglichkeit, die Ergebnisse der Verteilnetzbetreiber in Ermittlungsverfahren zur wirtschaftlichen Leistungsfähigkeit und Zuverlässigkeit gegen Lieferanten mit einzubeziehen.

Zusammenfassend besteht die Problemstellung zur Entwicklung eines Risikomanagements für Verteilnetzbetreiber darin, die Rahmenbedingungen des komplexen

[41] Abgeleitet aus BOECK, B. (2010), S. 2.

[42] Vgl. FANDEL, G. et al. (2009), S. 10.

Bewegungsfelds des liberalisierten Strommarkts mit seinen spezifischen Rechtsvorschriften und Besonderheiten der regulierten Verteilnetzbetreiber-Lieferanten-Beziehung zu identifizieren und die Einflussgrößen des finanzwirtschaftlichen Risikos zu untersuchen. Zum bewussten Umgang mit dem finanzwirtschaftlichen Risiko ist ein geeigneter Rahmen zu schaffen, der die energiewirtschaftlichen Rahmenbedingungen und spezifischen Einflussgrößen berücksichtigt sowie Gestaltungsfelder mit Lösungsansätzen für eine risikobewusste Verteilnetzbetreiber-Lieferanten-Beziehung bietet. Erst die Verknüpfung der Rahmenbedingungen und Einflussgrößen mit den Gestaltungsfeldern lassen den Verteilnetzbetreibern Wege aufzeigen, wie sie wirtschaftlich instabile Lieferanten und anfechtungsgefährdete Prozesse frühzeitig erkennen und dem finanzwirtschaftlichen Risiko auch ohne gesetzliche Ausnahmeregelung begegnen können. Um eine praktische Anwendbarkeit durch die Verteilnetzbetreiber zu gewährleisten, sind bereits bestehende Risikomanagementkompetenzen zu identifizieren und entsprechend zu berücksichtigen.

Zur Bearbeitung der Problemstellung sind folgende Fragen zu beantworten:

1. Welche energiewirtschaftlichen Spezifika weist die Supply Chain der deutschen Stromversorgung auf und welche wirtschaftlichen Besonderheiten bestehen an der Schnittstelle zwischen Verteilnetzbetreibern und Lieferanten?
2. Welche Ursache-Wirkungs-Beziehungen zeigt das finanzwirtschaftliche Risiko im Kontext der Supply Chain und wie ist es für die Verteilnetzbetreiber zu spezifizieren?
3. Welche Elemente sind im Modell zum Risikomanagement zu berücksichtigen? Welche Beziehung haben die Modellelemente zueinander und wie sind sie im Sinne einer homogenen Anwendbarkeit durch alle Verteilnetzbetreiber zu definieren und zu gestalten?
4. Lassen sich die Lieferanten in unterschiedliche Risikotypen differenzieren und jeweils regulierungskonforme Maßnahmen daran adaptieren?
5. Welche Fähigkeiten/Kenntnisse haben die Verteilnetzbetreiber im Risikomanagement? Welche Anforderungen stellen sie an das Risikomanagement?
6. Wie ist das Risikomanagement zielgruppenspezifisch und zur Anwendung in der Praxis aufzubereiten?

Um vorhandene Lösungsansätze zu identifizieren und bestehende Forschungsdefizite aufzuzeigen, ist die Literatur in Bezug auf das Forschungsparadigma aufzubereiten.

1.2 Behandlung des Themas in der Literatur

Unter dem Fokus der risikobewussten Gestaltung der Lieferantenbeziehung innerhalb von Wertschöpfungsketten konnten im Rahmen der Literaturanalyse verschiedene Veröffentlichungen identifiziert werden, die einen Bezug zur vorliegenden Thematik aufweisen. Die als relevant eingestufte Literatur lässt sich in drei Hauptklassen unterteilen:

- Supply Chain Management (I),
- Lieferantenmanagement/Konzeptionen zur unternehmensübergreifenden Zusammenarbeit (II),
- Risikomanagement/Supply Chain Risikomanagement (III).

Nachfolgend werden ihre Berührungspunkte mit der Problemstellung aufgezeigt und die Literaturangebote auf ihren Beitrag zur Aufarbeitung der formulierten Fragenstellungen untersucht.

I: Supply Chain und Supply Chain Management
Das Management von Wertschöpfungsketten (Supply Chains) wird unter der Begrifflichkeit des Supply Chain Managements seit fast 40 Jahren in wissenschaftlichen Arbeiten behandelt.[43] Grundsätzlich gilt das Supply Chain Management als Managementansatz, der sich aus der Praxis gebildet hat und in die Theorie übersetzt wird.[44] Daher gibt es eine Vielzahl an unterschiedlichen Schwerpunktsetzungen und Definitionen in den wissenschaftlichen Schriften.[45] Lange Zeit konzentrierte sich die Forschung zum Supply Chain Management auf die Erlangung von Wettbewerbsvorteilen insbesondere durch Kosten-, Zeit- und Qualitätsziele.[46] Inzwischen finden sich den aktuellen politischen Entwicklungen entsprechend vermehrt Publikationen, die den Blickwinkel um die Nachhaltigkeit[47] und derzeit insbesondere die Digitalisierung[48] erweitern. Vereinzelt lassen sich auch Arbeiten erkennen, die

---

[43] Vgl. KALUZA, B./BLECKER, T. (2000), S. 125.

[44] Vgl. CORSTEN, H./GÖSSINGER, R. (2008), S. 108; vgl. FANDEL, G. et al. (2009), S. 1.

[45] Zur tabellarischen Übersicht zu Definitionen des Supply Chain (Managements) vgl. KOTZAB, H. (2000), S. 25; vgl. SINGER, C. (2012), S. 222.

[46] Vgl. HAHN, D. (2000), S. 13; vgl. WILDEMANN, H. (2003), S. 4; vgl. FANDEL, G. et al. (2009), S. 15; vgl. WERNER, H. (2014), S. 68.

[47] Vgl. PORZIG, N. (2014); vgl. SAEED, M. (2019).

[48] Vgl. KERSTEN, W. et al. (2018); vgl. GOTTLIEB, S. et al. (2019); vgl. HELD, T./KOCH, J. (2019).

den energiewirtschaftlichen Rahmen[49] aufgreifen und sich den Herausforderungen der Energiewende[50] widmen.

Der Ursprung des wissenschaftlichen Interesses am Supply Chain Management liegt in der Deregulierung der Handelsvorschriften und der Globalisierung.[51] Die dadurch ansteigende Intensität des Wettbewerbs verbinden LAMBERT (1998) und LAMBERT/COOPER (2000) mit einem Paradigmenwechsel im Unternehmertum, indem „(...) individual businesses no longer compete as solely autonomous entities, but rather as supply chains."[52] Aus HAHN (2000) und FANDEL et al. (2009) lässt sich ableiten, dass Supply Chains in der Regel branchentypische Strukturen aufweisen.[53] Den strukturbestimmenden Eigenschaften schreibt PORZIG (2011) einen hohen Stellenwert bei der Gestaltung von Supply Chains im Kontext der Nachhaltigkeit zu.[54] Von erkenntnisgewinnendem Interesse zur Aufbereitung des Forschungsparadigmas ist deshalb die ökonomische Fundierung sowie die Grundstruktur einer Supply Chain mit den Perspektiven des Supply Chain Managements sowie die Adaption in den energiewirtschaftlichen Kontext.

Wesentlicher Betrachtungsgegenstand des Supply Chain Managements ist die Koordination der integrierten Supply Chain-Akteure über die gesamte Wertschöpfungskette.[55] Im Fokus steht die Erfüllung der Kundenbedürfnisse und die ganzheitliche Optimierung der Wertschöpfungskette,[56] um dadurch sowohl die Wettbewerbsfähigkeit der integrierten Akteure als auch der gesamten Supply Chain gegenüber anderen Supply Chains zu erhöhen.[57] In diesem Zusammenhang bildeten sich die Kosten-, Zeit- und Qualitätsziele als Zielsetzungen des Supply Chain Managements heraus.[58] Nach WERNER (2010) folgt das Supply Chain Management den Wettbewerbsstrategien nach PORTER[59] und somit einer Kostenführerschafts- oder

---

[49] Vgl. STEINER, I. (2010).

[50] Vgl. HAUSLADEN, I./EISELBRECHER, K. (2019).

[51] Vgl. HAHN, D. (2000), S. 11; vgl. WAGNER, S. et al. (2010), S. 97.

[52] LAMBERT, D. M. et al. (1998), S. 1; LAMBERT, D. M./COOPER, M. C. (2000), S. 65.

[53] Vgl. HAHN, D. (2000), S. 15; vgl. FANDEL, G. et al. (2009), S. 11.

[54] Vgl. PORZIG, N. (2014), S. 4.

[55] Vgl. HAUSLADEN, I. (2016), S. 10; vgl. FANDEL, G. et al. (2009), S. 10.

[56] Vgl. WILDEMANN, H. (2005), S. 4; vgl. FANDEL, G. et al. (2009), S. 4; vgl. ARNDT, H. (2013), S. 47.

[57] Vgl. LAMBERT, D. M. et al. (1998), S. 4; vgl. JACOBI, C. et al. (2004), S. 1; vgl. HAUSLADEN, I. (2010), S. 6; vgl. WÖHNER, H./WIMMER, T. (2010), S. 21; vgl. CHRISTOPHER, M. (2011), S. 3.

[58] Vgl. WILDEMANN, H. (2005), S. 4; vgl. PFOHL, H.-C. et al. (2008), S. 20; vgl. WERNER, H. (2017), S. 30f.

[59] Vgl. PORTER, M. E. (1998), S. 35ff.

Differenzierungsstrategie, die sich jeweils auch auf ein bestimmtes Marktsegment konzentrieren können.[60]

Einigkeit besteht in der Literatur in der Charakterisierung von Supply Chains als mehrstufige Kunden-Lieferanten-Beziehungen, die zur Herstellung einer wertschöpfenden Leistung[61] bereits mit der Rohstoffgewinnung beginnen können und mit der Lieferung des veredelten Endprodukts an die Kunden enden.[62] Supply Chains können „(…) bezogen auf Absatz- und Beschaffungsmarktpartner *externer* [Hervorhebung im Original] Art (…) und bezogen auf Glieder der Wertschöpfungskette innerhalb einer Unternehmung auch *interner* [Hervorhebung im Original] Art sein (…).“[63] Als Merkmale zeigt die gesichtete Literatur die rechtliche Unabhängigkeit der integrierten Unternehmen,[64] die durch Material-, Informations- und Finanzflüsse miteinander verbunden sind[65] und durch IT-Lösungen unterstützt werden.[66] Der Transformation logistischer Prozesse durch intelligente Informations- und Kommunikationstechnologien widmet sich HAUSLADEN (2016) mit dem Konzept der IT-gestützten Logistik.[67] Supply Chains werden von der Kundennachfrage gesteuert, weshalb die Bezeichnung Supply Chain immer wieder in der Kritik steht.[68] Auf eine Änderung in Demand Chain wird durch die bereits etablierte Terminologie aber verzichtet.[69]

EẞIG et al. (2013) unterscheiden die Struktur der Supply Chain in Abhängigkeit von der Anzahl der integrierten Akteure. Demnach besteht eine Basic Supply Chain aus einem Unternehmen mit einem direkten Kunden und einem direkten Lieferanten, die Extended Supply Chain integriert zusätzlich einen Lieferanten des Lieferanten und einen Kunden des Kunden. Die Ultimate Supply Chain umfasst eine Vielzahl an vor- und nachgelagerten Stufen von Zulieferern und Endkunden.[70] Wie auch

---

[60] Vgl. WERNER, H. (2017), S. 17.

[61] Vgl. KOTZAB, H. (2000), S. 33.

[62] Vgl. HAHN, D. (2000), S. 12; vgl. SPECHT, D./HELLMICH, K. (2000), S. 93; vgl. WERNER, H. (2013), S. 7.

[63] HAHN, D. (2000), S. 12.

[64] Vgl. WERNER, H. (2017), S. 29.

[65] Vgl. COOPER, M. C./LAMBERT, D. M. (1997), S. 4; vgl. SINGER, C. (2012), S. 9.

[66] Vgl. BECHTEL, C./JAYARAM, J. (1997), S. 20; vgl. HAUSLADEN, I. (2009), S. 452; vgl. HAUSLADEN, I. (2010), S. 7; vgl. CHRISTOPHER, M. (2011), S. 146; vgl. HAUSLADEN, I. (2016), S. 1f.

[67] Vgl. HAUSLADEN, I. (2009), S. 452ff; vgl. HAUSLADEN, I. (2016), S. 26f.

[68] Vgl. CHRISTOPHER, M. (2011), S. 3; vgl. ARNDT, H. (2013), S. 47.

[69] Vgl. ARNDT, H. (2013), S. 47.

[70] Vgl. EẞIG, M. et al. (2013), S. 5f.

andere Arbeiten[71] heben CHOPRA/MEINDL (2014) in diesem Zusammenhang hervor, dass Supply Chains in der Realität meist keine einfachen Ketten darstellen, sondern Ultimate Supply Chains und somit Netzwerke.[72] Es können dadurch sowohl mehrere Akteure innerhalb einer Wertschöpfungsstufe aktiv sein[73] als auch ein einzelner Akteur in mehreren Supply Chains[74].

Hinsichtlich der unterschiedlichen Perspektiven zur Interpretation des Supply Chain Managements bieten BECHTEL/JAYARAM (1997) mit der Zuordnung zu fünf „Supply Chain Management Schools of Thought" einen Strukturierungsvorschlag.[75] Die Functional Chain Awareness School geht von einer Kette funktionaler Teilbereiche zwischen einem Liefer- und Empfangspunkt aus[76] und stellt den Materialfluss in den Mittelpunkt der Betrachtung.[77] Die Linkage/Logistics School fokussiert die Sicherstellung und Harmonisierung des Materialflusses durch logistische Lösungen in einer sequenziellen Reihenfolge,[78] wohingegen sich die Information School den bidirektionalen Informationsflüssen zwischen den Supply Chain-Akteuren[79] widmet. Die Integration/Process School betrachtet die Prozess- und Systemsicht.[80] Sie wird als Weiterführung der Linkage School verstanden, indem sie zur Optimierung der Supply Chain die sequenzielle Reihenfolge auflöst und sich rein am Endkundennutzen orientiert.[81] Einen Bezug zur vorliegenden Arbeit zeigt die Future School, die sich dem Beziehungsmanagement widmet und eine stärkere Betrachtung von Partnerschaftskonzepten und strategischen Allianzen fordert.[82]

Ein breit diskutiertes Feld und ebenfalls bedeutend für die Ableitung geeigneter Konzepte zur Gestaltung der Supply Chain ist die Differenzierung zwischen Supply Chain Management und Logistik. LARSON/HALLDÓRSSON (2004) stellen

---

[71] Vgl. LAMBERT, D. M. et al. (1998), S. 3; vgl. LAMBERT, D. M./COOPER, M. C. (2000), S. 67f; vgl. FANDEL, G. et al. (2009), S. 11; vgl. EẞIG, M. et al. (2013), S. 6; vgl. HAUSLADEN, I. et al. (2017), S. 2f; vgl. WERNER, H. (2017), S. 5, S. 7.

[72] Vgl. CHOPRA, S./MEINDL, P. (2014), S. 24.

[73] Vgl. ebenda.

[74] Vgl. HAHN, D. (2000), S. 13.

[75] Vgl. BECHTEL, C./JAYARAM, J. (1997), S. 19.

[76] Vgl. WERNER, H. (2013), S. 10.

[77] Vgl. BECHTEL, C./JAYARAM, J. (1997), S. 16f; vgl. KOTZAB, H. (2000), S. 25.

[78] Vgl. BECHTEL, C./JAYARAM, J. (1997), S. 17f; vgl. KOTZAB, H. (2000), S. 25f.

[79] Vgl. BECHTEL, C./JAYARAM, J. (1997), S. 18; vgl. WERNER, H. (2013), S. 10.

[80] Vgl. WERNER, H. (2013), S. 10.

[81] Vgl. BECHTEL, C./JAYARAM, J. (1997), S. 18; vgl. KOTZAB, H. (2000), S. 26.

[82] Vgl. BECHTEL, C./JAYARAM, J. (1997), S. 18f; vgl. KOTZAB, H. (2000), S. 27.

hierzu vier unterschiedliche wissenschaftliche Perspektiven fest: Die Perspektive der Traditionalists betrachtet das Supply Chain Management als Teilmenge der Logistik, welche sich auf die externe oder zwischenbetriebliche Logistik begrenzt.[83] Die Unionists sehen die Logistik als Teilmenge des Supply Chain Managements, wodurch das Supply Chain Management neben der Logistik weitere Funktionsbereiche wie den Einkauf beinhaltet.[84] Die Relabler verwenden Supply Chain Management und Logistik als Synonyme,[85] wohingegen die Intersectionists das Supply Chain Management und die Logistik als sich überschneidende strategische und operative Konzepte interpretieren.[86]

COOPER/LAMBERT (1997) und LAMBERT et al. (1998) entwickelten in ihren Arbeiten ein Referenzmodell zur Analyse von Supply Chains und des Supply Chain Managements, das sich aus den drei Elementen Supply Chain-Struktur, Geschäftsprozesse und Managementkomponenten zusammensetzt.[87] Das SUPPLY CHAIN COUNCIL zeigt mit dem SUPPLY CHAIN OPERATIONS REFERENCE-MODEL (SCOR-Modell) das in der Literatur wohl prominenteste Beispiel zur Analyse von Supply Chains.[88] Das SCOR-Modell basiert auf den zentralen Managementprozessen Plan, Source, Make, Deliver, Return und Enable,[89] die zur Abbildung aller Prozesse in einer einheitlichen und damit interorganisationalen Form dienen.[90] Beide Referenzmodelle vertreten die Sichtweise der Unionists und sehen damit die Logistik als einen Bestandteil des Supply Chain Managements.[91]

WILDEMANN (2005) entwickelte zur Optimierung der Supply Chain ein Bausteinkonzept, das sich aus Leitlinien, Gestaltungsfeldern und Bausteinen zusammensetzt. Eine branchen- oder auch strukturspezifische Unterscheidung erfolgt nicht, was eine Adaption in die Energiewirtschaft möglich erscheinen lässt. Bedeutend für die

---

[83] Vgl. LARSON, P. D./HALLDÓRSSON, Á. (2004), S. 18f; vgl. LARSON, P. D. et al. (2007), S. 4.

[84] Vgl. LARSON, P. D./HALLDÓRSSON, Á. (2004), S. 20f; vgl. LARSON, P. D. et al. (2007), S. 4f.

[85] Vgl. LARSON, P. D./HALLDÓRSSON, Á. (2004), S. 19f; vgl. LARSON, P. D. et al. (2007), S. 4.

[86] Vgl. LARSON, P. D./HALLDÓRSSON, Á. (2004), S. 21; vgl. LARSON, P. D. et al. (2007), S. 5.

[87] Vgl. COOPER, M. C./LAMBERT, D. M. (1997), S. 5ff; vgl. LAMBERT, D. M. et al. (1998), S. 4ff.

[88] Vgl. KALUZA, B./BLECKER, T. (2000), S. 134ff; vgl. CORSTEN, H./GÖSSINGER, R. (2008), S. 148ff; vgl. FANDEL, G. et al. (2009), S. 48f.

[89] Vgl. THE ASSOCIATION FOR OPERATIONS MANAGEMENT (Hrsg.) (2017), S. 3.

[90] Vgl. KALUZA, B./BLECKER, T. (2000), S. 134; vgl. WERNER, H. (2017), S. 65.

[91] Vgl. LARSON, P. D. et al. (2007), S. 4f.

vorliegende Problemstellung sind die Bausteine Koordination/Organisation der Supply Chain und Lieferantenbewertung/-entwicklung.[92] Letzteren ordnet die Literatur auch als Bestandteil des Lieferantenmanagements ein (vgl. II).[93]

Wesentlich für das Forschungsparadigma ist die Einflussmöglichkeit der Supply Chain-Akteure, die durch die Machtverhältnisse determiniert wird.[94] CORSTEN/DOST (2019) unterscheiden zur Koordination der Supply Chain die hierarchische und heterarchische Organisationsform.[95] Bei der hierarchischen Koordinationsform wird die Supply Chain durch ein dominantes Mitglied der Supply Chain über Weisungen oder Programme gesteuert, bei der heterarchischen Koordinationsform erfolgt dies quer über die Ebene durch die gleichberechtigten integrierten Akteure mittels Selbstabstimmung.[96] Hierarchische Koordinationsformen begrenzen den Freiheitsgrad der Supply Chain-Akteure und finden Anwendung, wenn ein Unternehmen in der Supply Chain die anderen Akteure dominieren könnte.[97] Sie dienen somit auch als Instrument, um Opportunismus zu begrenzen.[98]

Während die Literatur zum Supply Chain Management wertorientierter und konkurrierender Supply Chains enorm umfangreich ist, sind wissenschaftliche Aufarbeitungen im Kontext der Energiewirtschaft und mit Berührungspunkten zur Problemstellung überschaubar. Hervorzuheben sind STEINER (2010) und HAUSLADEN/EISELBRECHER (2019), die die Kette der Stromversorgung als Supply Chain mit dem Ziel einer sicheren Energieversorgung beschreiben.[99] STEINER (2010) verzichtet auf eine Definition des Supply Chain Managements und zeigt es am Beispiel der internen Supply Chain der Verteilnetzbetreiber hinsichtlich technischer Kernprozesse auf.[100] Damit liefert STEINER (2010) nur einen begrenzten Beitrag zur Problemlösung. HAUSLADEN/EISELBRECHER (2019) widmen sich der Gestaltung einer nachhaltigen Strom Supply Chain im Zeitalter der Digitalisierung und Energiewende. Im Rahmen ihrer Untersuchung zeigen sie die für das Forschungsparadigma relevanten energiewirtschaftlichen Spezifika in der Wertschöpfungskette auf und

---

[92] Vgl. WILDEMANN, H. (o. J.), S. 6; vgl. WILDEMANN, H. (2005), S. 54.

[93] Vgl. MELZER-RIDINGER, R. (2007), S. 257.

[94] Vgl. FANDEL, G. et al. (2009), S. 13; vgl. HARLAND, C. M. et al. (2001), S. 24.

[95] Vgl. CORSTEN, H./DOST, C. (2019), S. 185.

[96] Vgl. WEBER, J./WALLENBURG, C. M. (2010), S. 276ff; vgl. CORSTEN, H./DOST, C. (2019), S. 185ff.

[97] Vgl. WEBER, J./WALLENBURG, C. M. (2010), S. 277.

[98] Vgl. ebenda, S. 281.

[99] Vgl. STEINER, I. (2010), S. 67; vgl. HAUSLADEN, I./EISELBRECHER, K. (2019), S. 654.

[100] Vgl. STEINER, I. (2010), S. 67f.

skizzieren die Rollen und Aufgaben der Akteure.[101] Das Supply Chain Management definieren sie als

> *„(…) regulatorisch beeinflusste Koordination der Versorgung mit Strom, die mittels IT-basierter, digitalisierter Prozesse die Ziele nach § 1 EnWG des langfristig angelegten leistungsfähigen und zuverlässigen Betriebs der Stromversorgungsnetze verfolgt und eine sichere, preisgünstige, verbraucherfreundliche, effiziente und umweltverträgliche leitungsgebundene Versorgung der Allgemeinheit mit Elektrizität anstrebt."*[102]

Der Fokus ihrer Ausführungen liegt auf der Steuerung des Energieflusses zur Sicherstellung einer unterbrechungsfreien Versorgung unter begrenzter Netzkapazität im Gebiet der regionalen Verteilnetzbetreiber. Eine Schnittstellenbetrachtung an der Stelle der Verteilnetzbetreiber und Lieferanten sowie eine Detaillierung der Rollen der Akteure und des Supply Chain Managements ist aufgrund der ganzheitlichen Betrachtung der Supply Chain nicht Teil der Publikation. Die Ergebnisse der Untersuchung zu den Spezifika und Besonderheiten in der Supply Chain unterstützen jedoch die Aufbereitung des Forschungsparadigmas.

Insgesamt zeigt die Sichtung der Literatur zum Supply Chain Management eine deutliche Fokussierung auf die Privatwirtschaft. Publikationen, die das Supply Chain Management in einem energiewirtschaftlichen Kontext mit Bezug zum Forschungsparadigma betrachten, sind sehr begrenzt. Zur Explikation der Besonderheiten des energiewirtschaftlichen Bewegungsfelds liefern HAUSLADEN/EISELBRECHER (2019)[103] einen wichtigen Beitrag, der durch eine Gegenüberstellung der Supply Chain der Privatwirtschaft mit der Supply Chain der Energiewirtschaft weiter zu vertiefen ist.

II: Lieferantenmanagement

Zum Lieferantenmanagement existiert im Vergleich zum Supply Chain Management weit weniger Literatur, aber eine hohe Vielfalt an Begrifflichkeiten. Es finden sich die Termini Lieferantenmanagement[104] und Supplier Relationship Management[105], die teilweise synonym gebraucht werden,[106] sowie auch das Lieferantenbeziehungsmanagement[107].

---

[101] Vgl. HAUSLADEN, I./EISELBRECHER, K. (2019), S. 649f.

[102] Ebenda, S. 655.

[103] Vgl. ebenda.

[104] Vgl. ZAWISLA, T. (2006); vgl. HOFBAUER, G. et al. (2016).

[105] Vgl. GROßE-WILDE, J. (2004); vgl. APPELFELLER, W./BUCHHOLZ, W. (2011).

[106] Vgl. MELZER-RIDINGER, R. (2007), S. 41.

[107] Vgl. CHOPRA, S./MEINDL, P. (2014), S. 37.

Die Einordnung des Lieferantenmanagements als „(…) Untermenge des Beschaffungs- und Supply Chain Managements (…)“[108] hebt die Relevanz zur Betrachtung von Supply Chain-Schnittstellen, wie sie die Verteilnetzbetreiber-Lieferanten-Beziehung darstellt, als Erfolgsfaktor für die gesamte Supply Chain hervor. Übereinstimmung der Definitoren besteht im primären Ziel zur Optimierung der Abnehmer-Lieferanten-Beziehung.[109] Dies wird mit der Konzentration auf die Kernkompetenzen der einzelnen Supply Chain-Akteure begründet[110] und der daraus resultierenden verstärkten Abhängigkeit – aber auch Zusammenarbeit – zwischen Abnehmern und Lieferanten, die zunehmend thematisiert wird.[111] HELMOLD/TERRY (2016) untermauern dies mit einer Analyse zu den Anforderungen des Lieferantenmanagements über die Jahre 1980 bis 2020, das einen Wandel der Lieferanten vom Zulieferer zum strategischen Partner erkennen lässt.[112] Auch HOFBAUER et al. (2016) stellen die veränderte Bedeutung vom Zulieferer zum strategischen Partner fest.[113] Mit dem Ziel einer langfristig ausgerichteten Zusammenarbeit betonen sie die Relevanz, die spezifischen Kenntnisse der „externen Erfolgspotenziale“ (Lieferanten)[114] bestmöglich mit den Anforderungen des Abnehmers abzustimmen[115], um so die Integration leistungsfähiger Lieferanten zu gewährleisten.[116] CHOPRA/MEINDL (2014) fassen das Supplier Relationship Management (auch Lieferantenbeziehungsmanagement) sehr allgemein, indem sie diesem alle Prozesse zwischen Abnehmern und Lieferanten an ihrer Schnittstelle in der Supply Chain zuordnen. Diese beinhalten unter Bezugnahme auf den Beschaffungsprozess die Bewertung und Auswahl der Lieferanten, aber auch die Vertragsverhandlungen sowie den Austausch hinsichtlich neuer Produkte und Aufträge.[117]

---

[108] HOFBAUER, G. et al. (2016), S. 22.

[109] Vgl. GROẞE-WILDE, J. (2004), S. 61; vgl. CHOPRA, S./MEINDL, P. (2014), S. 37f; vgl. HOFBAUER, G. et al. (2016), S. 22.

[110] Vgl. WILDEMANN, H. (2008), S. 3; vgl. FANDEL, G. et al. (2009), S. 6.

[111] Vgl. DOCH, S. et al. (2012), S. 68; vgl. HARTMANN, H. (2016), [Stand 10.12.2019]; vgl. HOFBAUER, G. et al. (2016), S. 22.

[112] Vgl. HELMOLD, M./TERRY, B. (2016), S. 13; vgl. auch GROẞE-WILDE, J. (2004), S. 61.

[113] Vgl. HOFBAUER, G. et al. (2016), S. 3.

[114] Vgl. HOFBAUER, G. et al. (2009), S. 23.

[115] Vgl. MELZER-RIDINGER, R. (2007), S. 222.

[116] Vgl. HOFBAUER, G. et al. (2016), S. 22.

[117] Vgl. CHOPRA, S./MEINDL, P. (2014), S. 37f.

MELZER-RIDINGER (2007) stellt das Lieferantenmanagement dem Supplier Relationship Management gleich[118] und fasst es als „Systematische und Strategische [sic!] Gestaltung der Zusammenarbeit mit Lieferanten (…)" zusammen.[119] Sie plädiert allerdings für eine differenzierte Gestaltung der Lieferantenbeziehung, die auch nur über kurze Zeit bestehen kann.[120] Zur Umsetzung des Lieferantenmanagements spannt sie eine Prozesskette aus den Elementen Lieferantenerstauswahl (Zulassung), Lieferantenbewertung, Lieferantenentwicklung, Lieferantenklassifizierung und Lieferantenausphasen (Trennung) auf.[121] Eine weitere Strukturierung zeigt WEGNER-HAMBLOCH (2016) mit den Schritten Lieferantenauswahl (Identifizierung; Qualifizierung), Lieferantenbewertung (Klassifizierung nach Beendigung oder Entwicklung) und Lieferantenentwicklung.[122] Unterstützt wird die Prozesskette zum Beispiel durch Einkaufspotenzialanalysen[123] beziehungsweise ABC-XYZ-Analysen,[124] woraus sich gezielte Sourcing-Strategien ableiten lassen.[125]

Deutlich wird, dass diese beiden Autoren, wie auch zahlreiche andere,[126] das Lieferantenmanagement als ganzheitlichen Prozess verstehen, der neben der freien Vertragspartnerwahl und der weitgehend frei bestimmbaren Beendigung der Lieferantenbeziehung auch einen kooperativen Charakter[127] der Abnehmer-Lieferanten-Beziehung zur Steigerung der Wettbewerbsfähigkeit erkennen lässt. Da der ganzheitliche Prozess unter anderem durch den Freiheitsgrad in der Lieferantenauswahl keinen Kontrahierungszwang in der Lieferantenbeziehung berücksichtigt, leistet er in dieser Form keinen Beitrag zur Problembearbeitung.

Von Interesse für das Forschungsparadigma sind allerdings die losgelösten Elemente der Lieferantenbewertung und Lieferantenentwicklung. Sie wurden bereits im Rahmen des Supply Chain Managements als Bausteine zur Optimierung der Supply Chain identifiziert. Die Lieferantenbewertung dient der Erhebung der Leistungsfähigkeit der Lieferanten in Bezug auf die an sie gestellten Anforderungen.[128]

---

[118] Vgl. MELZER-RIDINGER, R. (2007), S. 41.

[119] Ebenda, S. 257.

[120] Vgl. ebenda, S. 41.

[121] Vgl. ebenda, S. 257.

[122] Vgl. WEGNER-HAMBLOCH, S. (2016), S. 15.

[123] Vgl. WILDEMANN, H. (2008), S. 4.

[124] Vgl. ENGELHARDT-NOWITZKI, C. (2010), S. 5.

[125] Vgl. TCW TRANSFER-CENTRUM GMBH & CO. KG (Hrsg.) (o. J.), [Stand 28.11.2019].

[126] Vgl. LASCH, R. et al. (2015), S. 83f; vgl. HOFBAUER, G. et al. (2016), S. 33.

[127] Vgl. GROẞE-WILDE, J. (2004), S. 61.

[128] Vgl. JARAUSCH, J.-K. C. (2011), S. 13.

Als zu bewertende Einflussgrößen werden quantitative Kriterien wie Preis, Liefertreue, Qualität, aber auch qualitative Elemente wie die Organisationsstruktur, die Unternehmensstrategie und Unternehmensführung der Lieferanten genannt.[129] Diese werden gewichtet und lieferantenspezifisch bewertet.[130] Die Sicherstellung einer objektiven Vergleichbarkeit der Lieferanten erfordert es, die Leistung der Lieferanten nach den gleichen Kriterien zu beurteilen.[131] Zertifizierungen und Auditierungen werden dazu verwendet, die Anforderungen der Abnehmer mit dem Leistungsprofil der Lieferanten abzugleichen und Maßnahmen zur Weiterentwicklung abzuleiten.[132] Als Bewertungsinstrumente lassen sich auch die Nutzwertanalyse mit daraus resultierenden Lieferantenprofilen[133] sowie Balanced Scorecards[134] erkennen.

Obgleich die Literatur auf den „(...) Aufbau langfristiger partnerschaftlicher Beziehungen zu den Lieferanten und die Sicherung von langfristigen Bezugsquellen (...)“[135] als zentrale Ziele verweist, finden sich keine konkreten Hinweise auf eine Berücksichtigung der wirtschaftlichen Stabilität der Lieferanten. Die dargelegten Kriterien zur Lieferantenbewertung belegen den Fokus deutlich auf die Lieferleistung.[136] Bei HELMOLD/TERRY (2016) lässt sich als ein Kriterium unter vielen die finanzielle Situation des Lieferanten erkennen.[137] Dieses allein ist aber nicht ausreichend zur Ableitung einer Insolvenzwahrscheinlichkeit und müsste für einen starken Einfluss auf das Bewertungsergebnis hoch gewichtet sein. Auch das von LASCH et al. (2015) entwickelte „risikoorientierte Lieferanten-Bewertungs-System“ zeigt keine dem Forschungsparadigma entsprechende Berücksichtigung des Lieferanteninsolvenzrisikos. Die Auswahl des passenden Lieferanten erfolgt mithilfe eines statistischen Verfahrens und auf Basis definierter Bewertungskriterien für die vorliegende Entscheidungssituation.[138] Vorab definierte Risiken bestehen nicht, stattdessen wird das Risiko für jedes Bewertungsverfahren als eigenes Kriterium neu

---

[129] Vgl. WILDEMANN, H. (2005), S. 80.

[130] Vgl. ebenda, S. 81; vgl. APPELFELLER, W./BUCHHOLZ, W. (2011), S. 342.

[131] Vgl. LASCH, R. et al. (2015), S. 86; abgeleitet aus HELMOLD, M./TERRY, B. (2016), S. 31.

[132] Vgl. WILDEMANN, H. (2005), S. 80f.

[133] Vgl. APPELFELLER, W./BUCHHOLZ, W. (2011), S. 79; vgl. EßIG, M. et al. (2013), S. 406.

[134] Vgl. HELMOLD, M./TERRY, B. (2016), S. 75.

[135] Ebenda, S. 2.

[136] Vgl. WILDEMANN, H. (2005), S. 80f; vgl. APPELFELLER, W./BUCHHOLZ, W. (2011), S. 79; vgl. HELMOLD, M./TERRY, B. (2016), S. 72.

[137] Vgl. HELMOLD, M./TERRY, B. (2016), S. 72 .

[138] Vgl. LASCH, R. et al. (2015), S. 85f.

ausgeprägt.[139] Da auch hier die Auswahl des idealen Lieferanten im Fokus steht, ist davon auszugehen, dass LASCH et al. (2005) unter der „Risikoorientierung" ebenfalls primär die Abweichung der Fähigkeiten der Lieferanten von den Anforderungen der Abnehmer verstehen. Da jede Beschaffungssituation andere Anforderungen mit sich bringt, ist es nur konsequent, die Risiken jeweils neu zu definieren. Insgesamt ist aber allen Ansätzen zur Lieferantenbewertung der defizitäre Zukunftsbezug zur wirtschaftlichen Stabilität der Lieferanten gemein.

Das ebenfalls als interessant eingestufte Element der Lieferantenentwicklung folgt auf den Prozessschritt der Lieferantenbewertung. Es hat die Zielsetzung, die Lieferanten vergleichbar zu machen und die für die Zusammenarbeit als geeignet erscheinenden Lieferanten entsprechend der Anforderungen der Abnehmer weiterzuqualifizieren.[140] Die Lieferantenentwicklung führt durch die enge Zusammenarbeit und die Anpassung an den Abnehmer damit auch zu einer Stabilisierung der Zusammenarbeit, die für die Verteilnetzbetreiber-Lieferanten-Beziehung ebenfalls von Bedeutung ist.

Unter der Bezeichnung „Management interorganisationaler Beziehungen"[141] beschäftigen sich SYDOW/WINDELER (1997) und SYDOW (2010) mit der unternehmensübergreifenden Gestaltung der Zusammenarbeit innerhalb von Netzwerkorganisationen. Sie ordnen dem Management von Netzwerken die vier Funktionen der Selektions-, Allokations-, Regulations- und Evaluationsfunktion zu, die mit Ausnahme der Selektionsfunktion von Interesse für die Verteilnetzbetreiber-Lieferanten-Beziehung sind. Die Funktionen beinhalten die Auswahl der Partner, die Verteilung der Aufgaben und die Festlegung von Regeln zur Zusammenarbeit sowie die Bewertung der einzelnen Teilnehmer, ihrer Beziehung zueinander und des kompletten Netzwerks.[142] Den einzelnen Funktionen ordnen sie exemplarisch verschiedene Instrumente zur Umsetzung zu.[143] PORZIG (2014) greift die Funktionen im Rahmen ihrer Untersuchung zum Management von Nachhaltigkeit in Supply Chain-Netzwerken als Gestaltungsparameter auf und ordnet diesen weitere Instrumente wie Anreizsysteme oder Zertifizierungen zu,[144] die einen Beitrag zur Problembearbeitung leisten könnten. Auffallend ist, dass auch hier keine Bewertung der Zukunftsfähigkeit der Lieferanten erfolgt. SYDOW (2010) verweist sogar

---

[139] Vgl. LASCH, R. et al. (2015), S. 87.

[140] Vgl. WILDEMANN, H. (2005), S. 80f; vgl. APPELFELLER, W./BUCHHOLZ, W. (2011), S. 125; vgl. HELMOLD, M./TERRY, B. (2016), S. 31.

[141] Vgl. SYDOW, J. (2010), S. 394.

[142] Vgl. SYDOW, J./WINDELER, A. (1997), S. 151; vgl. SYDOW, J. (2010), S. 394.

[143] Vgl. SYDOW, J. (2010), S. 406ff.

[144] Vgl. PORZIG, N. (2014), S. 91f.

explizit auf die reine Bewertung des Leistungsbeitrags der Lieferanten: Der „(...) Partnerwert i.e.S. [sic!] selbst interessiert – außer den Partner selbst sowie dessen Shareholders – nur, wenn an ihm von anderen Netzwerkunternehmungen eine Kapitalbeteiligung gehalten wird.“[145] Dennoch liefern die genannten Inhalte interessante Ansätze zur Bearbeitung der Themenstellung.

Von Bedeutung für die vorliegende Untersuchung sind auch die Untersuchungen von BOECK (2010) zur Steigerung der Qualität der Zusammenarbeit innerhalb Supply Chains. Als wichtige Faktoren einer erfolgreichen Zusammenarbeit identifizierte er zum einen vertrauensbildende Maßnahmen wie gemeinsame Workshops oder den persönlichen Austausch[146] und zum anderen Maßnahmen zur Steigerung der Kooperationsfähigkeit wie fachliche Schulungen.[147] Zwar betrachtet auch er den privatwirtschaftlichen Rahmen, dennoch ist davon auszugehen, dass Maßnahmen zum Beziehungsmanagement auch für den energiewirtschaftlichen Bereich geeignet sind.

Zusammenfassend ist festzustellen, dass keine der gesichteten Schriften einen Bezug zur Energiewirtschaft herstellt und insbesondere auch keine Betrachtung regulierter Lieferantenbeziehungen vornimmt. Das Lieferantenmanagement als Gesamtprozess kann durch die freie Wahl sowie die individualisierbare Gestaltung und Dauer der Zusammenarbeit keine Anwendung in der untersuchungsimmanenten regulierten Beziehung im energiewirtschaftlichen Kontext finden. Die davon losgelöste Betrachtung der Einzelelemente Lieferantenbewertung und Lieferantenentwicklung hingegen bietet trotz der mangelnden Berücksichtigung der wirtschaftlichen Leistungsfähigkeit der Lieferanten ebenso wie die Ansätze aus dem Beziehungsmanagement Implikationen zur Problemlösung.

III: Risikomanagement/Supply Chain Risikomanagement

Einen geeigneten Rahmen zum bewussten Umgang mit Risiken bietet das Konzept des Risikomanagements. Während der Fokus des unternehmerischen Risikomanagements zunächst auf versicherbaren Risiken lag,[148] wurden besonders infolge des im Jahr 1998 erlassenen GESETZES ZUR KONTROLLE UND TRANSPARENZ IM UNTERNEHMENSBEREICH (KonTraG)[149] die betrieblichen Risiken fokussiert, um

---

[145] SYDOW, J. (2010), S. 398.

[146] Vgl. BOECK, B. (2010), S. 175.

[147] Vgl. ebenda, S. 178.

[148] Vgl. BRAUN, H. (1984), S. 15.

[149] Vgl. BUNDESTAG (1998b), S. 786–794.

unternehmensgefährdende Entwicklungen frühzeitig zu erkennen.[150] Inzwischen lässt sich mit dem Anstieg an Schriften zum Supply Chain Risikomanagement eine zunehmende Bedeutung von unternehmensübergreifenden Risiken mit einem Ursache-Wirkungs-Zusammenhang innerhalb von Supply Chains erkennen.[151]

Zielsetzung des Risikomanagements ist die Sicherung des Unternehmensbestands[152], indem „(...) durch den systematischen Umgang mit Risiken die Qualität der unternehmerischen Entscheidungen (...)" verbessert werden soll.[153] Damit muss das Risikomanagement Abweichungen von den Unternehmenszielen erkennen[154] und die Gestaltung der Risikosituation durch entsprechende Maßnahmen ermöglichen.[155]

Die basalen Anforderungen zur Aufbereitung des Forschungsparadigmas finden sich bei BRAUN (1984). Da nahezu jede gesichtete Literaturquelle auf BRAUN (1984) verweist, ist von der Anerkennung seiner Forschungsergebnisse zur Gestaltung eines Risikomanagements auszugehen. Er konstatiert, dass die Bewältigung der betrieblichen Risiken eines ganzheitlichen Ansatzes bedarf, der Risiken kalkulierbar macht[156] und die Einzelergebnisse aus der Risikoforschung (wie Entscheidungstheorie, Risikoeinstellung der Entscheider) miteinander verknüpft.[157]

Von besonderer Bedeutung für den Untersuchungsgegenstand ist, dass das Risikomanagement durch die unternehmerische Individualität und die zugrunde liegenden Risiken, Risikobereitschaft und Organisationsstruktur spezifisch gestaltbar ist.[158] Aus der Entscheidungstheorie leitet sich ab, dass Risiken im Zusammenhang mit der Unsicherheit zukünftiger Ereignisse stehen.[159] Ihre Kalkulierbarkeit[160] und folglich auch die Feststellung der Kontrollierbarkeit[161] hängt vom Informationsstand des Entscheiders beziehungsweise der Kenntnisse über die Ursachen

---

[150] Vgl. BUDERATH, H./AMLING, T. (2000), S. 129; vgl. BRAUWEILER, H.-C. (2015), S. 2; vgl. GLEIẞNER, W. (2017), S. 22.

[151] Vgl. KAJÜTER, P. (2003b); vgl. KAJÜTER, P. (2007); vgl. WAGNER, S. et al. (2010); vgl. FESER, M. (2015); vgl. GÖTZE, U./MIKUS, B. (2015); vgl. KAJÜTER, P. (2015); vgl. SCHRÖDER, M. (2019).

[152] Vgl. BRAUN, H. (1984), S. 45; vgl. DIEDERICHS, M. (2018), S. 12.

[153] SCHNECK, O. (2010), S. 21.

[154] In Anlehnung an KRAHE, A. (2010), S. 14.

[155] Vgl. KUPSCH, P. (1995), S. 533; vgl. DIEDERICHS, M. (2018), S. 13.

[156] Vgl. BRAUN, H. (1984), S. 46.

[157] Vgl. ebenda, S. 14f.

[158] Vgl. HECK, M. (2003), S. 16.

[159] Vgl. SCHNECK, O. (2010), S. 22.

[160] Vgl. ebenda, S. 23.

[161] Abgeleitet aus MENSCHING, A. (2018), S. 110.

und Wirkungen ab.[162] Als wesentliche Erfolgsfaktoren des Risikomanagements und mit Relevanz für die Problembearbeitung leiten sich die Verfügbarkeit und Qualität zweckmäßiger Informationen sowie die Kenntnis der Ursache-Wirkungs-Beziehungen der Risiken ab. Zur Quantifizierbarkeit der Risiken verweist die Literatur auf das Produkt aus der Eintrittswahrscheinlichkeit des Risikos und der Auswirkung bei Risikoeintritt.[163] Daraus ergibt sich die Möglichkeit zu Definition von Risikotoleranzen (Risikoschwellen), die eine Priorisierung der Risikosteuerung ermöglichen[164] und Normstrategien zuordnen lassen.[165]

Zur Umsetzung des Risikomanagements bietet die Literatur einen Prozessablauf aus den nacheinander zu durchlaufenden und kontinuierlich zu wiederholenden Phasen der Risikoidentifikation, Risikobewertung, Risikohandhabung und Risikoüberwachung, der bereits seit Jahrzehnten wissenschaftlichen Bestand hat.[166] Zwar lassen sich unterschiedliche Begrifflichkeiten und inhaltliche Abgrenzungen dieser Phasen erkennen, dennoch wird die Grundstruktur als Regelkreis aufgezeigt, der unter Zuordnung phasenspezifischer methodischer Gestaltungsmöglichkeiten in der Fachliteratur als wesentlicher Bestandteil des Risikomanagements gilt.[167] WILDEMANN (2006) demonstriert die Umsetzung des Risikomanagements anhand der Unternehmensbereiche Forschung und Entwicklung, Beschaffung, Produktion, Absatz und Logistik.[168] Die dazu vorgestellten Methodenbaukästen bieten eine Orientierung, lassen aber durch den übergeordneten Betrachtungswinkel konkrete Empfehlungen für Einzelrisiken wie sie das Lieferanteninsolvenzrisiko und Anfechtungsrisiko darstellen, vermissen. Insbesondere bei der Phase der Risikohandhabung fällt auf, dass zumeist die Risikohandhabungsstrategien behandelt werden und konkrete Empfehlungen unterrepräsentiert sind.

Einen direkten Bezug zum Forschungsparadigma zeigt JARAUSCH (2011). Sie nimmt die Prozessphasen des Risikomanagements weitgehend auf und widmet sich

---

[162] Vgl. SCHNECK, O. (2010), S. 22.

[163] Vgl. KRAHE, A. (2010), S. 29; vgl. SCHATZ, A. et al. (2010), S. 21; vgl. EBERT, C. (2013), S. 8.

[164] Vgl. WILDEMANN, H. (2006), S. 135ff; vgl. DIEDERICHS, M. (2018), S. 141; vgl. GÖTZE, U./MIKUS, B. (2015), S. 44.

[165] Vgl. BRAUWEILER, H.-C. (2015), S. 8ff.

[166] Vgl. BRAUN, H. (1984), S. 65; vgl. BURGER, A./BUCHHART, A. (2002), S. 31; vgl. WILDEMANN, H. (2006), S. 34; vgl. WOLKE, T. (2016), S. 5; vgl. DIEDERICHS, M. (2018), S. 14.

[167] Vgl. EBERT, C. (2013), S. 18; vgl. BURGER, A./BUCHHART, A. (2002), S. 31; vgl. ROMEIKE, F./HAGER, P. (2009), S. 121ff.

[168] Vgl. WILDEMANN, H. (2006), S. 83ff.

der gezielten Entwicklung eines Frühaufklärungssystems insolvenzbedrohter Lieferanten.[169] Ihr Bewertungsverfahren basiert auf umfangreichen und auch sehr spezifischen Risikofaktoren wie zum Beispiel der Insolvenzquote des Landes.[170] Die abgeleiteten Maßnahmen zur Risikohandhabung umfassen zahlreiche Möglichkeiten von einer Übernahme der Lieferanten bis zur Vertragsbeendigung.[171] Ihre Ausführungen beziehen sich somit primär auf wettbewerbliche Unternehmen, dennoch bieten diese Implikationen für das konkrete Forschungsparadigma.

Die „(…) Abhängigkeiten zwischen den beteiligten Unternehmen (…) oder mehrgliedrige unternehmensübergreifende Ketten von Risikoursachen und (…) Risikowirkungen innerhalb der Supply Chain (…)" führen zu einer steigenden Bedeutung des Supply Chain Risikomanagements.[172] Auch wenn die Autoren noch erheblichen Forschungsbedarf sehen[173] und WAGNER et al. (2010) die Praxis kritisieren, mit Ausnahme von „(…) Lieferantenbewertungen, Qualitätsaudits und Bonitätsprüfungen von Neukunden (…)" keinen weiteren (…) risikofokussierten Austausch mit direkten Lieferanten und Kunden oder gar über die unmittelbaren Partner in der Supply Chain hinaus (…)"[174] zu haben, so zeigen sich doch Publikationen mit Relevanz für die vorliegende Arbeit. Von Bedeutung sind die Arbeiten von KAJÜTER aus den Jahren 2003[175], 2007[176] und 2015[177], in denen er als Lösungsangebot für Supply Chain Risiken drei verschiedene konzeptionelle Ansätze zum Risikomanagement publizierte. Auch OLSON (2011) greift die klassischen Phasen risk identification, risk assessment, risk avoidance und risk mitigation als zentrales Element für das Supply Chain Risikomanagement auf.[178] Damit werden Parallelen der unternehmensinternen und unternehmensübergreifenden Risikomanagementperspektiven deutlich, allerdings ist auch hier die methodische Ausgestaltung der einzelnen Risikomanagement-Phasen dürftig.

Der Zugang zur Thematik des Risikomanagements und Supply Chain Risikomanagements ist durch eine Spezialisierung auf die Privatwirtschaft geprägt. Wissenschaftliche Ausarbeitungen, die sich den Spezifika regulierter Beziehungen oder

---

[169] Vgl. JARAUSCH, J.-K. C. (2011).
[170] Vgl. ebenda, S. 219.
[171] Vgl. ebenda, S. 284ff.
[172] GÖTZE, U./MIKUS, B. (2015), S. 29.
[173] Vgl. WAGNER, S. et al. (2010), S. 114; vgl. KAJÜTER, P. (2015), S. 25.
[174] WAGNER, S. et al. (2010), S. 98.
[175] Vgl. KAJÜTER, P. (2003a), S. 116f; vgl. KAJÜTER, P. (2003b), S. 326f.
[176] Vgl. KAJÜTER, P. (2007), S. 22f.
[177] Vgl. KAJÜTER, P. (2015), S. 22f.
[178] Vgl. OLSON, D. L. (2011), S. 13.

auch dem betrieblichen Risiko einer Anfechtung aus der Geschäftsbeziehung mit einem insolventen Geschäftspartner widmen, ließen sich nicht erkennen. Dennoch bieten das Risikomanagement und Supply Chain Risikomanagement durch die Möglichkeit zur branchenspezifischen Anpassung einen Beitrag zur wissenschaftlichen Fundierung des Forschungsparadigmas. Sie sind zur Lösungsfindung aufzunehmen und unter Berücksichtigung der gesetzlichen und regulatorischen Vorgaben des liberalisierten Strommarkts sowie der spezifischen Risiken und Restriktionen der Verteilnetzbetreiber-Lieferanten-Beziehung entsprechend auszugestalten.

Die Auswertung der für die vorliegende Themenstellung gesichteten, umfangreichen Literatur zeigt, dass diese interessante Lösungsansätze zur Bearbeitung der Problemstellung bietet. Der Fokus ist allerdings auf die Privatwirtschaft gerichtet, die Verknüpfung mit energiewirtschaftlichen Inhalten erweist sich als nahezu unbearbeitetes Themenfeld. In der Konsequenz existiert bislang kein Konzept zum Risikomanagement für die regulierte Lieferantenbeziehung der Verteilnetzbetreiber im liberalisierten Strommarkt, das zur Reduzierung des finanzwirtschaftlichen Risikos aus Lieferanteninsolvenzen und insolvenzrechtlichen Anfechtungen beitragen soll. Dieses Defizit ist im Rahmen dieser Arbeit zu beseitigen, wozu eine Verknüpfung der energiewirtschaftlichen und betriebswirtschaftlichen Elemente im Rahmen des Risikomanagements erforderlich ist.

Die aus der Literaturanalyse gewonnenen Erkenntnisse stellen die Ausgangsbasis für die in dieser Arbeit fokussierten Zielsetzung dar, deren Beschreibung Inhalt des nachfolgenden Kapitels ist.

1.3 Zielsetzung und Aufbau der Arbeit

Das Gesamtziel der vorliegenden Arbeit ist die Entwicklung eines Modells zum strategischen Risikomanagement im liberalisierten Energiemarkt, das der praktischen Relevanz Rechnung trägt und den Verteilnetzbetreibern Empfehlungen zur Reduzierung des finanzwirtschaftlichen Risikos aus Lieferanteninsolvenzen und Anfechtungen bereitstellt. Neben der Unterstützung der Verteilnetzbetreiber zur Vereinnahmung der Erlösobergrenze soll dadurch auch ein Beitrag zur Optimierung des liberalisierten Energiemarkts geleistet werden, indem Maßnahmen der Verteilnetzbetreiber auch das Risiko der mit den Lieferanten verbundenen Marktpartner reduzieren und das Vertrauen der Kunden in den Anbieterwechsel stärken können.

Primäre Voraussetzung zur Erfüllung des Gesamtziels ist die Aufbereitung der energiewirtschaftlichen Besonderheiten und ihre Verknüpfung mit den aufgezeigten Lösungsansätzen der Literatur. Der wissenschaftlichen Fundierung folgt die

Entwicklung eines Metamodells, das zusammen mit empirisch zu erhebender Risikofaktoren eine systematische Modellierung gewährleistet und eine Explikations- und Argumentationsbasis zum Austausch mit der Praxis generiert. Die Untersuchung des Metamodells zur Zielgruppeneignung unterstützt die Abbildung eines Modells als Konsens von Theorie und Praxis und lässt gezielte Empfehlungen zur Implementierung und Anwendung in der Praxis formulieren.

Zur Erreichung der Zielsetzung wird ein mehrstufiges Verfahren gewählt. Dieses ist in Abb. 1.1 dargestellt und charakterisiert sich durch eine kombinierte theoretische und empirische Forschungskonzeption. Diese gewährleistet die für eine praxisrelevante Lösung erforderliche Verbindung von Theorie mit den Ereignissen der Vergangenheit und ermöglicht die Berücksichtigung der Kenntnisstände und Anforderungen der befragten Verteilnetzbetreiber für die Modellbildung.

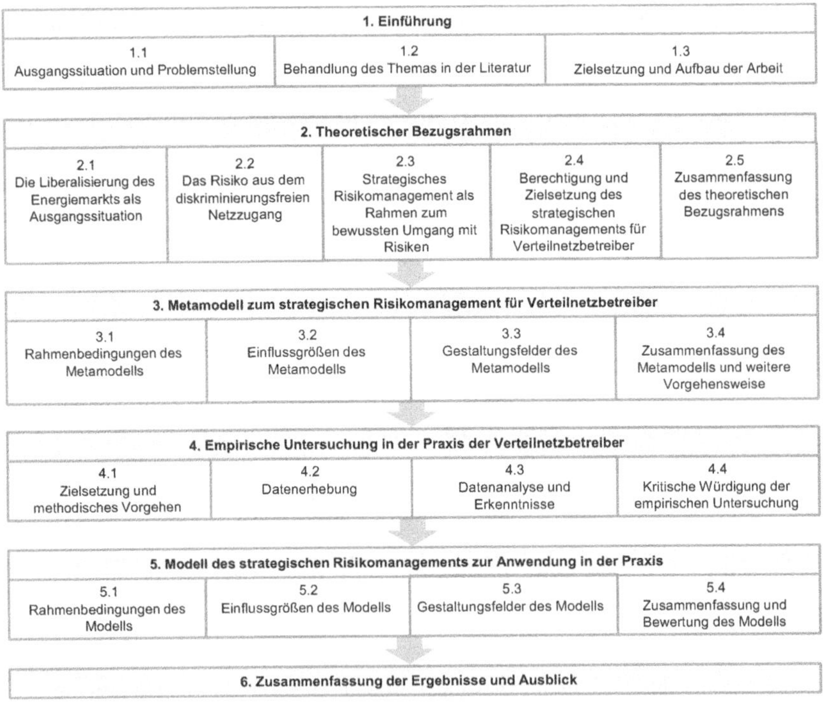

Abb. 1.1 Aufbau der Arbeit. (Quelle: Eigene Darstellung)

Im Rahmen der gewählten Vorgehensweise wurde im ersten Kapitel unter Bezugnahme auf zwei namhafte Insolvenzen von Energieanbietern in die Thematik eingeführt und das mit der Liberalisierung und dem diskriminierungsfreien Netzzugang einhergehende finanzwirtschaftliche Risiko der Marktpartner aufgezeigt. Nach Explikation der Ausgangssituation und Problemstellung wurde die als relevant eingestufte wissenschaftliche Literatur auf Lösungsbeiträge für die Problemstellung untersucht.

Das zweite Kapitel widmet sich dem Aufbau eines theoretischen Bezugsrahmens, der die energiewirtschaftlichen und betriebswirtschaftlichen Grundlagen vermittelt. Dies impliziert die Aufarbeitung der mit der Liberalisierung des Energiemarkts einhergehenden Änderungen in der Stromversorgung und die Darlegung des durch den diskriminierungsfreien Netzzugang entstandenen Risikos für die Marktpartner und insbesondere die Verteilnetzbetreiber. Als Rahmen zum bewussten Umgang mit Risiken wird das in der Betriebswirtschaftslehre etablierte Konzept des Risikomanagements vorgestellt und die Berechtigung und Zielsetzung für die Verteilnetzbetreiber begründet.

Aufbauend auf den Erkenntnissen des theoretischen Bezugsrahmens wird in Kapitel 3 ein Metamodell zum Risikomanagement für Verteilnetzbetreiber entwickelt. Dieses dient unter Zusammenführung der relevanten energiewirtschaftlichen und betriebswirtschaftlichen Inhalte einer systematischen Modellierung und Vorbereitung zur diskursiven Auseinandersetzung mit Praxisexperten. Abgeleitet aus den theoretischen Erkenntnissen zum Risikomanagement umfasst es vier Hauptelemente: Das erste Element spannt mit den Rahmenbedingungen das Bewegungsfeld und den Gestaltungsspielraum der Verteilnetzbetreiber im Risikomanagement auf. Das zweite Element definiert mit dem Lieferanteninsolvenzrisiko und dem Anfechtungsrisiko die Einflussgrößen, deren Risikofaktoren empirisch erhoben und für das Metamodell selektiert werden. Das dritte Element der Gestaltungsfelder stellt mit den Phasen der Risikoidentifikation, Risikoanalyse/–bewertung, Risikohandhabung und Risikoüberwachung sowie der Integration und organisatorischen Verankerung den Kern der Modellierung dar.

Gegenstand des vierten Kapitel ist die empirische Untersuchung von fünf Verteilnetzbetreibern hinsichtlich ihrer Risikomanagementaktivitäten und Methodenkompetenz sowie ihrer Erfahrungen und Anforderungen an das Risikomanagement. Die Ergebnisse dienen der Bestimmung des durchschnittlichen Reifegrads zum Risikomanagement der befragten Praktiker und werden zur Bewertung der Zielgruppeneignung des Metamodells verwendet. Dies schafft eine Bezugsgröße zur praxisorientierten und an den Fähigkeiten der Verteilnetzbetreiber orientierten Modellgestaltung.

In Kapitel 5 wird das Modell zum strategischen Risikomanagement abgeleitet, das mit integrierten Anwendungsempfehlungen zur Umsetzung in der Praxis der Verteilnetzbetreiber empfohlen wird. Hier erfolgt zunächst die Festlegung der Rahmenbedingungen und der zu beobachtenden Risikofaktoren je Einflussgröße. Im Rahmen der Zusammenführung und Plausibilisierung der Methodenbewertungen der Praktiker mit dem Metamodell werden die Gestaltungsfelder definiert. Zur Sicherstellung der Machbarkeit der von der Praxis einheitlich vorzunehmenden Risikoanalyse/-bewertung, wird der Verteilnetzbetreiber mit dem besten Reifegrad in die Gestaltung dieser Phase mit einbezogen. Abschließend erfolgt zur Darlegung der praktischen Eignung eine Zusammenfassung und Bewertung des Modells.

Die vorliegende Arbeit schließt mit einer Zusammenfassung der Ergebnisse und einem Ausblick auf weiteren Forschungsbedarf mit Kapitel 6.

2 Theoretischer Bezugsrahmen

Zur weiteren systematischen Erkenntnisgewinnung und Reduzierung der Komplexität durch die Konzentration auf das Wesentliche wird ein theoretischer Bezugsrahmen aufgebaut. Mittels der Historie zur Liberalisierung des Energiemarkts werden die erforderlichen Kenntnisse und Spezifika der Energiewirtschaft vermittelt. Unter Bezugnahme auf die Privatwirtschaft lassen sich die Unterschiede zu den klassischen Ansätzen der Betriebswirtschaft verdeutlichen und etablierte Methoden zur Gestaltung der Lieferantenbeziehung auf Adaption in die Verteilnetzbetreiber-Lieferanten-Beziehung analysieren. Mit Explikation des aus dem freien Netzzugang resultierenden Risikos und der Darlegung des in der Betriebswirtschaft etablierten Konzepts des Risikomanagements wird das Fundament für das Modell geschaffen.

2.1 Die Liberalisierung des Energiemarkts als Ausgangssituation

Zur Explikation des energiewirtschaftlichen Bewegungsfelds wird der liberalisierte Strommarkt einer näheren Betrachtung unterzogen. Im Sinne der Nachvollziehbarkeit der politisch motivierten Öffnung des Energiemarkts für den Wettbewerb und zur Generierung eines einheitlichen Verständnisses wird die Historie der Energieversorgung dargestellt. Dazu werden die mit der Liberalisierung einhergehenden strukturellen Änderungen herausgearbeitet und im Zusammenhang mit der Erläuterung zur Funktionalität der Stromversorgung die Rollen der Marktpartner definiert. Der integrative Abgleich mit dem betriebswirtschaftlichen Verständnis einer Supply

Elektronisches Zusatzmaterial Die elektronische Version dieses Kapitels enthält Zusatzmaterial, das berechtigten Benutzern zur Verfügung steht https://doi.org/10.1007/978-3-658-31614-3_2

K. R. Eiselbrecher, *Strategisches Risikomanagement für Verteilnetzbetreiber im liberalisierten Energiemarkt*, https://doi.org/10.1007/978-3-658-31614-3_2

Chain und des Supply Chain Managements dient zusammen mit der Charakterisierung der Verteilnetzbetreiber-Lieferanten-Beziehung der Identifikation der energiewirtschaftlichen Besonderheiten sowie der Ableitung des Gestaltungsspielraums der Verteilnetzbetreiber als wesentliche Rahmenbedingungen für das Risikomanagement.

2.1.1 Historie der Energieversorgung und Spezifika in der Kette der liberalisierten Stromversorgung

Der Strommarkt wird als Markt der leitungsgebundenen Energieversorgung bezeichnet.[1] Die Begrifflichkeit findet ihren Ursprung in der Eigenschaft, dass zur Versorgung der Kunden Energienetze als Transportmittel benötigen werden, an welche Erzeuger und Verbraucher angeschlossen sein müssen.[2] Die erste gesetzliche Verankerung zur Stromversorgung findet sich im ENERGIEWIRTSCHAFTSGESETZ aus dem Jahr 1935.[3] Unter der Präambel, „(…) die Energieversorgung so sicher und billig wie möglich zu gestalten (…)“[4], wurde die bis dahin gewachsene Praxis, nach der ein vertikal integriertes Energieversorgungsunternehmen die Energieversorgung innerhalb geschlossener Versorgungsgebiete von der Erzeugung über den Netzbetrieb bis zum Verkauf der Energie an die Kunden vollständig beherrschte,[5] kodifiziert. Ein Wettbewerb der als natürliches Monopol manifestierten ganzheitlichen Energieversorgung wurde aufgrund hoher Investitionskosten des Netzbetriebs explizit ausgeschlossen, um „(…) volkswirtschaftlich schädliche Auswirkungen (…)“[6] zu verhindern.[7] Diese versorgungswirtschaftliche Sonderstellung des „(…) Alleinvertretungsanspruches (…)“[8] band die Kunden zu behördlich reglementierten Tarifen immer an das Energieversorgungsunternehmen, an dessen Netz sie angeschlossen waren.[9]

[1] Vgl. § 1 EnWG.

[2] Vgl. STRÖBELE, W. et al. (2012), S. 228.

[3] Vgl. REICHSREGIERUNG (1935), S. 1451–1456.

[4] Ebenda, S. 1451.

[5] Vgl. SCHIFFER, H.-W. (2005), S. 187; vgl. ORTLIEB, B. (2016), S. 199.

[6] REICHSREGIERUNG (1935), S. 1451.

[7] Vgl. ORTLIEB, B. (2016), S. 199.

[8] BOZEM, K. (2007), S. 15.

[9] Vgl. WÜRFEL, P. (2015), S. 118.

Unter dem Ziel des europäischen Energiebinnenmarkts für Strom und Gas erließ die EUROPÄISCHE UNION ab Ende der 1990er-Jahre diverse BINNENMARKTRICHTLINIEN, die eine Überführung der national unterschiedlichen monopolistischen Energiewirtschaftssysteme in wettbewerbliche Systeme forderten.[10] Die Grundlage zur Implementierung des Wettbewerbs in der Energieversorgung lieferte die ESSENTIAL FACILITY-THEORIE, nach der ein natürliches Monopol nur auf den Teil der Wertschöpfungskette zu begrenzen ist, der als wesentliche Einrichtung einen Engpassfaktor für die übrigen Wertschöpfungsstufen darstellt[11] und für den ein Wettbewerb wegen der volkswirtschaftlichen Kosten nicht sinnvoll ist.[12] In der Stromversorgung stellen dies die Übertragungs- und Verteilnetze dar.[13] So ist der freie Netzzugang durch Dritte wesentlich zur Ausprägung des Wettbewerbs. Ein Wettbewerb in Form paralleler Netze ist durch Bündelungsvorteile und irreversible Kosten der Netzinfrastruktur aber nicht zielführend.[14] Die zur Verwirklichung des Energiebinnenmarkts getroffenen europäischen Vorschriften setzte Deutschland mit dem am 29. April 1998 in Kraft getretenen ENERGIEWIRTSCHAFTSGESETZ (EnWG) in deutsches Recht um.[15] Die aktuelle Fassung des EnWG gilt seit dem 13. Juli 2005 und wurde zuletzt mit Wirkung zum 12. Dezember 2019 geändert.[16]

Die Liberalisierung führte neben dem Abbau der geschlossenen Versorgungsgebiete[17] besonders durch die strukturellen Eingriffe zur Realisierung des freien Handels und der freien Anbieterwahl der Kunden zu gravierenden Änderungen des Energiemarkts.[18] Mit dem Fokus auf den Strommarkt lässt sich der „(…) Paradigmenwechsel (…)“[19] mit Abb. 2.1 veranschaulichen und nachvollziehbar erklären:

[10] Vgl. insbesondere EUROPÄISCHES PARLAMENT und RAT (1997), S. 20–29; vgl. EUROPÄISCHES PARLAMENT und RAT (1998), S. 1–12; vgl. ORTLIEB, B. (2016), S. 200.

[11] Vgl. STRÖBELE, W. et al. (2012), S. 308.

[12] Vgl. AICHELE, C. (2012), S. 3.

[13] Vgl. KNIEPS, G. (2003), S. 13; vgl. STRÖBELE, W. et al. (2012), S. 308.

[14] Vgl. KNIEPS, G. (2003), S. 13; vgl. AICHELE, C. (2012), S. 3.

[15] Vgl. BUNDESTAG (1998a), S. 730–734.

[16] Vgl. BUNDESTAG (2005b), S. 1970–2009; vgl. BUNDESTAG (2019), Artikel 1.

[17] Vgl. BOZEM, K. (2007), S. 15; vgl. KLEES, A. (2012), S. 71.

[18] Vgl. PANOS, K. (2013), S. 45f.

[19] BOZEM, K. (2007), S. 15.

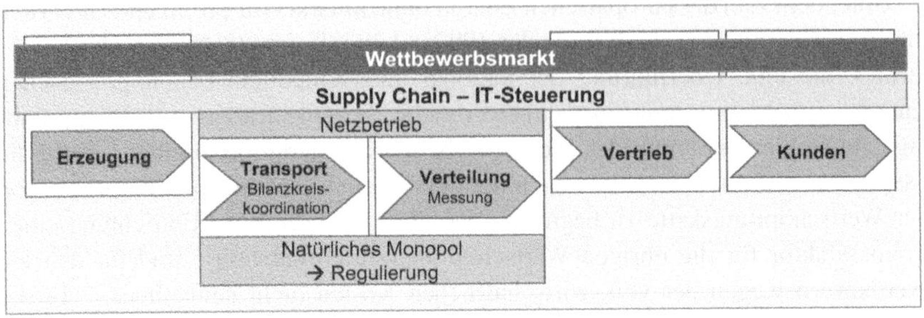

Abb. 2.1 Wertschöpfungskette im liberalisierten Strommarkt. (Quelle: In Anlehnung an HAUSLADEN/EISELBRECHER (2019), S. 649)

Wie Abb. 2.1 zeigt, beginnt die Wertschöpfungskette der Stromversorgung mit der Erzeugung und endet nach dem Netzbetrieb vom überregionalen Transportnetz zum regionalen Verteilnetz mit dem Vertrieb des Stroms an die Kunden. Während im Monopolmarkt meist alle Stufen durch ein vertikal integriertes Unternehmen beherrscht wurden, stellen sie nun eigenständige Unternehmen dar. Die Begrenzung des natürlichen Monopols auf den Netzbetrieb erfolgte durch die gesetzliche Vorgabe des Unbundlings, nach der die Netzbetreiber „(...) von anderen Tätigkeitsbereichen der Energieversorgung (...)“[20] entflochten werden mussten.[21] Damit sie ihre Marktmacht als natürliche Monopole nicht ausnutzen und den Wettbewerb durch ungleiche Bedingungen nicht behindern, unterliegen sie einer staatlichen Regulierung.[22] Unter der Aufsicht der Regulierungsbehörde (BNetzA oder zuständige Landesregulierungsbehörde[23]) sind die Netzbetreiber gesetzlich zum diskriminierungsfreien Netzzugang Dritter verpflichtet und haben dazu die von der BNetzA vorgegebenen Geschäftsprozesse anzuwenden.[24] Die jeweils zugeordneten Regulierungsbehörden errechnen gemäß den Vorgaben der ANREIZREGULIERUNGSVERORDNUNG (ARegV) für die Netzbetreiber die individuellen Erlösobergrenzen, die diese für die nächsten fünf Jahre (Regulierungsperiode nach

[20] § 6 EnWG.

[21] Vgl. §§ 6ff EnWG, wobei § 7 EnWG vertikal integrierte Energieversorgungsunternehmen mit weniger als 100.000 an das Verteilnetz angeschlossenen Kunden vom rechtlichen Unbundling ausnimmt.

[22] Vgl. KLEES, A. (2012), S. 79 mit Teil 3 EnWG.

[23] Vgl. zur Zuständigkeit § 54 EnWG.

[24] Vgl. § 20 EnWG mit BUNDESNETZAGENTUR FÜR ELEKTRIZITÄT, GAS, TELEKOMMUNIKATION, POST UND EISENBAHNEN (Hrsg.) (2019g), [Stand 29.11.2019].

§ 3 Abs. 2 ARegV) aus der Netznutzung maximal vereinnahmen dürfen.[25] Daraus leiten diese ihre jeweils zum Jahreswechsel geltenden und genehmigungspflichtigen Netzentgelte ab.[26]

Infolge der genannten Anpassungen und des daraus resultierenden Kontrahierungszwangs der Netzbetreiber können Energievertriebe die Netze zur Belieferung der Kunden nutzen.[27] Dabei werden die zur Stromversorgung auszutauschenden Informations- und Energieflüsse durch IT-gestützte Prozesse gesteuert.[28]

Mit Blick auf die Kette der Stromversorgung lässt sich unter Bezugnahme auf Abschnitt 1.2 an dieser Stelle festhalten, dass sich diese durch die aufeinanderfolgenden Wertschöpfungsstufen als Supply Chain charakterisieren lässt. Ihre Spezifika bestehen im natürlichen Monopol der ortsgebundenen Übertragungs- und Verteilnetzbetreiber sowie den wettbewerblichen Stufen Erzeugung und Vertrieb.[29] Die Netzbetreiber müssen zur Sicherstellung des diskriminierungsfreien Netzzugangs nach den Regelungen des § 6 ff EnWG von anderen Wertschöpfungsstufen der Stromversorgung „unbundelt" sein. Die gesetzlich legitimierte Ausnahme der rechtlichen Entflechtung für Energieversorgungsunternehmen mit weniger als 100.000 an das Netz angeschlossenen Kunden ist mit der Transaktionskostentheorie begründbar. Nach PICOT (1985) ist die Organisationsstruktur von den Transaktionskosten abhängig.[30] Daraus lässt sich folgern, dass eine Entflechtung kleiner Energieversorgungsunternehmen wegen der übermäßig hohen Transaktionskosten für die und auch nach der Entflechtung nicht effizient ist und dadurch eine Ausnahme rechtfertigen.[31] In der Forschung zum Supply Chain Management wird als Merkmal die

[25] Vgl. vertiefend dazu BUNDESNETZAGENTUR FÜR ELEKTRIZITÄT, GAS, TELEKOMMUNIKATION, POST UND EISENBAHNEN (Hrsg.) (2019d), [Stand 29.11.2019].

[26] Vgl. §§ 20, 23a EnWG.

[27] Auf weitere Netznutzer, wie Kunden, die ihre Netzentgelte direkt an den Verteilnetzbetreiber bezahlen, wird in dieser Arbeit nicht eingegangen.

[28] Vgl. am Beispiel der Schnittstelle der Verteilnetzbetreiber und Lieferanten BUNDESNETZAGENTUR FÜR ELEKTRIZITÄT, GAS, TELEKOMMUNIKATION, POST UND EISENBAHNEN (Hrsg.) (2019a), S. 1ff. Dabei wird in dieser Arbeit der Messstellenbetrieb dem Verteilnetzbetreiber zugeordnet.

[29] Vgl. KLEES, A. (2012), S. 77. Auf Ausführungen zum Energiehandel als weiteren Wettbewerbsbereich wird auf Grund der Komplexität und untergeordneten Relevanz für diese Arbeit nicht näher eingegangen.

[30] Vgl. PICOT, A. (1985), S. 225.

[31] Vgl. in ähnlicher Begründung HOCHSCHULE SCHMALKALDEN (Hrsg.) (o. J.), [Stand 08.12.2019].

rechtliche Unabhängigkeit von Unternehmen angeführt.[32] Da dies auch für den liberalisierten Energiemarkt so bestimmt ist, soll an dieser Stelle nur auf die Ausnahme hingewiesen werden, ohne diese weiter zu vertiefen.

Die Regulierungsbehörde als übergeordnete Instanz und Art fokales Unternehmen der Supply Chain überwacht das Funktionieren des Wettbewerbs und fördert diesen durch die Netzzugangs- und Netzentgeltregulierung der Netzbetreiber.[33] Daraus ergibt sich eine hierarchische Organisationsform der Supply Chain.[34] Aus den natürlichen Monopolen der Netze ergibt sich als weiteres Unterscheidungskriterium zum traditionellen Supply Chain-Verständnis, dass in der Energiewirtschaft keine Supply Chains untereinander konkurrieren, sondern der Wettbewerb primär im Netz und um die daran angeschlossenen Kunden stattfindet.[35] Eine Supply Chain bildet sich durch die Verteilnetzbetreiber, wodurch diese durch die Ortsgebundenheit der Netze nur Teil der Supply Chain ihres Netzgebiets sein können. Erzeugung und Vertriebe als Wettbewerbsbereiche hingegen können in mehreren Supply Chains tätig sein. Aus der Unterteilung Deutschlands in die vier überregionalen Übertragungsnetzbetreiber 50 Hertz, Amprion, TenneT und TransnetBW[36] folgt dabei auch, dass die Übertragungsnetzbetreiber in alle Supply Chains innerhalb ihres Netzgebiets (bezeichnet als Regelzone[37]) integriert sind. Durch die mögliche Zugehörigkeit der Supply Chain-Akteure (außer der Verteilnetzbetreiber) in verschiedenen Supply Chains zeigt sich auch in der Energiewirtschaft anstelle einfacher Wertschöpfungsketten eine Netzwerkstruktur.[38]

Infolge der Netzöffnung für Dritte hat sich der Strommarkt zu einem Massenmarkt (Polypol) gewandelt. Dies machte eine Anpassung des Supply Chain Managements an die neuen Rahmenbedingungen ebenso erforderlich wie die Festlegung der Rollen und Aufgaben der teilnehmenden Marktpartner. Dies ist Inhalt des nachfolgenden Abschnitt.

---

[32] Vgl. Werner, H. (2017), S. 29.

[33] Vgl. Klees, A. (2012), S. 62 mit § 1 und Teil 3 EnWG. Die Netzanschlussregulierung als Recht zu Herstellung einer physischen Verbindung zum Netz hat ebenso wie der Wettbewerb um das Netz (Konzessionsvergaben) keine Relevanz für diese Arbeit. Dazu wird auf Klees (2012), S. 80ff verwiesen.

[34] In Anlehnung an Corsten, H./Dost, C. (2019), S. 185.

[35] Vgl. Klees, A. (2012), S. 79.

[36] Vgl. Bundesnetzagentur für Elektrizität, Gas, Telekommunikation, Post und Eisenbahnen/Bundeskartellamt (Hrsg.) (2019), S. 181.

[37] Vgl. hierzu Abschnitt 2.1.2

[38] Vgl. zur Privatwirtschaft Chopra, S./Meindl, P. (2014), S. 24.

2.1.2 Supply Chain Management und Rollen der Marktpartner

Die Gestaltung und Steuerung der Supply Chain zur Stromversorgung unterliegt einer hohen Komplexität. Die Ursachen liegen neben der Leitungsgebundenheit und eingeschränkten Speicherbarkeit des Stroms[39] in seinen physikalischen Eigenschaften. Anders als „traditionelle" Güter verteilt sich Strom ungeachtet der Eigentumsverhältnisse nach den Gesetzmäßigkeiten der Physik – und damit entlang des kleinsten Widerstands – im Netz und fließt dadurch auch nicht direkt vom Erzeuger zum Kunden.[40] Die Liberalisierung stellte das Supply Chain Management durch den freien Netzzugang vor eine zusätzliche energielogistische Herausforderung, indem nun zahlreiche Netznutzer[41] mit individuellen Einspeisungen und Zusammensetzungen des Stroms (Strommix) genau ihre akquirierten Kunden beliefern wollen. Erschwerend hinzu kommt, dass eine unterbrechungsfreie Stromversorgung einen stabilen Netzbetrieb mit einem permanenten Gleichgewicht aus Einspeisungen und Entnahmen voraussetzt.[42] Strom muss somit „just in time" produziert und eingespeist werden, wie er von den Kunden auch bezogen wird.

Während die Synchronisation des physischen Stromflusses durch netzsteuernde Maßnahmen der jeweiligen Netzbetreiber erfolgt,[43] erfordert die Verwirklichung des Netzzugangs Dritter und Koordination der Energiemengen ein speziell an die Stromversorgung angepasstes Verfahren. Hierzu dient das sogenannte Bilanzkreissystem, das zur Abgrenzung des Supply Chain Managements von der Logistik aber auch zur Transparenz der Netzzugangsvoraussetzungen und Finanzströme kurz skizziert wird:

Entsprechend der Regelungen der STROMNETZZUGANGSVERORDNUNG (STROMNZV)[44] sind die Netznutzer dazu verpflichtet, ihre Einspeise- und Entnahmestellen im Netzgebiet des zuständigen Übertragungsnetzbetreibers einem Bilanzkreis zuzuordnen. Der Bilanzkreis stellt ein Energiemengenkonto dar und kann entweder nur einen oder mehrere Lieferanten umfassen.[45] Zur Vereinfachung wird in dieser Arbeit von einem Lieferanten je Bilanzkreis ausgegangen, der damit

[39] Vgl. STRÖBELE, W. et al. (2012), S. 228.

[40] Vgl. hierzu auch KLEES, A. (2012), S. 62f und die dort angegebenen Literaturquellen.

[41] Im Rahmen dieser Arbeit werden als Netznutzer nur Lieferanten betrachtet. Andere Netznutzer könnten zum Beispiel sogenannte Selbstzahler sein, die ihre Energie selbst beschaffen und die Netznutzung direkt an den örtlichen Verteilnetzbetreiber bezahlen.

[42] Vgl. STRÖBELE, W. et al. (2012), S. 229.

[43] Vgl. § 1 Abs. 2 mit § 3 Nr. 3, 10 EnWG und weiterführende Rechtsnormen wie § 14a EnWG.

[44] Vgl. BUNDESREGIERUNG (2005), S. 2243–2251.

[45] Vgl. § 4 StromNZV.

zugleich die Rolle des Bilanzkreisverantwortlichen einnimmt. Der Bilanzkreis wird auf Basis eines mit dem Übertragungsnetzbetreiber zu schließenden Bilanzkreisvertrags verwaltet[46] und beinhaltet insbesondere die Pflicht, bilanziell ausgeglichene Fahrpläne des Folgetags an den Übertragungsnetzbetreiber zu übermitteln.[47]

Die Fahrpläne werden durch Lastgänge abgebildet, die bei Kunden mit einem Verbrauch über 100.000 kWh pro Jahr aus viertelstundengenauen Messwerten der registrierenden Leistungsmessung (RLM; daher bezeichnet als RLM-Kunden) und bei Kunden bis zu 100.000 kWh pro Jahr aus repräsentativen Standardlastprofilen (SLP; daher bezeichnet als SLP-Kunden) bestehen.[48] Da Prognosewerte aber niemals exakt den Ist-Verbrauch vorhersagen können, gleichen die Übertragungsnetzbetreiber in der Funktion als Bilanzkreiskoordinatoren ihrer Regelzone die Abweichungen aus und rechnen diese gegenüber dem Bilanzkreisverantwortlichen ab.[49] Die Abrechnung der Bilanzkreise basiert auf den von den Verteilnetzbetreibern übermittelten Ist-Werten und erfolgt durch die Übertragungsnetzbetreiber aufgrund der Komplexität nur für RLM-Kunden einmal pro Monat und zwei Monate nach dem Liefermonat.[50] Den Ausgleich der SLP-Kunden nehmen die Verteilnetzbetreiber gegenüber den Lieferanten vor. In Form der sogenannten Mehr-/Mindermengenabrechnung erfolgt diese wegen der Abhängigkeit von der Bilanzkreisabrechnung ebenfalls zeitlich nachgelagert zum Netznutzungszeitraum.[51]

Die Abwicklung des Bilanzkreissystems als logistische Funktion der Supply Chain erfolgt mittels IT-gestützter und von der BNetzA vorgegebener Prozesse[52] zwischen Bilanzkreisverantwortlichen, Übertragungsnetzbetreiber (in der Rolle der

---

[46] Vgl. § 26 StromNZV.

[47] Vgl. §§ 4, 5 StromNZV.

[48] Vgl. § 12 StromNZV.

[49] Vgl. zum grundlegenden Beschluss BUNDESNETZAGENTUR FÜR ELEKTRIZITÄT, GAS, TELEKOMMUNIKATION, POST UND EISENBAHNEN (Hrsg.) (2009), S. 3 mit § 4 StromNZV; Zur aktuellen Festlegung der Umsetzung sei auf BUNDESNETZAGENTUR FÜR ELEKTRIZITÄT, GAS, TELEKOMMUNIKATION, POST UND EISENBAHNEN (Hrsg.) (2019c) verwiesen.

[50] Vgl. BUNDESNETZAGENTUR FÜR ELEKTRIZITÄT, GAS, TELEKOMMUNIKATION, POST UND EISENBAHNEN (Hrsg.) (2009), S. 3f und § 8 StromNZV; vgl. BUNDESNETZAGENTUR FÜR ELEKTRIZITÄT, GAS, TELEKOMMUNIKATION, POST UND EISENBAHNEN (Hrsg.) (2011), S. 11.

[51] Vgl. hierzu Abschnitt 2.1.3.

[52] Vgl. zur grundlegenden Festlegung BUNDESNETZAGENTUR FÜR ELEKTRIZITÄT, GAS, TELEKOMMUNIKATION, POST UND EISENBAHNEN (Hrsg.) (2009), S. 11.

Bilanzkreiskoordinatoren) und den Verteilnetzbetreibern.[53] Im Vergleich zum klassischen Verständnis der Logistik mit der Aufgabe, das richtige Produkt, zur richtigen Zeit, in der richtigen Menge, am richtigen Ort, in der richtigen Qualität, dem richtigen Kunden, zu den richtigen Kosten zur Verfügung zu stellen[54] und „(...) mit den richtigen Informationen (...)“[55] zur Umsetzung des Bilanzkreissystems zu versehen ist erkennbar, dass diese Aufgabe auch für die Stromversorgung Gültigkeit hat – allerdings in einer technischen und bilanziell-kaufmännischen[56] Umsetzungsform. Zur Abgrenzung des Bezugs zur Energie hat sich inzwischen der Begriff – sowie auch die neue Forschungsrichtung – der Energielogistik herausgebildet,[57] der sich mit der Digitalisierung der Energiewende beispielsweise durch die Smart-Grid- und Smart-Meter-Technologie zur IT-gestützten Energielogistik ausweiten wird.[58]

In Bezug auf die zahlreichen unterschiedlichen Interpretationen zum Supply Chain Management ist für das Supply Chain Management der Stromversorgung festzustellen, dass dieses unter der Aufgabe der Versorgungssicherheit und Sicherstellung des Wettbewerbs (§ 1 EnWG) mit den regulatorischen Eingriffen, der technischen als auch der bilanziellen Steuerung und Koordination der Energiemengen insgesamt drei Komponenten und zahleiche Geschäftsprozesse umfasst. Daraus lassen sich auch die Kernprozesse des SCOR-Modells Plan, Source, Make, Deliver, Return und Enable erkennen.[59] Während die ersten vier Prozesse die Energieerzeugung bis zur Versorgung der Kunden entsprechend ihrer Nachfrage abbilden, kann der Prozess Return als Entsorgung der zur Energieversorgung anfallenden Stoffe verstanden werden. Der Prozess Enable lässt sich weit fassen, weshalb ihm in dieser Arbeit als Beispiel das Assetmanagement zur Sicherstellung der zuverlässigen Stromversorgung zugeordnet wird.

Hinsichtlich der in der betriebswirtschaftlichen Literatur protegierten Managementkonzepte des Beziehungsmanagements[60] lässt sich feststellen, dass diese kaum Anwendung finden. Die Ursache kann in der fehlenden Abhängigkeit der

---

[53] Vgl. zur derzeit gültigen Umsetzung Bundesnetzagentur für Elektrizität, Gas, Telekommunikation, Post und Eisenbahnen (Hrsg.) (2019c), S. 6.

[54] Vgl. Gleißner, H./Femerling, C. (2008), S. 5.

[55] Hausladen, I. (2016), S. 4.

[56] Vgl. Bundesnetzagentur für Elektrizität, Gas, Telekommunikation, Post und Eisenbahnen (Hrsg.) (2019c), S. 6, wonach das Bilanzkreissystem zwischen den bilanzkreisverantwortlichen Lieferanten, Übertragungsnetzbetreiber (als Bilanzkreiskoordinatoren) und Verteilnetzbetreibern erfolgt.

[57] Vgl. Fraunhofer-Institut für Materialfluss und Logistik IML (Hrsg.) (o. J.), S. 4.

[58] Vgl. Hausladen, I./Eiselbrecher, K. (2019), S. 655.

[59] Vgl. The Association for Operations Management (Hrsg.) (2017), S. 3.

[60] Vgl. Boeck, B. (2010), S. 173ff.

Supply Chain-Akteure untereinander liegen. So stellten DILLER/KUSTERER (1988) im Rahmen einer empirischen Untersuchung zu Geschäftsbeziehungen fest, dass diese umso intensiver gepflegt werden, je stärker die Abhängigkeit wahrgenommen wird.[61] Dies deckt sich auch mit den Ergebnissen der Expertengespräche mit Verteilnetzbetreibern, wonach regelmäßige fachliche Treffen lediglich zwischen Übertragungsnetzbetreibern und Verteilnetzbetreibern stattfinden. Als Begründung wurde die gegenseitige Abhängigkeit in der Netzführung und das Bestehen gleicher Problemstellungen angeführt. Diskutiert werden daher Themenstellung wie Verbesserungen im Datenaustausch, Maßnahmen zum Schutz vor Cyberangriffen und auch Maßnahmen zur Anpassung der Netze an den Standard der Digitalisierung. Somit wird durch die Zusammenarbeit das gemeinsame und auch individuell geltende Ziel der Zuverlässigkeit des Netzbetriebs verfolgt, was neben der gegenseitigen Abhängigkeit auch auf die Bedeutung der individuellen Zielsetzungen hinweist. Von den dem Wettbewerb unterstellten und somit „ersetzbaren" Marktpartnern wie Lieferanten hingegen wird erwartet, dass sie die Geschäftsprozesse beherrschen oder den Markt verlassen. Eine Zusammenarbeit über die regulatorisch vorgegebenen Prozesse hinaus hat folglich trotz der potenziellen Eignung zur Erhöhung der Qualität in der Zusammenarbeit kaum Eingang in das Supply Chain Management der Stromversorgung gefunden.

Die (Energie-)Logistik wird in dieser Arbeit als Teilgebiet des Supply Chain Managements verstanden. Unter Bezugnahme auf Abschnitt 1.2 wird damit der Sichtweise der Unionists gefolgt. Unter dem Ziel einer unterbrechungsfreien Stromversorgung und der Sicherstellung des Wettbewerbs wird das Supply Chain Management unter Berücksichtigung der drei erläuterten Elemente definiert als *Koordination und Synchronisation der Informations- und Energieflüsse, das durch die Regulierung der Netzbetreiber sowie die energielogistischen Komponenten der technischen Netzsteuerung und des Bilanzkreismanagements einer prozessoptimierenden und wettbewerbsfördernden Integration der am Wertschöpfungsprozess beteiligten Supply Chain Akteure dient und eine zuverlässige Stromversorgung der Kunden durch ihren individuellen Energielieferanten sicherstellt.*

Vertiefend zur ganzheitlichen Betrachtung der Supply Chain und unter der Kenntnis des Supply Chain Managements lassen sich nun die Rollen der Marktpartner voneinander abgrenzen. Sie werden entsprechend ihrer Aufgaben innerhalb oder außerhalb des Supply Chain Managements für die weiteren Ausführungen in Haupt- und Nebenakteure differenziert.

[61] Vgl. DILLER, H./KUSTERER, M. (1988), o. S.

Folgende Hauptakteure leisten einen direkten Beitrag zur Wertschöpfung und zur Umsetzung des Wettbewerbs:

- Erzeuger

Sie produzieren Strom, speisen ihn in die Netze ein und liefern ihn an Händler und Großkunden. Zu ihnen zählen Kraftwerksbetreiber und Kleinproduzenten wie etwa Betreiber von Photovoltaik-Anlagen.[62]

- Netzbetreiber

Zu unterscheiden sind Übertragungsnetzbetreiber und Verteilnetzbetreiber die jeweils für die Stabilität, die Wartung und den Netzausbau innerhalb ihres Netzgebiets verantwortlich sind.[63] In Deutschland ist das Stromnetz in die vier Regelzonen der gleichnamigen Übertragungsnetzbetreiber 50HERTZ, AMPRION, TENNET, TRANSNETBW unterteilt,[64] die „(...) unter Berücksichtigung des Austauschs mit anderen Verbundnetzen (...)“[65] den Strom von den Kraftwerken auf hohen Spannungsebenen zu den Netzen der regionalen Verteilnetzbetreiber transportieren.[66] In der bereits beschriebenen Rolle der Bilanzkreiskoordinatoren gleichen sie Abweichungen der Energieflüsse innerhalb ihrer Regelzone aus.[67] Die Verteilung des Stroms erfolgt durch die Verteilnetzbetreiber an die an ihr Netz angeschlossenen Kunden.[68] Dabei sind sie neben der Netzstabilität ihrer örtlichen Netze auch für die Erfassung der Verbrauchswerte zuständig, die sie seit dem am 2. September 2016 in Kraft getretenen MESSSTELLENBETRIEBSGESETZ (MsbG) in der Rolle des grundzuständigen Messstellenbetreibers ausüben.[69]

---

[62] Vgl. PANOS, K. (2013), S. 47.

[63] Vgl. § 3 EnWG, Nr. 2–4 und §§ 10, 11 EnWG.

[64] Vgl. BUNDESNETZAGENTUR FÜR ELEKTRIZITÄT, GAS, TELEKOMMUNIKATION, POST UND EISENBAHNEN (Hrsg.) (2019), S. 181.

[65] § 12 EnWG.

[66] Vgl. § 3 Nr. 32 EnWG.

[67] Vgl. BUNDESNETZAGENTUR FÜR ELEKTRIZITÄT, GAS, TELEKOMMUNIKATION, POST UND EISENBAHNEN (Hrsg.) (2019), S. 178 mit § 4 StromNZV.

[68] Vgl. § 3 Nr. 37 EnWG.

[69] Vgl. BUNDESTAG (2016b), Artikel 1; vgl. BUNDESTAG (2016a), S. 2034–2059.

- Vertriebe

Sie richten ihre Geschäftstätigkeit auf den Verkauf von Strom zum Zwecke der Belieferung von Letztverbrauchern. Den Kunden sind sie unter der Bezeichnung „Energieanbieter" bekannt, werden aber im energiewirtschaftlichen Terminus als Lieferanten bezeichnet.[70] Sie können den Strom entweder selbst erzeugen, aber auch bei einem Händler oder an der Börse[71] einkaufen.[72] Als Voraussetzung zum Netzzugang sind sie bilanzkreispflichtig. Die Rolle als Bilanzkreisverantwortliche verpflichtet sie auf Basis des mit dem Übertragungsnetzbetreiber zu schließenden Bilanzkreisvertrags zur Prognosemeldung ihrer Ein-/Ausspeisungen.[73] Zahlungen an den Übertragungsnetzbetreiber umfassen neben den Energiekosten bei Fahrplanabweichungen auch die Umlage für den Ausbau der erneuerbaren Energien (EEG-Umlage) nach dem Erneuerbare-Energien-Gesetz (EEG).[74] Zur Nutzung der Verteilnetze müssen sie mit den Verteilnetzbetreibern einen Netznutzungsvertrag[75] abschließen, der neben den Regelungen zur Netznutzung und Mehr-/Mindermengenabrechnung auch die zu entrichtenden Netzentgelte für die Übertragungs- und Verteilnetze ausweist.[76]

- Kunden

Sie sind an das Netz des örtlichen Verteilnetzbetreibers angeschlossen und werden für die weiteren Ausführungen auf Haushaltskunden begrenzt.[77] Haushaltskunden erhalten ihre Energie in der Regel auf Basis eines All-inklusive-Vertrags mit einem Stromlieferanten. Dieser Vertrag beinhaltet sowohl die Kosten für die Energie als auch für die Netzentgelte[78], die von den Lieferanten an die Verteilnetzbetreiber abgeführt werden.

---

[70] Vgl. § 2 Nr. 5 StromNZV.

[71] Die in Deutschland etablierte Energiebörse ist die EUROPEAN EXCHANGE AG (EEX) mit Sitz in Leipzig.

[72] Vgl. PANOS, K. (2013), S. 47.

[73] Vgl. §§ 4, 5 StromNZV.

[74] Vgl. BUNDESTAG (2014), S. 1066–1120 mit § 60 Abs. 1 EEG.

[75] Mit § 20 EnWG auch als Lieferantenrahmenvertrag bezeichnet.

[76] Vgl. BUNDESNETZAGENTUR FÜR ELEKTRIZITÄT, GAS, TELEKOMMUNIKATION, POST UND EISENBAHNEN (Hrsg.) (2017b).

[77] Vgl. zur Definition § 3 Nr. 22 EnWG.

[78] Vgl. PANOS, K. (2013), S. 67.

- Regulierungsbehörde

Ihre Aufgabe besteht in der Sicherstellung des Wettbewerbs.[79] Die oberste Regulierungsbehörde ist die BUNDESNETZAGENTUR FÜR ELEKTRIZITÄT, GAS, TELEKOMMUNIKATION, POST UND EISENBAHNEN (BNetzA), die sich die Zuständigkeit mit den Landesregulierungsbehörden teilt.[80] Als eine Art fokales Unternehmen der Supply Chain gibt sie nach Konsultationsverfahren mit Interessenvertretern sowohl die zur Nutzung der Übertragungs- und Verteilnetze abzuschließenden Standardverträge[81] als auch die zu verwendenden Geschäftsprozesse und Einflussgrößen zur Berechnung der Netzentgelte vor.[82] Die Regulierungsbehörden sind alle dazu befugt, bei Verdacht auf einen Missbrauch der Marktstellung der Übertragungsnetzbetreiber und Verteilnetzbetreiber sogenannte Missbrauchsverfahren durchzuführen und festgestellte Verstöße zu ahnden.[83] Die BNetzA kann darüber hinaus Untersuchungsverfahren gegen Lieferanten zur Prüfung der Leistungsfähigkeit und Zuverlässigkeit durchführen und bei fehlender Erfüllung der Anforderungen die Belieferungstätigkeit untersagen.[84]

Neben den Hauptakteuren, die mit Ausnahme der Regulierungsbehörde über verschiedene Verträge miteinander verbunden sind, haben sich weitere Akteure am Markt eingefunden. Ihr fehlender direkter Beitrag zur Sicherstellung einer unterbrechungsfreien Energieversorgung im Rahmen des Supply Chain Managements rechtfertigt ihre Bezeichnung als Nebenakteure. Zu nennen sind beispielsweise Vergleichsportale, die Einsparpotenziale im Energiebezug aufzeigen, aber auch der Verbraucherschutz und die Schlichtungsstelle Energie, die Letztverbrauchern bei Problemen mit ihrem Energieanbieter beratend zur Seite stehen.

---

[79] Vgl. § 1 Abs. 2 EnWG.

[80] Vgl. zur detaillierten Abgrenzung der Zuständigkeiten § 54 EnWG.

[81] Vgl. BUNDESNETZAGENTUR FÜR ELEKTRIZITÄT, GAS, TELEKOMMUNIKATION, POST UND EISENBAHNEN (Hrsg.) (2015).

[82] Vgl. § 54 EnWG i. Vbdg. mit BUNDESNETZAGENTUR FÜR ELEKTRIZITÄT, GAS, TELEKOMMUNIKATION, POST UND EISENBAHNEN (Hrsg.) (2019h), [Stand 29.11.2019]; vgl. BUNDESNETZAGENTUR FÜR ELEKTRIZITÄT, GAS, TELEKOMMUNIKATION, POST UND EISENBAHNEN (Hrsg.) (2018), [Stand 29.11.2019].

[83] Vgl. §§ 30, 31, 54, 65 EnWG.

[84] Vgl. §§ 5, 65 EnWG.

2.1.3 Charakterisierung der Verteilnetzbetreiber-Lieferanten-Beziehung

In Deutschland gibt es etwas mehr als 900 Strom-Verteilnetzbetreiber und über 1.300 Stromlieferanten (Stand 03/2019).[85] Ihr Zusammenspiel entscheidet das Funktionieren des Wettbewerbs, indem unter anderem mit der Umsetzung der individuellen Kunden-Lieferanten-Zuordnungen die Voraussetzung zur freien Anbieterwahl der Kunden geschaffen wird. Zur Charakterisierung der Verteilnetzbetreiber-Lieferanten-Beziehung wird ihre Schnittstelle in das Supply Chain Management eingeordnet und die wirtschaftlichen Besonderheiten dieser Beziehung zur Ableitung des Gestaltungsspielraums der Verteilnetzbetreiber im Risikomanagement herausgearbeitet.

Im Folgenden werden die individuellen Ziele der Verteilnetzbetreiber und Lieferanten betrachtet. Nach Darlegung der Voraussetzungen zur Aufnahme der Netznutzung werden die Phasen im gemeinsamen Lebenszyklus beider Akteure aufgezeigt und die zugrunde liegenden Geschäftsprozesse beschrieben.

Ziele der Vertragspartner

Das grundlegende Ziel von Verteilnetzbetreibern und Lieferanten resultiert aus § 1 EnWG und besteht in der Versorgung der Kunden mit Strom. Dadurch, dass die Verteilnetzbetreiber der Netzentgeltregulierung unterliegen und die Lieferanten den Regeln des Wettbewerbs, unterscheiden sich ihre individuellen Unternehmensziele. So sind die Verteilnetzbetreiber daran interessiert, die von den Regulierungsbehörden genehmigten Erlösobergrenzen in Form der Netzentgelte zu vereinnahmen, womit sie den kapitalintensiven Netzbetrieb zu gewährleisten haben. Im Gegensatz dazu streben die Lieferanten in ihrer Rolle zur Belieferung der Kunden mit Strom nach Wettbewerbsvorteilen, Gewinnmaximierung und Wachstum. Da keine großen Investitionen in die Infrastruktur notwendig sind und sie monatlich vorschüssig Abschlagszahlungen ihrer Kunden erhalten (vereinzelt aber auch jährliche Vorauszahlungen), zeichnen sich ihre Geschäftsmodelle durch einen geringen Investitionsbedarf aus.[86] Da Verteilnetzbetreiber und Lieferanten primär ihr eigenes Ziel verfolgen, hat das Verhalten beider Parteien einen opportunistischen Charakter.

---

[85] Vgl. BDEW Bundesverband der Energie- und Wasserwirtschaft e. V. (Hrsg.) (2019c), [Stand 29.11.2019].

[86] Vgl. in ähnlicher Interpretation RISSMANN, C. (2015), Anlage 3, S. 15.

Voraussetzung zur Aufnahme der Netznutzung

Zur Förderung des Wettbewerbs und wegen der Abhängigkeit der Lieferanten von der Nutzung der Netze hat das ENERGIEWIRTSCHAFTSGESETZ die Verteilnetzbetreiber mit einem Kontrahierungszwang belegt.[87] Sie können den Netzzugang nur verweigern, wenn ihnen „(…) die Gewährung des Netzzugangs aus betriebsbedingten oder sonstigen Gründen (…) nicht möglich oder nicht zumutbar ist."[88]

Zur Aufnahme der Kundenbelieferung ist zwischen den Lieferanten und den Verteilnetzbetreibern der von der BNetzA zur bundesweit einheitlichen Anwendung vorgegebene Lieferantenrahmenvertrag abzuschließen.[89] Dieser regelt die Rechte und Pflichten der Vertragspartner zur Netznutzung und weist die zu entrichtenden Netzentgelte aus.[90] Im Gegensatz zum Lieferantenrahmenvertrag der Sparte Gas bietet der Lieferantenrahmenvertrag im Strom mit der Klausel des § 1 Nr. 2 die Möglichkeit zur inhaltlichen Anpassung. Voraussetzung ist das Einverständnis beider Parteien und dass diese Änderungen allen Lieferanten diskriminierungsfrei angeboten werden. Während der Vertragsabschluss durch den Verteilnetzbetreiber allerdings nicht an Voraussetzungen, wie beispielsweise eine positive Bonität gebunden werden darf, müssen die Lieferanten als Voraussetzung zur Aufnahme der Netznutzung über die Zuordnung zu einem Bilanzkreis verfügen[91] (vgl. Abschnitt 2.1.2) und die Energiebelieferung von Haushaltskunden nach § 5 EnWG bei der BNetzA anzeigen. Die Anzeige beinhaltet zwar die Darlegung der „(…) personellen, technischen und wirtschaftlichen Leistungsfähigkeit sowie der Zuverlässigkeit der Geschäftsleitung (…)"[92], stellt aber kein Genehmigungsverfahren zur Zulassung der Lieferanten dar. Die fehlende Erfüllung dieser Vorgaben kann jedoch zu einer Untersagung der Energiebelieferung durch die BNetzA führen.[93]

---

[87] Vgl. § 20 EnWG.

[88] § 20 Abs. 2 EnWG.

[89] Vgl. § 20 EnWG Abs. 1a.

[90] Vgl. BUNDESNETZAGENTUR FÜR ELEKTRIZITÄT, GAS, TELEKOMMUNIKATION, POST UND EISENBAHNEN (Hrsg.) (2017b). Im Gegensatz zum Lieferantenrahmenvertrag der Sparte Gas, der im Rahmen einer Kooperationsvereinbarung der Gasnetzbetreiber erstellt wurde, bietet der Lieferantenrahmenvertrag Strom die Möglichkeit zur inhaltlichen Anpassung, sofern beide Parteien einverstanden sind und die Änderungen allen Lieferanten angeboten werden (vgl. Vertragsklausel § 1 Nr. 2).

[91] Vgl. BUNDESNETZAGENTUR FÜR ELEKTRIZITÄT, GAS, TELEKOMMUNIKATION, POST UND EISENBAHNEN (Hrsg.) (2017b), § 3.

[92] § 5 EnWG.

[93] Vgl. § 5 EnWG.

Betriebsphase: Abwicklung der Netznutzung

Wesentlich für die Abwicklung der Netznutzung zwischen den Verteilnetzbetreibern und Lieferanten ist der Beschluss der BNetzA zur „Festlegung einheitlicher Geschäftsprozesse und Datenformate zur Abwicklung der Belieferung der Kunden mit Elektrizität – GPKE".[94] Damit werden die Prozessabläufe mit ihren jeweiligen Fristen und zugehörigen EDIFACT[95]-Datenformaten vorgegeben, die zur Integration von Neuerung in der Energiewirtschaft (wie die Digitalisierung im Messwesen) halbjährlich angepasst werden.

Zur Nachvollziehbarkeit der grundlegenden Bedeutung der Verteilnetzbetreiber-Lieferanten-Beziehung für das Supply Chain Management werden die wesentlichen Geschäftsprozesse kurz dargestellt.[96] Dies ermöglicht auch die Feststellung der ausgetauschten und für das Risikomanagement möglicherweise relevanten Daten.[97]

- Anmeldung der Kunden zur Netznutzung[98]

Die Zuordnung der Lieferanten zu ihren Kunden erfolgt nach Anmeldung des Lieferanten bei den Verteilnetzbetreibern. Handelt es sich um einen Lieferantenwechsel des Kunden, so muss die Mitteilung zehn Werktage vor Lieferbeginn erfolgen. Ein Neueinzug oder Auszug des Kunden hingegen kann bis zu sechs Wochen rückwirkend gemeldet werden.[99] Mit der erfolgreichen Kunden-Lieferanten-Zuordnung wird dem Neulieferanten die prognostizierte Jahresverbrauchsmenge des Kunden

---

[94] Vgl. zur erstmaligen Festlegung BUNDESNETZAGENTUR FÜR ELEKTRIZITÄT, GAS, TELEKOMMUNIKATION, POST UND EISENBAHNEN (Hrsg.) (2006); Zur derzeitigen Umsetzung vgl. BUNDESNETZAGENTUR FÜR ELEKTRIZITÄT, GAS, TELEKOMMUNIKATION, POST UND EISENBAHNEN (Hrsg.) (2019a).

[95] Electronic Data Interchange for Administration, Commerce and Transport; Für den deutschen Strom- und Gasmarkt werden die zur Umsetzung der standardisierten Marktprozesse erforderlichen EDIFACT-Datenformate von der verbändeübergreifenden Expertengruppe EDI@Energy entwickelt.

[96] Unter Bezugnahme auf das Referenzmodell von COOPER, M. C./LAMBERT, D. M. (1997), S. 5ff.

[97] Da die Prozessabläufe zwischen Haushaltskunden und anderen Kundengruppen teilweise variieren, sei an dieser Stelle nochmals auf die ausschließliche Betrachtung der Haushaltskunden als größte Kundengruppe der Lieferanten hingewiesen.

[98] Vgl. BUNDESNETZAGENTUR FÜR ELEKTRIZITÄT, GAS, TELEKOMMUNIKATION, POST UND EISENBAHNEN (Hrsg.) (2019a), S. 19ff.

[99] Damit wird Kunden entgegengekommen, die bei einem Umzug nicht in erster Linie an ihren Liefervertrag denken.

mitgeteilt, die dieser zur Planung des Energieeinkaufs und Fahrplanmeldung nutzen kann.[100] Ebenfalls wird dem Alt- und Neulieferanten der zum Änderungstermin bestehende Zählerstand des Kunden übermittelt.

Kunden im Netz der Verteilnetzbetreiber, die keinem Lieferanten zugewiesen werden können, ordnet der Verteilnetzbetreiber entsprechend der Regelungen der §§ 36 bis 38 EnWG dem gesetzlichen Grund- und Ersatzversorger zu. Dies ist derjenige Lieferant, der die meisten Haushaltskunden im Netzgebiet des jeweiligen Verteilnetzbetreibers beliefert.[101]

- Erfassen und Übermittlung von Verbrauchswerten[102]

Die Erfassung der Verbrauchswerte von Haushaltskunden erfolgt in der Regel in einem einjährigen Turnus durch Ablesung der Zählerstände. Sofern ein Messwert nicht in einer angemessenen Zeit erhoben werden kann, bildet der Verteilnetzbetreiber Ersatzwerte.[103] Die Messwerte werden per EDIFACT-Datenformat an die Lieferanten übermittelt und stellen die Grundlage zur Abrechnung der Netznutzung dar.

- Abrechnung der Netznutzung[104]

Die Abrechnung der Netznutzung erfolgt je Haushaltskunde des Lieferanten und wird von den Verteilnetzbetreibern in Form einer Sammelrechnung mit kundenindividueller Zuordnung der Netzentgelte an den Lieferanten übermittelt.[105] Die Netzentgelte werden durch die Abhängigkeit der Messwerterfassung in der Regel einmal pro Jahr und nachgelagert zum Netznutzungszeitraum abgerechnet. Die

---

[100]Bei einer konkurrierenden Meldung wird ein Klärverfahren eingeleitet, auf welches an dieser Stelle nicht näher eingegangen wird.

[101]Vgl. § 36 Abs. 2 EnWG.

[102]Vgl. unter der Annahme, dass der Verteilnetzbetreiber zugleich auch der Messstellenbetreiber ist Bundesnetzagentur für Elektrizität, Gas, Telekommunikation, Post und Eisenbahnen (Hrsg.) (2017b), § 6; zur Vertiefung sei auf Bundesnetzagentur für Elektrizität, Gas, Telekommunikation, Post und Eisenbahnen (Hrsg.) (2019b), S. 88ff verwiesen.

[103]Vgl. Bundesnetzagentur für Elektrizität, Gas, Telekommunikation, Post und Eisenbahnen (Hrsg.) (2017b), § 6 Nr. 4.

[104]Vgl. Bundesnetzagentur für Elektrizität, Gas, Telekommunikation, Post und Eisenbahnen (Hrsg.) (2019a), S. 33ff.

[105]Vgl. ebenda, S. 40. Aus Gründen der Vereinfachung wird auf eine Erklärung des in den Abrechnungsprozess integrierten Lieferscheins verzichtet.

Verteilnetzbetreiber sind dazu berechtigt, monatlich nachschüssige Abschlagszahlungen zu verlangen.[106] Wird die Belieferung von Kunden außerhalb des Abrechnungsturnus beendet, erfolgt eine Zwischenerhebung der Verbrauchswerte und die Endabrechnung der Netznutzung dieses Kunden.[107]

- Mehr-/Mindermengenabrechnung

Die Mehr-/Mindermengenabrechnung dient dem Ausgleich von Energiemengen, die Lieferanten innerhalb des Abrechnungszeitraums zu viel (Mehrmenge) oder zu wenig (Mindermenge) in das Verteilnetz eingespeist haben.[108] Die Berechnung der Differenz erfolgt durch den Abgleich der von den Verteilnetzbetreibern prognostizierten Verbrauchswerte und den gemessenen Ist-Verbräuchen der Kunden. Mehrmengen werden dem Lieferanten vergütet, wohingegen der Verteilnetzbetreiber Mindermengen in Rechnung stellt.[109] Die Abrechnung erfolgt jährlich und ist wegen der Abhängigkeit von der Bilanzkreisabrechnung des zugeordneten Übertragungsnetzbetreibers mehrere Monate nachgelagert zum Netznutzungszeitraum.[110] Die Preise der Mehr- und Mindermengen sind symmetrisch und werden vom BDEW Bundesverband der Energie- und Wasserwirtschaft e. V. auf Basis von Spotmarktpreisen der Börse ermittelt.[111]

- Fälligkeiten und Elemente der elektronischen Abrechnung

Sowohl für die Netznutzungsabrechnung als auch für die Mehr-/Mindermengenabrechnung gilt eine Fälligkeit von frühestens zehn Werktagen nach Zugang der elektronischen Rechnung.[112] Rechnungsreklamationen mit der „(…) ernsthafte[n] Möglichkeit eines Fehlers (…)“ berechtigen bis zur Klärung zum

---

[106] Vgl. Bundesnetzagentur für Elektrizität, Gas, Telekommunikation, Post und Eisenbahnen (Hrsg.) (2017b), § 8 Nr. 1, 8.

[107] Vgl. Bundesnetzagentur für Elektrizität, Gas, Telekommunikation, Post und Eisenbahnen (Hrsg.) (2019a), S. 34ff.

[108] Vgl. § 13 StromNZV.

[109] Vgl. Bundesnetzagentur für Elektrizität, Gas, Telekommunikation, Post und Eisenbahnen (Hrsg.) (2017b), § 9.

[110] Vgl. BDEW Bundesverband der Energie- und Wasserwirtschaft e. V. et al. (Hrsg.) (2014), S. 5ff.

[111] Vgl. BDEW Bundesverband der Energie- und Wasserwirtschaft e. V. (Hrsg.) (2019a), [Stand 29.11.2019].

[112] Vgl. Bundesnetzagentur für Elektrizität, Gas, Telekommunikation, Post und Eisenbahnen (Hrsg.) (2017b), § 8 Nr. 10.

Zahlungsaufschub.[113] Wird die Richtigkeit der Rechnung elektronisch bestätigt, so hat der Lieferant gleichzeitig auch die Zahlung anzuweisen.[114] Diese ist direkt durch den Lieferanten zu begleichen und kann im Falle einer Zahlung durch einen Dritten von den Verteilnetzbetreibern abgelehnt werden.[115] Leistet der Lieferant die Zahlungen verspätet, so können Verzugszinsen und ein Verzugsschaden geltend gemacht werden.[116] Die aktuellen Vorgaben der Geschäftsprozesse beinhalten derzeit kein elektronisches Abwicklungsverfahren zur Umsetzung des Mahnwesens und in der Folge auch keine Funktionalität zur automatisierten Erhebung der vertraglich möglichen Verzugszinsen und des Verzugsschadens.

- Sanktionsmöglichkeiten der Verteilnetzbetreiber

Treten negative Auffälligkeiten in der Lieferantenbeziehung auf, so stehen den Verteilnetzbetreibern die vertraglichen Sanktionsmöglichkeiten der Vorauszahlung oder Kündigung zur Verfügung, die allerdings an strenge Voraussetzungen gebunden sind. Entsprechend der vertraglichen Regelungen bedingt eine Vorauszahlung, dass der Lieferant „(…) mit einer fälligen Zahlung in nicht unerheblicher Höhe in Verzug geraten ist und auch auf eine nach Verzugseintritt erklärte Aufforderung in Textform unter Androhung des Entzuges des Netzzugangs nicht oder nicht vollständig gezahlt hat (…).“[117] Weitere Gründe stellen ein zweimaliger Zahlungsverzug innerhalb von zwölf Monaten oder Zwangsvollstreckungsmaßnahmen wegen Geldforderungen dar. Die Vorauszahlung kann auch gefordert werden, wenn durch die Gesamtumstände eine begründete Besorgnis des jeweiligen Verteilnetzbetreibers besteht, dass der Lieferant den Vertragsverpflichtungen auch nach Vorlage eines Bonitätsnachweises nicht im erforderlichen Umfang nachkommen kann.[118]

---

[113] Bundesnetzagentur für Elektrizität, Gas, Telekommunikation, Post und Eisenbahnen (Hrsg.) (2017b), § 8 Nr. 11.

[114] Vgl. Bundesnetzagentur für Elektrizität, Gas, Telekommunikation, Post und Eisenbahnen (Hrsg.) (2019a), S. 40f.

[115] Vgl. Bundesnetzagentur für Elektrizität, Gas, Telekommunikation, Post und Eisenbahnen (Hrsg.) (2017b), § 8 Nr. 16.

[116] Vgl. ebenda, § 8 Nr. 10.

[117] Ebenda, § 11 Nr. 2a.

[118] Vgl. ebenda, § 11 Nr. 2b–2d.

Beendigung der Netznutzung durch die Verteilnetzbetreiber[119]

Zur Beendigung des Lieferantenrahmenvertrags sind die Verteilnetzbetreiber nur dann berechtigt, wenn entweder die Vorauszahlung nicht entsprechend der Vereinbarungen geleistet wird oder gegen wesentliche Vertragsbestimmungen trotz Abmahnung und Androhung des Entzugs der Netznutzung schwerwiegend verstoßen wird.[120] Hierunter zählt auch, wenn beispielsweise durch eine fehlende Bilanzkreiszuordnung die Voraussetzungen zur Netznutzung nicht mehr bestehen. Ein Insolvenzantrag berechtigt nach Angabe von Juristen ausdrücklich nicht zu Kündigung, da ein Entzug der Netznutzung als essenzielle Geschäftsgrundlage der Lieferanten deren Sanierung verhindern würde.

Trotz dieser vertraglichen Regelungen ist eine Kündigung des Lieferantenrahmenvertrags immer mit dem Risiko von Regressansprüchen des gekündigten Lieferanten und einem Missbrauchsverfahren der Regulierungsbehörde[121] verbunden. In diesem Zusammenhang kann diese die Verteilnetzbetreiber dazu verpflichten, einen rechtswidrig verweigerten Netzzugang wiederherzustellen und eine Schadensersatzpflicht oder Bußgeld verhängen.[122]

Folgeprozesse nach Beendigung der Netznutzung

Wird der Lieferantenrahmenvertrag beendet, folgt entsprechend der erläuterten Geschäftsprozesse die Erhebung der Verbrauchswerte der betroffenen Kunden sowie die Schlussabrechnung der Netzentgelte und der Mehr-/Mindermengen. Kunden des Lieferanten, für die dem Verteilnetzbetreiber keine Anmeldung eines alternativen Lieferanten vorliegt, werden durch den Verteilnetzbetreiber an den örtlichen Grundversorger zur unterbrechungsfreien Weiterversorgung („Ersatzversorgung") überführt.[123] Wird der Lieferantenrahmenvertrag durch den Verteilnetzbetreiber gekündigt, so ist dies für den Lieferanten mit dem Verlust der Kunden im kompletten Netzgebiet des Verteilnetzbetreibers verbunden. Die Verteilnetzbetreiber

[119] Auf die Betrachtung der Vertragskündigung durch den Lieferanten wird auf Grund des fehlenden Bezugs zur Problemstellung verzichtet.

[120] Vgl. BUNDESNETZAGENTUR FÜR ELEKTRIZITÄT, GAS, TELEKOMMUNIKATION, POST UND EISENBAHNEN (Hrsg.) (2017b), § 13 Nr. 5.

[121] Vgl. § 54 EnWG.

[122] Vgl. §§ 30, 32, 33 EnWG in Verbindung mit § 95 EnWG.

[123] Vgl. BUNDESNETZAGENTUR FÜR ELEKTRIZITÄT, GAS, TELEKOMMUNIKATION, POST UND EISENBAHNEN (Hrsg.) (2019a), S. 29ff.

sind in diesem Fall dazu verpflichtet, die Kunden und den Grund–/Ersatzversorger in Textform über das Eintreten der Ersatzversorgung zu unterrichten sowie die Regulierungsbehörde über die Kündigung zu informieren.[124]

Die gegebenen Erläuterungen machen deutlich, dass die Lieferantenbeziehung in der Energiewirtschaft konträr zum klassischen Verständnis ist. Während im Rahmen der Analyse der betriebswirtschaftlichen Literatur (vgl. Abschnitt 1.2) ein Wandel des Rollenbilds der Lieferanten von reinen Zulieferern zu strategischen Partnern[125] erkannt werden konnte, nehmen sie in der Energiewirtschaft dagegen die Funktion der reinen „Zulieferer" ein, die den Strom direkt an die Endkunden liefern. Die Ursache mag zum einen im fehlenden Wettbewerb zwischen den Supply Chains liegen, der eine partnerschaftliche Zusammenarbeit der Akteure in erster Näherung überflüssig erscheinen lässt. Zum anderen ist der Grund wohl auch in den individuellen Zielsetzungen der Supply Chain Akteure zu sehen, die ihre klar voneinander abgegrenzten Rollen durch den gesetzlichen Ersatzversorgungsprozess immer erfüllen können. Da im Gegensatz zum klassischen Verständnis nicht die Verteilnetzbetreiber von den Lieferanten abhängig sind, sondern die Lieferanten von den natürlichen Monopolen der Netze, wurden die Netzbetreiber zum diskriminierungsfreien Netzzugang verpflichtet.[126]

Im Vergleich zum klassischen Verständnis der Lieferantenbeziehung liegen die wirtschaftlichen Besonderheiten der in dieser Arbeit betrachteten Verteilnetzbetreiber-Lieferanten-Beziehung somit in der Regulierung begründet. Sie bestehen neben der Verpflichtung zur Geschäftsbeziehung in der Anwendung des nur eingeschränkt modifizierbaren Standardvertrags und den aus der ANREIZREGULIERUNGSVERORDNUNG resultierenden Netzentgelten. Zum anderen zeigen sich die wirtschaftlichen Besonderheiten aber auch in den umfangreichen und verbindlich anzuwendenden Geschäftsprozessen, die unter halbjährlicher Anpassungsverpflichtung die Fristen zur Prozessabwicklung und insbesondere die Vorgabe zur nachschüssigen Abrechnung der Netznutzung sowie des Mehr–/Mindermengenausgleichs umfassen. Ein wesentlicher Unterschied besteht auch darin, dass die Stromlieferanten in ihrer Interaktion mit den Verteilnetzbetreibern keine Leistung für diese erbringen, sondern deren Leistung in Form der Netzbereitstellung beanspruchen. In der Folge sind in der Verteilnetzbetreiber-Lieferanten-Beziehung sowohl die gegenseitigen Abhängigkeiten als auch die Zahlungsströme konträr zu der Abnehmer-Lieferanten-Beziehung in der betriebswirtschaftlichen Literatur.

---

[124] Vgl. § 3 Abs. 2 NAV und BUNDESNETZAGENTUR FÜR ELEKTRIZITÄT, GAS, TELEKOMMUNIKATION, POST UND EISENBAHNEN (Hrsg.) (2017b), § 13 Nr. 5.

[125] Vgl. GROSSE-WILDE, J. (2004), S. 61; vgl. HOFBAUER, G. et al. (2016), S. 3.

[126] Vgl. § 20 EnWG.

Die zahlreichen standardisierten Geschäftsprozesse und individuellen Zielsetzungen von Verteilnetzbetreibern und Lieferanten lassen ihre Beziehung als transaktionsorientiert mit einer Tendenz zum Opportunismus beschreiben, der keine Instrumente zum Beziehungsmanagement zugrunde liegen. Die Verteilnetzbetreiber-Lieferanten-Beziehung wird daher wie folgt definiert:

Die Verteilnetzbetreiber-Lieferanten-Beziehung ist eine aus dem ENERGIEWIRTSCHAFTSGESETZ *abgeleitete regulatorisch verpflichtende Geschäftsbeziehung zwischen den ortsgebundenen, natürlichen Monopolen der Verteilnetzbetreiber und den netzzugangsbegehrenden Lieferanten, die zur Förderung des Wettbewerbs im Netz und einer diskriminierungsfreien Umsetzung der Netznutzung auf strikten Rahmenbedingungen und standardisierten Geschäftsprozessen der Regulierung beruht.*

Bevor nun das Risiko aus dem freien Netzzugang näher betrachtet wird, fasst Abb. 2.2 die wesentlichen energiewirtschaftlichen Merkmale nach den Kriterien des transportierten Guts, der Spezifika der Supply Chain und des Supply Chain Managements sowie der Besonderheiten der Verteilnetzbetreiber-Lieferanten-Beziehung zusammen:

Kriterium	**Merkmale in der Strom Supply Chain**
Transportiertes Gut	Leitungsgebunden
	Nur begrenzt speicherbar
	Physikalische Verteilung statt direkte 1:1-Lieferung
	Erzeugung und Verbrauch „Just-in-Time“
Supply Chain	Wettbewerbliche Stufen und regulierte Stufe/natürliches Monopol („Wettbewerb im Netz“)
	Unbundling
	Übergeordnete Instanz
Supply Chain Management	Regulierung
	Technische Steuerung zur Netzstabilität
	Bilanzielle Zuordnung der Energiemengen
Verteilnetzbetreiber-Lieferanten-Beziehung	Verpflichtende Vertragsbeziehung
	Bedingte Vertragsinhalts-Freiheit der Verteilnetzbetreiber
	Standardisierte Geschäftsprozesse
	Netzentgelte aus regulatorisch ermittelter Erlösobergrenze
	Abhängigkeit des Lieferanten von der Netznutzung
	Umgekehrte Zahlungsflüsse

Abb. 2.2 Wesentliche Merkmale in der Strom Supply Chain. (Quelle: Eigene Darstellung)

Ohne erneut auf die einzelnen Merkmale einzugehen bleibt zu den Besonderheiten in der Energiewirtschaft zusammenfassend festzustellen, dass die Art des transportierten Guts und die natürlichen Monopole der Netze strukturelle und regulatorische Eingriffe in die Supply Chain notwendig machen, um die Unabhängigkeit der Netzbetreiber und damit den für den Wettbewerb erforderlichen diskriminierungsfreien Netzzugang umzusetzen. Das Supply Chain Management basiert daher auf den drei Säulen Regulierung, technische Steuerung zur Netzstabilität und bilanzielle Zuordnung der Energiemengen. Die Schnittstelle der Verteilnetzbetreiber-Lieferanten-Beziehung wird als „Herz des Wettbewerbs" durch den Kontrahierungszwang sowie die vorgegebenen Verträge, Netzentgelte und klar definierte Geschäftsprozesse geregelt. Interpretiert man die Regulierungsbehörde als fokales Unternehmen in der Supply Chain, so lässt sich durch ihre dominante Stellung und Eingriffe zur Vermeidung eines Machtmissbrauchs der Netzmonopolisten dem Supply Chain Management der Stromversorgung eine hierarchischen Koordinationsform zuordnen (vgl. Abschnitt 1.2).[127]

In Bezug auf die Entwicklung des Risikomanagements ist festzuhalten, dass der Kontrahierungszwang das Gestaltungsfeld der Verteilnetzbetreiber auf die Betriebsphase begrenzt. Die klassischen Instrumente der freien Geschäftspartnerwahl, der freien Vertrags- und Prozessgestaltung haben für die Verteilnetzbetreiber durch die Vorgaben der Regulierung keine Gültigkeit. Zur Risikobewertung der Verteilnetzbetreiber-Lieferanten-Beziehung sind daher die im Rahmen der umfangreichen Geschäftsprozesse ausgetauschten Daten als objektive und teilweise auch zukunftsbezogene Informationen zu nutzen. Ferner müssen zur Risikosteuerung die in der Supply Chain Management-Forschung etablierten Instrumente des Beziehungsmanagements, aber auch die Prozessexzellenz einen wichtigen Stellenwert einnehmen. Aus dem Beziehungsmanagement adaptierte Maßnahmen können dazu beitragen, die Zusammenarbeit zwischen Verteilnetzbetreibern und Lieferanten zu stabilisieren und möglicherweise auch das Risiko einer Insolvenz zu senken. So erhöht das Beziehungsmanagement durch den Aufbau von Vertrauen die Bereitschaft zum Informationsaustausch und unterstützt dadurch die Koordination der Supply Chain-Akteure.[128] Ein offenerer Informationsaustausch, aber auch die validen Daten aus der regelkonformen Abwicklung der Geschäftsprozesse in der Verteilnetzbetreiber-Lieferanten-Beziehung schaffen Transparenz und stärken die Zusammenarbeit. Dies eröffnet für die Verteilnetzbetreiber-Lieferanten-Beziehung

---

[127] Abgeleitet aus WEBER, J./WALLENBURG, C. M. (2010), S. 276 und CORSTEN, H./DOST, C. (2019), S. 185.

[128] Vgl. WÖHNER, H./WIMMER, T. (2010), S. 30; abgeleitet aus GOLDBACH, M. (2003), S. 47.

die Möglichkeit, durch gemeinsam abgestimmte und regulierungskonforme Maßnahmen dem Risiko entgegenzuwirken.

2.2 Das Risiko aus dem diskriminierungsfreien Netzzugang

Aufbauend auf den energiewirtschaftlichen Grundlagen wird im Folgenden das Risiko aus dem diskriminierungsfreien Netzzugang als Ursache des zu betrachtenden finanzwirtschaftlichen Risikos näher untersucht. Hierzu wird nach Darlegung verschiedener Interpretation des Risikos eine für die vorliegende Arbeit gültige Definition geschaffen. Nach Darstellung verschiedener Möglichkeiten zur Systematisierung von Risiken wird das Risiko aus dem diskriminierungsfreien Netzzugang in den Kontext der Supply Chain eingeordnet. Vertiefend dazu erfolgt eine Risikospezifizierung an der Stelle der Verteilnetzbetreiber, die als Zielgruppe für das zu entwickelnde Risikomanagement besonders von den Folgen betroffen sind und daher eine detaillierte Darstellung der Ursache-Wirkungs-Zusammenhänge erfordern.

2.2.1 Charakterisierung des Risikobegriffs

In der Literatur finden sich zahlreiche Interpretationen zum Begriff des Risikos,[129] aus denen zur Charakterisierung und Ableitung einer für diese Arbeit gültigen Definition einzelne herausgegriffen werden. So erstrecken sich die Ansichten der Autoren von dem Verständnis des Risikos als „Ereignisse mit potenziell negativer Auswirkung (...)“[130] über „(...) die Auswirkung von Unsicherheit auf Ziele (...)“[131] hin zur „Kennzeichnung der Eventualität, dass mit einer (ggf. niedrigen, ggf. auch unbekannten) Wahrscheinlichkeit ein (ggf. hoher, ggf. in seinem Ausmaß unbekannter) Schaden bei einer (wirtschaftlichen) Entscheidung eintritt oder ein erwarteter Vorteil ausbleiben kann.“[132] Deutlich werden dabei die Merkmale, dass das Risiko

---

[129] Vgl. DIEDERICHS, M. (2018), S. 8 mit Verweisen auf mögliche Risikodefinitionen.

[130] WILDEMANN, H. (2006), S. 28.

[131] EBERT, C. (2013), S. 7.

[132] WEBER, J. et al. (o. J.), [Stand 08.12.2019].

aus der Unvorhersehbarkeit der Zukunft resultiert und es die Möglichkeit der positiven oder negativen Abweichung von einem erwarteten Zielwert unterscheidet.[133] Positive Abweichungen stellen mit der Übererfüllung des Zielwerts eine Chance dar, eine Untererfüllung hingegen wird als Gefahr bezeichnet.[134] In den meisten Veröffentlichungen und auch im allgemeinen Sprachgebrauch[135] wird das Risiko entsprechend der Auslegung des GESETZES ZUR KONTROLLE UND TRANSPARENZ IM UNTERNEHMENSBEREICH und des AKTIENGESETZES vornehmlich als negative Zielabweichung und somit als Gefahr verstanden.[136]

Wissenschaftliche Ausführungen betrachten das Risiko aus der Perspektive der Ursachen und aus der Perspektive der Wirkung, wodurch sich auch die vorgestellten Interpretationen in zwei entsprechende Gruppen unterteilen lassen.[137] Der ursachenbezogenen Perspektive widmet sich die Entscheidungstheorie. Unter der Voraussetzung einer definierten Zielvorstellung[138] beschreibt sie das Entscheidungsfeld der Menschen als Zusammensetzung der Parameter Umweltzustände, Handlungsalternativen und die aus ihrer Kombination resultierenden Ergebnisse.[139] Während der Entscheidungsträger die Umweltzustände meist nicht beeinflussen kann oder nicht beeinflussen möchte, sind die Handlungsalternativen variierbar.[140] Da beide Parameter das Ergebnis determinieren, kann eine Handlung nur dann zu dem angestrebten Ziel führen, wenn dem Entscheider die Umweltzustände bekannt sind. Nach LAUX et al. (2018) lassen sich demnach in Entscheidungssituationen nur mit Vorliegen eines vollkommenen Informationsstands die Handlungsalternativen auch zielgerichtet auswählen, was als Entscheidung unter Sicherheit bezeichnet wird.[141] Lassen sich den Umweltzuständen objektive oder zumindest subjektive Eintrittswahrscheinlichkeiten zuordnen,[142] so kann der Entscheidungsträger für

---

[133] Vgl. BURGER, A./BUCHHART, A. (2002), S. 3; vgl. GLEIßNER, W./ROMEIKE, F. (2005), S. 27; vgl. EBERT, C. (2013), S. 7.

[134] Vgl. GLEIßNER, W./ROMEIKE, F. (2005), S. 27; vgl. GLEIßNER, W./ROMEIKE, F. (2015), S. 22; vgl. DIEDERICHS, M. (2018), S. 8f.

[135] Vgl. BAYER, F./BIOLY, S. (2014), S. 5.

[136] Vgl. in Bezug auf das KonTraG GLEIßNER, W./ROMEIKE, F. (2005), S. 27 und GLEIßNER, W./ROMEIKE, F. (2015), S. 22.

[137] Vgl. BRAUN, H. (1984), S. 22.

[138] Vgl. LAUX, H. et al. (2018), S. 7.

[139] Vgl. ebenda, S. 32ff.

[140] Vgl. LAUX, H. et al. (2014), S. 31f; vgl. MIßLER-BEHR, M./ROSENKRANZ, F. (2015), S. 46f.

[141] Vgl. LAUX, H. et al. (2018), S. 35.

[142] Vgl. PFOHL, H.-C. et al. (2008), S. 8f; vgl. MIßLER-BEHR, M./ROSENKRANZ, F. (2015), S. 50.

jede Handlungsalternative auch die Wahrscheinlichkeiten der Ergebnisse bestimmen. In diesem Fall trifft er seine Entscheidung unter Risiko.[143] Sind hingegen keine Wahrscheinlichkeiten bekannt, so wird die Auswahl der Handlungsalternativen als Entscheidung unter Ungewissheit (als Unsicherheit im engeren Sinne) bezeichnet.[144] Im entscheidungstheoretischen Sinn ist die Ursache des Risikos folglich im Informationsstand des Entscheiders zu sehen.[145]

Im Gegensatz dazu betrachtet die wirkungsbezogene Perspektive das Risiko hinsichtlich der Folge einer Entscheidung, die als Abweichung von Zielwert verstanden wird.[146] Die Wirtschaftswissenschaft folgt diesem Begriffsverständnis, wenn sie bei der Bewertung des unternehmerischen Handelns das Risiko mit der Gefahr einer Verfehlung unternehmerischer Ziele gleichsetzt und diese durch die Schadenshöhe (finanziellen Konsequenzen)[147] darstellt. Die Betrachtung der Risikowirkung als Gefahr (auch bezeichnet als reines Risiko[148]) findet durch die festgelegten Erlösobergrenzen der Verteilnetzbetreiber auch in dieser Arbeit Anwendung.

Die Verknüpfung der ursachenbezogenen Komponente der Eintrittswahrscheinlichkeit und der wirkungsbezogenen Komponente der Schadenshöhe ermöglicht es im Fall einer Binomialverteilung[149] (und damit ereignisorientierter Risiken[150]), den Erwartungswert über folgende Formel zu quantifizieren:[151]

$$\textbf{Risikoerwartungswert} = \textbf{Eintrittswahrscheinlichkeit} \times \textbf{Schadenshöhe}$$

Die Eintrittswahrscheinlichkeit kann sich als Auslöser des Risikos aus mehreren Einzelergebnissen und damit aus unterschiedlichen Risikofaktoren zusammensetzen.[152] Aufgrund von Interdependenzen und der volatilen Ausprägungen der Risikofaktoren kann sie zu verschiedenen Zeitpunkten differieren und wird entsprechend der Wahrscheinlichkeitsrechnung in Prozentangaben oder normierten Werten

---

143 Vgl. LAUX, H. et al. (2018), S. 35.

144 Vgl. ebenda.

145 Vgl. BRAUN, H. (1984), S. 26; vgl. BURGER, A./BUCHHART, A. (2002), S. 1.

146 Vgl. BRAUN, H. (1984), S. 23; vgl. PFOHL, H.-C. et al. (2008), S. 9; vgl. BAYER, F./BIOLY, S. (2014), S. 5.

147 In Anlehnung an SCHNECK, O. (2010), S. 25.

148 Vgl. NGUYEN, T. (2008), S. 6.

149 Vgl. KRAHE, A. (2010), S. 29 unter dem Hinweis, dass es nur die zwei Zustände „Ereignis tritt ein“ (wie Insolvenz) und „das Ereignis tritt nicht ein“ (wie keine Insolvenz) gibt.

150 Vgl. GLEIßNER, W./ROMEIKE, F. (2015), S. 26.

151 Vgl. KRAHE, A. (2010), S. 29; vgl. SCHNECK, O. (2010), S. 24; vgl. EBERT, C. (2013), S. 8.

152 Abgeleitet aus EBERT, C. (2013), S. 51.

(Eintritt des Ereignisses 100 % beziehungsweise 1) dargestellt.[153] Sie zeigt die Bedeutung des Risikos an, indem das Risiko mit steigender Eintrittswahrscheinlichkeit immer mehr zur Gefahr wird.[154] Bei einer Eintrittswahrscheinlichkeit von 0 oder 1 hingegen spricht man nicht von einem Risiko, da dieses entweder nie eintreten wird oder bereits zum Problem geworden ist.[155] Die Schadenshöhe als negative Auswirkung des Risikoeintritts wird in der Regel als monetäre Größe oder daraus ableitbare Messgröße (wie Kostensteigerung, Vermögensminderung etc.) dargestellt.[156] Das Risiko entspricht dem Wert der Schadenshöhe, wenn das Ereignis eingetreten ist.[157] Maßnahmen zur Risikosteuerung sind umso dringlicher zu ergreifen, je größer die Eintrittswahrscheinlichkeit oder die Schadenshöhe des Risikos ist.[158]

Aufbauend auf diesen Erkenntnissen wird das Risiko unter Vereinigung der ursachen- und wirkungsbezogenen Sichtweise verallgemeinernd als *Wahrscheinlichkeit des Eintretens eines kalkulierbaren Ereignisses (Ursache) unter Berücksichtigung seiner negativen Folgen (Wirkung)* interpretiert. Für die vorliegende Problemstellung wird es als *Wahrscheinlichkeit des Eintretens eines insolvenzbedingten Lieferantenausfalls unter Berücksichtigung der daraus resultierenden negativen Folgen* definiert.

2.2.2 Systematisierung von Risiken

Die Literatur bietet zahlreiche Möglichkeiten, um Risiken voneinander abzugrenzen. Eine in der Praxis gebräuchliche und für die vorliegende Arbeit relevante Systematisierung stellt die Differenzierung in interne und externe, strategische und operative sowie leistungs- und finanzwirtschaftliche Risiken dar.[159]

Interne und externe Risiken unterscheiden Risiken nach ihrem Entstehungsort. Liegen die Ursachen im Unternehmen selbst, spricht man von internen Risiken,

---

[153] Vgl. Schneck, O. (2010), S. 25.

[154] Vgl. in ähnlicher Interpretation Ebert, C. (2013), S. 9.

[155] Vgl. ebenda, S. 51.

[156] Vgl. Schneck, O. (2010), S. 25.

[157] Vgl. Ebert, C. (2013), S. 9.

[158] Vgl. Kajüter, P. (2003a), S. 120f; vgl. Brauweiler, H.-C. (2015), S. 8; vgl. Diederichs, M. (2018), S. 177.

[159] Vgl. Systematisierungen bei Kupsch, P. (1995), S. 531ff; Wildemann, H. (2006), S. 22ff; Romeike, F./Hager, P. (2009), S. 121; Schneck, O. (2010), S. 57f.

liegen sie hingegen im Unternehmensumfeld, so stellen sie externe Risiken dar.[160] Eine Übertragung dieses Verständnisses auf die Supply Chain führt zu der Unterscheidung in Supply Chain-endogene und Supply Chain-exogene Risiken. Dabei lassen sich die Risiken innerhalb der Supply Chain in unternehmensübergreifende und unternehmensbezogene Supply Chain-endogene Risiken spezifizieren.[161]

Strategische Risiken leiten sich aus dem Geschäftsmodell, der Strategie sowie dem unternehmerischen Umfeld ab und umfassen beispielsweise Änderungen im Kaufverhalten der Kunden, die verstärkte Abhängigkeit von Lieferanten aber auch gesetzliche Änderungen.[162] Sie können die langfristigen Ziele des Unternehmens[163] und damit auch den Unternehmensbestand[164] beeinträchtigen. Ihre Bedeutung für die Zukunft begründet die Relevanz zur besonderen Aufmerksamkeit.[165] Operative Risiken hingegen sind Risiken durch die operativen Prozesse des unternehmerischen Handelns.[166] Sie bergen Verlustgefahren für einzelne Teilbereiche des Unternehmens.[167] EBERT (2013) verdeutlicht sie mit Projektrisiken, die zur Vermeidung von Kosten- oder Laufzeitüberschreitungen kurzfristig zu beherrschen sind.[168]

Leistungswirtschaftliche Risiken haben ihren Ursprung in den Prozessen der Wertschöpfungskette und können zu „(...) einem teilweisen oder vollständigen Ausfall der Leistungserstellung (...)“ führen.[169] SCHNECK (2010) ordnet den leistungswirtschaftlichen Risiken die unternehmensintern begründeten Personal- und Prozessrisiken sowie auch das unternehmensextern verursachte Risiko der fehlenden Lieferfähigkeit von Lieferanten zu.[170] Als Personalrisiken nennt er eine mangelnde Qualifikation der Mitarbeiter, als Prozessrisiken interpretiert er Störungen im Geschäftsablauf durch Defizite in der Organisation und prozessualen Abwicklung. Sie können durch mangelnde Kontrollen und unklare Anweisungen verursacht sein.[171] Eine fehlende Lieferfähigkeit der Lieferanten setzt er unter Verweis auf

---

160 Vgl. KUPSCH, P. (1995), S. 533; vgl. FRANZ, K.-P. (2000), S. 52.
161 Vgl. GÖTZE, U./MIKUS, B. (2015), S. 35.
162 Vgl. GLEIẞNER, W. (2017), S. 25.
163 Vgl. HELLER-HEROLD, G./BERENSTEIN, G. (2018), S. 39.
164 Vgl. ebenda, S. 37.
165 Vgl. EBERT, C. (2013), S. 24.
166 Vgl. ANDERS, U./van den BRINK, G. J. (2004), S. 241.
167 Vgl. KUPSCH, P. (1995), S. 532.
168 Vgl. EBERT, C. (2013), S. 24.
169 WILDEMANN, H. (2006), S. 25.
170 Vgl. SCHNECK, O. (2010), S. 69, S. 72, S. 77.
171 Vgl. ebenda, S. 69f, S. 72.

Insolvenzen von Zulieferunternehmen in Bezug zu deren Zahlungsfähigkeit.[172] Die finanzwirtschaftlichen Risiken hingegen stellen mögliche Vermögensschäden durch negative Entwicklungen am Finanzmarkt oder fehlende Zahlungsströme dar.[173] Sie umfassen unter anderem Kredit-, Währungs- und Zinsrisiken,[174] aber auch Forderungsausfälle aus Lieferungen und Leistungen.[175]

Unterschiedliche Perspektiven auf das Risiko führen dazu, dass sich Risiken mehreren Risikoarten zuordnen lassen. Am eingängigsten zeigt sich dies an dem Beispiel, dass ein unternehmensinternes Risiko aus der Perspektive eines anderen Unternehmens ein unternehmensexternes Risiko darstellt. ROMEIKE/HAGER (2009) weisen darauf hin, dass sich die Risikoarten durch mögliche Wechselbeziehungen nicht immer unabhängig voneinander betrachten lassen.[176]

Im Rahmen der Systematisierung sind die Risikoarten definitorisch genau voneinander abzugrenzen.[177] Unter dem Ziel, die Ursache und Wirkungsweise eines insolvenzbedingten Lieferantenausfalls transparent darzustellen, wird dieses Ereignis im Folgenden in die Supply Chain der Stromversorgung eingeordnet und die damit verbundenen Risikoarten voneinander abgegrenzt.

2.2.3 Das Risiko aus insolvenzbedingten Lieferantenausfällen im Kontext der Supply Chain der Stromversorgung

Während zu Zeiten des Monopols kein Wettbewerb unter den Energieversorgern bestand, konkurrieren inzwischen zahlreiche Stromlieferanten um die Kunden. Der hohe Wettbewerbsdruck unter stetig ansteigenden Strompreisen mit geringen Margen (vgl. Anhang 1 und 2) können zu einer Unternehmenskrise für die Lieferanten führen. In der Fachliteratur werden Unternehmenskrisen als „(…) ungeplante und ungewollte, zeitlich begrenzte Prozesse verstanden, die in der Lage sind, den Fortbestand der Unternehmung substanziell zu gefährden oder sogar unmöglich zu

[172] Vgl. SCHNECK, O. (2010), S. 77.

[173] Vgl. ebenda, S. 57.

[174] Vgl. HOMMEL, U. et al. (2015), S. 65.

[175] Vgl. SCHNECK, O. (2010), S. 59.

[176] Vgl. ROMEIKE, F./HAGER, P. (2009), S. 121.

[177] In Anlehnung an SINGER, C. (2012), S. 54 unter der Terminologie Klassen an Stelle der hier verwendeten Begrifflichkeit der Risikoarten.

machen."[178] Eine Krise beginnt damit bereits mit Eintreten eines unternehmensbedrohenden Ereignisses.[179] Sie kann aber durch die „(...) *Chance zur positiven Wende* [Hervorhebung im Original] (...)"[180] und je nach Wirksamkeit der ergriffenen Maßnahmen sowohl in der Sanierung des Unternehmens als auch im Untergang des Unternehmens münden.[181] Folglich ist eine Krise nicht zwangsläufig mit einer drohenden Insolvenz gleichzustellen, jedoch kann sie sich in ihrer extremsten Ausprägung dazu entwickeln.[182]

Nach der geltenden INSOLVENZORDNUNG liegt eine Insolvenz vor, wenn ein Schuldner fällige Zahlungsverpflichtungen nicht erfüllen kann (Zahlungsunfähigkeit),[183] voraussichtlich nicht in der Lage sein wird, bestehende Zahlungsverpflichtungen zum Zeitpunkt der Fälligkeit zu begleichen (drohende Zahlungsunfähigkeit)[184] oder überschuldet[185] ist. Der Insolvenzantrag kann durch den Schuldner selbst oder durch einen Gläubiger beim Insolvenzgericht im Gerichtsbezirk des Schuldners gestellt werden.[186] In diesem Zusammenhang prüft der bestellte Insolvenzverwalter die mögliche Fortführung des Geschäftsbetriebs. Ist dieser zu defizitär, wird er eingestellt, andernfalls erfolgt eine Sanierung des Unternehmens.[187] Damit wird das Insolvenzverfahren dann eröffnet, wenn ausreichend Masse zur Deckung der Verfahrenskosten besteht.[188] Dieses dient dazu, „(...) die Gläubiger eines Schuldners gemeinschaftlich zu befriedigen, indem das Vermögen des Schuldners verwertet (...) wird."[189] In diesem Zusammenhang können die Insolvenzverwalter zur bestmöglichen Gläubigerbefriedigung „Rechtshandlungen, die vor der Eröffnung des Insolvenzverfahrens vorgenommen worden sind und die Insolvenzgläubiger benachteiligen (...)" rückgängig machen (insolvenzrechtliche Anfechtung).[190]

[178] O. A. (2018), [Stand 09.12.2019].
[179] Vgl. JARAUSCH, J.-K. C. (2011), S. 64.
[180] O. A. (2018), [Stand 09.12.2019].
[181] Vgl. ebenda; vgl. ZELEWSKI, S. (1995), S. 903, S. 905.
[182] Vgl. KRYSTEK, U. (1987), S. 1.
[183] Vgl. § 17 InsO.
[184] Vgl. § 18 InsO.
[185] Vgl. § 19 InsO.
[186] Vgl. § 13 InsO in Verbindung mit § 3 InsO.
[187] Vgl. Expertengespräch mit einem Insolvenzverwalter.
[188] Vgl. § 26 InsO.
[189] § 1 InsO.
[190] § 129 InsO.

Mit dieser Kenntnis lässt sich das Ereignis eines insolvenzbedingten Lieferantenausfalls in den Kontext der Supply Chain einordnen und mit Abb. 2.3 die Abgrenzung der damit verbundenen Risikoarten vornehmen. Dabei wird davon ausgegangen, dass mit Eintritt einer Insolvenz die Netznutzung beendet und ein Insolvenzverfahren eröffnet wird.

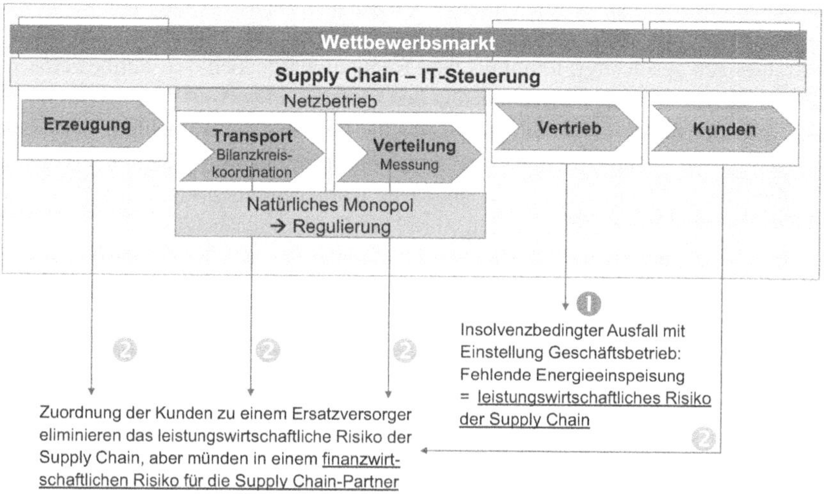

Abb. 2.3 Insolvenzbedingter Lieferantenausfall im Kontext der Supply Chain. (Quelle: Eigene Darstellung)

Infolge der Möglichkeit eines insolvenzbedingten Lieferantenausfalls auf der Wertschöpfungsstufe der Vertriebe unterliegt die Supply Chain der Stromversorgung einem leistungswirtschaftlichen Risiko, indem insolvente Lieferanten mit Einstellung des Geschäftsbetriebs keine Energie mehr zur Belieferung ihrer Kunden in das Netz einspeisen (①). Um das Ziel der Supply Chain zur unterbrechungsfreien Stromversorgung nicht zu gefährden, verpflichtet der Gesetzgeber den örtlichen Ersatzversorger zur lückenlosen Weiterbelieferung der betroffenen Kunden.[191] Dadurch wird das leistungswirtschaftliche Risiko der Supply Chain abgewendet, jedoch mündet es in einem finanzwirtschaftlichen Risiko für die mit den insolventen Lieferanten verbundenen Marktpartner, da ihnen durch deren Zahlungsunfähigkeit Forderungsausfälle aus nicht mehr geleisteten Zahlungen und insolvenzrechtlichen

[191] Vgl. § 38 EnWG.

Rückforderungen drohen (②). Bei den Hauptakteuren der Supply Chain können sich die Forderungsausfälle für die Stufe der Erzeugung aus unbezahlten Energieeinkäufen und bei den Übertragungsnetzbetreibern in der fehlenden Umlage für erneuerbare Energien sowie der fehlenden Bezahlung der Ausgleichsenergie im Rahmen des Bilanzkreismanagements zeigen.[192] Verteilnetzbetreibern drohen Verluste hinsichtlich entgangener Netzentgelte sowie dem Mindermengenausgleich und auch die Kunden werden durch die Weiterversorgung im Rahmen der teuren Ersatzversorgung sowie verlorener Vorauszahlungen und entgangener Guthabenauszahlungen geschädigt. Ebenfalls sind Reputationsschäden des Wettbewerbs zu befürchten, da Kunden das Vertrauen in den Lieferantenwechsel verlieren könnten.

Die insolvenzbedingten Forderungsausfälle werden nach Anmeldung zur Gläubigertabelle und nach Abschluss des Insolvenzverfahrens in Abhängigkeit von der verfügbaren Insolvenzmasse zwar über eine Quotenzahlung abgegolten[193], diese gleicht aber nur einen sehr geringen Anteil der Forderungsausfälle aus.

Basierend auf dem dargestellten Zusammenhang zwischen dem leistungs- und finanzwirtschaftlichen Risiko lässt sich das durch den gesetzlichen Ersatzversorgungsprozess vermiedene leistungswirtschaftliche Risiko der Supply Chain definieren als *Wahrscheinlichkeit des Eintretens eines insolvenzbedingten Lieferantenausfalls unter Berücksichtigung der dadurch fehlenden Stromeinspeisung.* Das finanzwirtschaftliche Risiko wird als *Wahrscheinlichkeit des Eintretens eines insolvenzbedingten Lieferantenausfalls unter Berücksichtigung der daraus resultierenden Forderungsausfälle der Marktpartner* verstanden.

Das Risiko insolvenzbedingter Lieferantenausfälle stellt durch die negative Wirkung auf die Supply Chain und ihre Hauptakteure ein Supply Chain Risiko dar. Dieses wird in der Literatur unter der synonymen Bezeichnung „Supply Chain relevante Risiken“ und „Supply Chain Risiken“[194] beschrieben als „(...) Risiken, die auf Störungen und Unterbrechungen der Flüsse innerhalb des Güter-, Informations-, [sic!] und Finanznetzes sowie des sozialen und institutionellen Netzes zurückgeführt werden können und negative Auswirkungen auf die Zielerreichung der einzelnen Unternehmen bzw. der gesamten Supply Chain bezüglich Endkundennutzen, Kosten, Zeit oder Qualität haben.“[195] Nach WATERS (2011) sind „*Supply chain risks* [Hervorhebung im Original] (...) external to the organizations, but within the supply chain. These occur from the interactions between members of the supply chain, and

[192] Unter der Voraussetzung, dass der Lieferant der Bilanzkreisverantwortliche ist. Vgl. hierzu Abschnitt 2.1.2.

[193] Vgl. § 174 InsO in Verbindung mit §§ 187ff InsO.

[194] Vgl. KAJÜTER, P. (2015), S. 16.

[195] PFOHL, H.-C. et al. (2008), S. 21.

are principally: (...) risks from suppliers: reliability, availability of materials, lead times, delivery problems, industrial action, etc; (...) risks from customers: variable demand, payments (...).“[196]

Da die Lieferanten als Wettbewerbsbereiche des liberalisierten Strommarkts nicht nur in einer, sondern in mehreren Supply Chains tätig sein können, wirken sich die Folgen des insolvenzbedingten Lieferantenausfalls auch auf alle Supply Chains und deren Hauptakteure aus, in denen insolvente Lieferanten aktiv waren. So belieferte im Jahr 2017 entsprechend dem von der BNetzA und dem BUNDESKARTELLAMT veröffentlichten Monitoringbericht aus dem Jahr 2018 ein Stromlieferant im Durchschnitt in 92 Netzgebieten.[197] In der momentan statistisch erfassten Lieferantentätigkeit führt eine Lieferanteninsolvenz folglich dazu, dass 92 Supply Chains und ihre integrierten Akteure betroffen sind.

Da das leistungswirtschaftliche Risiko keine Gefahr für die Supply Chain und ihre Mitglieder darstellt, wird im weiteren Verlauf der Arbeit das aus dem Supply Chain Risiko resultierende finanzwirtschaftliche Risiko fokussiert.

2.2.4 Risikospezifizierung auf der Stufe der Verteilnetzbetreiber

Aus den bereits gegebenen Erläuterungen und der Einordnung des insolvenzbedingten Lieferantenausfalls in den Kontext der Supply Chain lässt sich die in der Einführung dieser Arbeit statuierte Notwendigkeit des Risikomanagements nachvollziehen. Da die Verteilnetzbetreiber die Basis zur Geschäftstätigkeit der Lieferanten darstellen, wird auch die Auswahl der Wertschöpfungsstufe der Verteilnetzbetreiber zur Implementierung des Risikomanagements deutlich.

Zur Ableitung von Orientierungspunkten zur Gestaltung des Risikomanagements ist eine Präzisierung des finanzwirtschaftlichen Risikos der Verteilnetzbetreiber vorzunehmen. Hierzu sind die risikoauslösenden Faktoren zu identifizieren und die jeweiligen Ursachen und Wirkungen zu analysieren.[198] Unter Einbezug der wirtschaftlichen Besonderheiten der Verteilnetzbetreiber-Lieferanten-Beziehung erfolgt dies anhand der in Abb. 2.4 dargestellten Risikoereigniskette, in deren

[196] WATERS, C. D. (2011), S. 100.

[197] Vgl. BUNDESNETZAGENTUR FÜR ELEKTRIZITÄT, GAS, TELEKOMMUNIKATION, POST UND EISENBAHNEN (Hrsg.) (2019), S. 251.

[198] Vgl. mit Beispielen zur Ursache-Wirkungsanalyse MIKUS, B. (1998), S. 204f und PFOHL, H.-C. et al. (2008), S. 42f; vgl. GÖTZE, U./MIKUS, B. (2015), S. 42.

Erläuterung auch die Begründung der immensen Höhe der Forderungsausfälle einfließt.

Risikoauslöser des finanzwirtschaftlichen Risikos ist die Insolvenz von Lieferanten. Die Insolvenz entwickelt sich entsprechend des in Abschnitt 2.2.3 dargestellten Verlaufs aus einer Krise der Lieferanten, die durch verschiedene Risikofaktoren mit unterschiedlichen Ausprägungen und Interdependenzen im leistungswirtschaftlichen Bereich der Lieferanten verursacht wird. Als unternehmensexternes Risiko der Verteilnetzbetreiber und leistungswirtschaftliches Risiko der Lieferanten kann sich eine mögliche Krise im Vorfeld der Insolvenz als defizitäre Erfüllung der regulatorisch geforderten wirtschaftlichen Leistungsfähigkeit und Zuverlässigkeit nach § 5 EnWG zeigen.

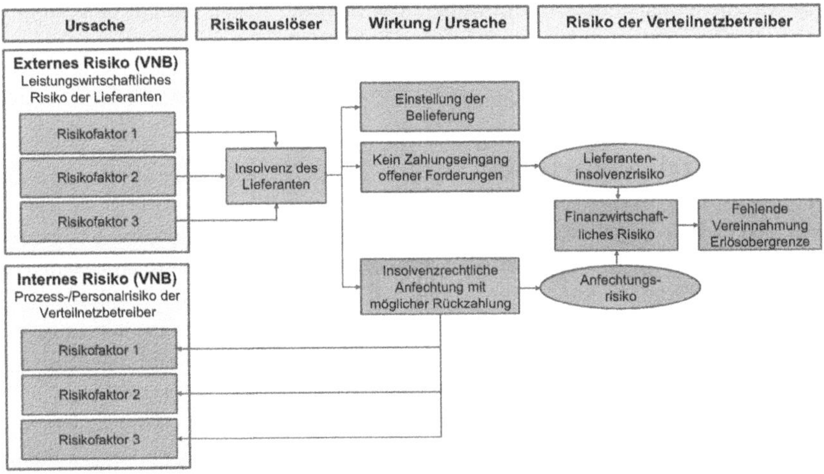

Abb. 2.4 Risikoereigniskette der Verteilnetzbetreiber. (Quelle: Eigene Darstellung)

Im Falle des Insolvenzeintritts wird mit der fehlenden Stromeinspeisung in die Netze die Belieferung der Kunden eingestellt. Als weitere Folge der Insolvenz werden durch die Zahlungsunfähigkeit der Lieferanten offene Forderungen nicht mehr beglichen. Diese sind für die Verteilnetzbetreiber durch die regulatorisch vorgegebene nachschüssige Abrechnung der Netzentgelte und Mindermengen besonders hoch, da zu den bereits gestellten Abrechnungen noch die Abrechnungen des letzten Belieferungsmonats hinzukommen.[199] Haben die Verteilnetzbetreiber darüber hinaus zu geringe Verbrauchsprognosen für die Berechnung der Abschlagszahlungen verwendet, ergeben sich mit Ablesung der Zählerstände zum Lieferende noch weitere Forderungen. Zusätzlichen Einfluss auf die Höhe der Forderungsausfälle können die jährliche Anpassung der Netzentgelte sowie die halbjährliche Änderung der Datenformate haben, sofern die dazu notwendigen Anpassungen in den IT-Systemen der Verteilnetzbetreiber zu einem Aussetzen der Rechnungsstellung geführt haben.

Infolge der Insolvenz und mit Eröffnung des Insolvenzverfahrens drohen den Verteilnetzbetreibern durch die Gefahr insolvenzrechtlicher Anfechtungen Rückzahlungen bereits vereinnahmter Forderungen.[200] Wie Abb. 2.4 erkennen lässt, liegt die Ursache einer Anfechtung im internen Risiko durch Prozess- und Personalrisiken begründet. Sie können Indizien (Risikofaktoren) zum Nachweis der Kenntnis der Zahlungsunfähigkeit beziehungsweise Gläubigerbenachteiligung beinhalten und damit eine Anfechtung rechtfertigen.[201]

Die Rückforderungsansprüche können ein enormes Ausmaß annehmen. Ohne im Detail auf das komplexe und stark einzelfallbezogene Rechtsgebiet der Insolvenzanfechtungen einzugehen, sei dazu festgestellt, dass das Insolvenzrecht aufgrund seines Ursprungs in der Privatwirtschaft die Vertragspflicht und eingeschränkten Kündigungsmöglichkeiten der Verteilnetzbetreiber nicht berücksichtigt. Damit stellt der Insolvenzverwalter die Verteilnetzbetreiber mit den Gläubigern gleich, die die Möglichkeit hätten, den Vertrag bei Kenntnis der Zahlungsunfähigkeit zu beenden. Da besonders im Krisenzeitraum nach Indizien zur Gläubigerbenachteiligung gesucht wird,[202] unterliegen die Verteilnetzbetreiber somit bei bestehender Vertragsbeziehung einem besonders hohen Anfechtungsrisiko.

---

[199] Unter Bezugnahme auf Haushaltskunden.

[200] Vgl. §§ 129 ff InsO (Dritter Abschnitt Insolvenzanfechtung).

[201] Vgl. Anfechtungsnormen §§ 129–147 InsO.

[202] Vgl. MÖNNING, R.-D./ZIMMERMANN, F. (2015), S. 2.

Als Anfechtungszeitraum lassen sich zwei Zeiträume unterscheiden:

- Drei Monate vor Insolvenzantrag:

Zahlungen, die der Schuldner bis zu drei Monate vor Insolvenzeröffnung geleistet hat, unterliegen einem besonders hohen Anfechtungsrisiko.[203] Hier muss der Insolvenzverwalter zwar belegen, dass der Gläubiger zum Zeitpunkt der Zahlung von der bestehenden Zahlungsunfähigkeit des Schuldners wusste,[204] allerdings genügen dazu allein die Umstände, „(…) die zwingend auf die Zahlungsunfähigkeit (…) schließen lassen.“[205]

- Vier Jahre vor Insolvenzantrag:

Eine Anfechtung von bis zu vier Jahren[206] erfordert den Nachweis, dass der Lieferant die Zahlungen unter dem Vorsatz der Benachteiligung anderer Gläubiger vorgenommen hat und „(…) der andere Teil zur Zeit der Handlung den Vorsatz des Schuldners kannte.“[207] Bei dieser sogenannten Vorsatzanfechtung wird die Kenntnis des Gläubigers vermutet, wenn dieser von der (drohenden) Zahlungsunfähigkeit und der Benachteiligung anderer Gläubiger wusste.[208] Ebenfalls anfechtbar innerhalb des Vierjahreszeitraums sind unentgeltliche Leistungen.[209] Diese Art der Anfechtung wird als Schenkungsanfechtung bezeichnet und betrifft die Verteilnetzbetreiber dann, wenn Zahlungen nicht durch den Lieferanten, sondern von einem inzwischen ebenfalls insolventen Dritten (zum Beispiel einem Tochterunternehmen) geleistet wurden.[210]

Nach der InsO-Novelle sind Zahlungen allerdings nicht anfechtbar, wenn sie die Voraussetzung eines Bargeschäfts erfüllen, das heißt Leistung und Gegenleistung unter „(…) Berücksichtigung der Gepflogenheiten des Geschäftsverkehrs in einem engen zeitlichen Zusammenhang (…)“[211] ausgetauscht wurden und der

[203] Vgl. Wesche, C. (2019), S. 5.
[204] Vgl. § 130 Abs. 1 InsO.
[205] § 130 Abs. 2 InsO.
[206] Vgl. § 133 Abs. 2 InsO.
[207] § 133 Abs. 1 InsO.
[208] Vgl. § 133 Abs. 1, 3 InsO.
[209] Vgl. § 134 InsO.
[210] Vgl. Wesche, C. (2013a), S. 3.
[211] § 142 Abs. 2 InsO.

Schuldner ohne Kenntnis des Gläubigers zugleich „unlauter" handelte.[212] Ob diese Rechtsnormen tatsächlich zu sinkenden Anfechtungen führen werden, kann bedingt durch fehlende Anwendungsfälle nicht beantwortet werden. Die Branche sieht dies mit großer Skepsis. So wurden bereits beim Gesetzesentwurf die Anpassungen als „(...) Kodifizierung mittlerweile ständiger BGH-Rechtsprechung (...)"[213] angesehen und das Fehlen einer Ausnahmeregelung für Versorgungsunternehmen bemängelt, die eine grundlegende Bedeutung für die Geschäftstätigkeit der Lieferanten darstellen.[214]

Damit lässt sich nun deutlich erkennen, dass sich das finanzwirtschaftliche Risiko aus zwei verschiedenen Risikoarten (Einflussgrößen) zusammensetzt, die zur Kennzeichnung der Risikoquelle wie folgt bezeichnet und definiert werden:

- Lieferanteninsolvenzrisiko:

Das Lieferanteninsolvenzrisiko stellt aus Sicht der Verteilnetzbetreiber ein außerbetrieblich begründetes, externes Risiko im leistungswirtschaftlichen Bereich des Lieferanten dar, das bei Eintreten zu Forderungsausfällen aus nicht mehr beglichenen offenen Forderungen führt. Es wird definiert als

Wahrscheinlichkeit des Eintretens einer Lieferanteninsolvenz unter Berücksichtigung des daraus resultierenden finanziellen Schadens der Verteilnetzbetreiber durch nicht mehr beglichene offene Forderungen.

Folgende Formel dient der Quantifizierung des Lieferanteninsolvenzrisikos:

Lieferanteninsolvenzrisiko =
Eintrittswahrscheinlichkeit (Insolvenz) × **Ausmaß (offene Forderungen)**

- Anfechtungsrisiko:

Das Anfechtungsrisiko stellt aus Sicht der Verteilnetzbetreiber ein intern begründetes Risiko im leistungswirtschaftlichen Bereich der Prozess- und Personalrisiken dar. Bei Eintreten führt es zu Forderungsausfällen durch Rückforderungen durch den Insolvenzverwalter. Es wird definiert als

Wahrscheinlichkeit des Eintretens einer insolvenzrechtlichen Anfechtung nach den Rechtsnormen der INSOLVENZORDNUNG unter Berücksichtigung des daraus resultierenden finanziellen Schadens der Verteilnetzbetreiber durch Rückzahlungen bereits vereinnahmter Forderungen an den Insolvenzverwalter.

---

212 Vgl. § 142 Abs. 1 InsO.

213 VKU VERBAND KOMMUNALER UNTERNEHMEN E. V. (Hrsg.) (2015a), S. 46.

214 Vgl. VKU VERBAND KOMMUNALER UNTERNEHMEN E. V. (Hrsg.) (2015b), S. 3.

Zur Messbarmachtung dient folgende Formel:

Anfechtungsrisiko =
Eintrittswahrscheinlichkeit (Anfechtung) × Ausmaß(Rückzahlung)

Hinsichtlich der Interdependenz des Lieferanteninsolvenzrisikos und Anfechtungsrisikos ist an dieser Stelle festzuhalten, dass das Ereignis einer Lieferanteninsolvenz wie bereits erläutert nicht immer zu einer insolvenzrechtlichen Anfechtung führt. Einer insolvenzrechtlichen Anfechtung hingegen muss immer eine Insolvenz vorausgehen. In dieser Arbeit wird zur Abdeckung des maximal möglichen finanzwirtschaftlichen Risikos der Verteilnetzbetreiber davon ausgegangen, dass der Insolvenz immer eine insolvenzrechtliche Anfechtung folgt. Hieraus lässt sich das finanzwirtschaftliche Risiko entsprechend der Theorie und der zugrunde liegenden Binomialverteilung (Ereignis tritt ein oder tritt nicht ein) mit folgender Formel darstellen:

Finanzwirtschaftliches Risiko (Insolvenz; Anfechtung) =
Eintrittswahrscheinlichkeit (Insolvenz) × Ausmaß (Forderungen; Rückzahlung)

DABEI GILT Anfechtungswahrscheinlichkeit = 1, wenn Lieferanteninsolvenzrisiko > 0

Das finanzwirtschaftliche Risiko aus dem insolvenzbedingten Lieferantenausfall stellt ein strategisches Risiko der Verteilnetzbetreiber dar, indem diese durch mögliche Forderungsausfälle ihre Erlösobergrenze nicht vereinnahmen können. In diesem Zusammenhang weist der BDEW BUNDESVERBAND DER ENERGIE- UND WASSERWIRTSCHAFT E. V. darauf hin, dass infolge der nachschüssigen Abrechnungspflicht der Energiewirtschaft „(…) eine vollständige Vermeidung von Zahlungsausfällen aus rückständigen Forderungen genauso wenig praktikabel ist wie eine vollständige Absicherung insolvenzrechtlicher Anfechtungsrisiken.“[215]

Die Lösung des eingangs aufgezeigten und von der Energiebranche empfundenen Dilemmas eingeschränkter Möglichkeiten zur Risikohandhabung, erfordert mit Blick auf die Formeln zur Risikoberechnung Maßnahmen, die die Eintrittswahrscheinlichkeit und/oder das Ausmaß des Lieferanteninsolvenz- sowie des Anfechtungsrisikos senken. In Bezug auf die Wirkung der Risikohandhabungsmaßnahmen der Verteilnetzbetreiber auf weitere Marktpartner der Lieferanten sei hier angemerkt, dass sich diese nur im Rahmen des Lieferanteninsolvenzrisikos ergeben. Maßnahmen hinsichtlich des Anfechtungsrisikos begegnen durch die internen Risikofaktoren zur Begründung der Rückzahlungen nur den Verteilnetzbetreibern selbst.

---

[215] WESCHE, C. (2013b), S. 1.

Mit Kenntnis der spezifischen Besonderheiten und Risiken lässt sich das Risikomanagement zur Anwendung in der Verteilnetzbetreiber-Lieferanten-Beziehung nun näher betrachten.

2.3 Strategisches Risikomanagement als Rahmen zum bewussten Umgang mit Risiken

In der Betriebswirtschaftslehre hat sich zum bewussten Umgang mit Risiken das Instrument des Risikomanagements etabliert. Im Folgenden wird das Risikomanagement charakterisiert und die Zielsetzung aufgezeigt. Nach Darlegung verschiedener konzeptioneller Ansätze zum Risikomanagement in Supply Chains wird der für diese Arbeit passende Ansatz ausgewählt und die wesentlichen Elemente zur Strukturierung des Risikomanagements abgeleitet.

2.3.1 Charakterisierung und Zielsetzung des strategischen Risikomanagements

Die begrenzte Vorhersehbarkeit von Ereignissen und die Gefahr, von einem geplanten Zielwert abzuweichen,[216] stellen die Unternehmen vor die Herausforderung, zur langfristigen Sicherung des Unternehmensbestands[217] eine „(...) risikooptimale Unternehmensposition zu erreichen und zu sichern."[218] Während diese Aufgabe lange Zeit durch ein „(...) wenig strukturiertes und organisiertes Nachdenken (...)" geprägt war, wurde im Jahr 1996 „(...) mit dem Konzept des „Robusten Unternehmens" eines der ersten Rahmenwerke für das Risikomanagement entwickelt."[219] Mit dem Ziel der unternehmerischen Flexibilität zur Anpassung an unvorhergesehene Ereignisse und der Resilienz, Risiken zu tragen,[220] zeigte es die Relevanz zur Berücksichtigung von Chancen und Gefahren im strategischen Management[221] auf. Zwar lieferte das Konzept keinen verallgemeinerbaren Lösungsweg, dennoch unterstützte es bei der Entwicklung einer risikobewussten Unternehmensstrategie

[216] Vgl. GLEIẞNER, W./ROMEIKE, F. (2005), S. 27.
[217] Vgl. DIEDERICHS, M. (2018), S. 11.
[218] BURGER, A./BUCHHART, A. (2002), S. 10.
[219] GLEIẞNER, W. (2017), S. 20.
[220] Vgl. ebenda, S. 21.
[221] Vgl. ebenda, S. 22.

durch die Vorgabe von Leitbildern wie „unkomplizierte, stabile Arbeitsabläufe" oder „Anpassungsfähigkeit an unvorhergesehene Entwicklungen".[222]

Zwei Jahre nach dem Konzept des robusten Unternehmens wurde im Jahr 1998 das GESETZ ZUR KONTROLLE UND TRANSPARENZ IM UNTERNEHMENSBEREICH (KonTraG) erlassen.[223] Als „(...) Meilenstein für das Risikomanagement deutscher Unternehmen (...)"[224] begegnete es den vorangegangenen zahlreichen Unternehmenskrisen und Insolvenzen, indem es insbesondere Aktiengesellschaften mit § 91 Abs. 2 AKTIENGESETZ (AktG)[225] zur Implementierung eines Überwachungssystems verpflichtet, um bestandsgefährdende Entwicklungen[226] frühzeitig zu erkennen.[227] Spätere gesetzliche und regulatorische Vorgaben[228] erweiterten das Überwachungssystem zu einem integrierten und entscheidungsorientierten Risikomanagement.[229] Demnach muss das Risikomanagement – wie schon das Konzept zum „Robusten Unternehmen" deutlich machte – mit der Unternehmensstrategie verknüpft werden.[230] Es muss bereits vor der Entscheidung unternehmerischer Handlungen die Implikationen für das Unternehmen aufzeigen.[231]

Dies zeigt auch die Zweiteilung des Risikomanagements in das strategische und operative Risikomanagement deutlich: Das strategische Risikomanagement stellt die Basis für das operative Risikomanagement dar, indem es durch „(...) längerfristige und gesamtheitliche Sichtweisen (...)"[232] die strategischen Risiken identifiziert[233] und in Abhängigkeit der unternehmerischen Risikopräferenzen[234]

---

[222] Vgl. GLEIßNER, W. (2016), [Stand 09.12.2019].

[223] Vgl. BUNDESTAG (1998b), S. 786–794.

[224] GLEIßNER, W. (2017), S. 22.

[225] Vgl. BUNDESTAG (1965), S. 1089–1184.

[226] Nach MÜLLER, M. (2014), S. 16 zählen dazu unter anderem risikobehaftete Geschäfte und Verstöße gegen gesetzliche Vorschriften, die sich massiv auf das Unternehmen auswirken.

[227] Vgl. hierzu auch KRAHE, A. (2010), S. 7 der darauf hinweist, dass durch die Gesetzesbegründung und Rechtsprechung auch von einer Gültigkeit für mittelständische Unternehmen auszugehen ist, die eine Bilanzsumme von 4,84 Mio. EUR, einen Umsatz von 9,68 Mio. EUR und/oder 50 Mitarbeiter überschreiten.

[228] KRAHE, A. (2010), S. 8 und S. 10 verweist hierzu unter anderem auf das Bilanzrechtsreformgesetz und die deutschen Rechnungslegungsstandards mit der Verpflichtung zur Erstellung eines Risikoberichts.

[229] Vgl. GLEIßNER, W. (2018), S. 2769.

[230] Vgl. GLEIßNER, W. (2017), S. 24.

[231] Vgl. ebenda; vgl. GLEIßNER, W. (2018), S. 2772.

[232] EBERT, C. (2013), S. 20.

[233] Vgl. GLEIßNER, W. (2017), S. 24.

[234] Vgl. BURGER, A./BUCHHART, A. (2002), S. 10.

risikopolitische Grundsätze definiert, die den Rahmen zum Umgang mit den Risiken[235] vorgeben. Das Ziel des operativen Risikomanagements besteht darin, unter Beachtung dieser Rahmenbedingungen und ausgewählter Risiken „(...) zukünftige risikobehaftete Entwicklungen zu identifizieren, zu beurteilen, zu steuern und fortlaufend zu überwachen (...)."[236]

Fasst man die strategische und operative Komponente zusammen, so kann das Risikomanagement als kontinuierlicher „(...) management- und mitarbeitergetriebener Prozess (...)"[237] beschrieben werden, der es ermöglicht, „(...) mit einer begrenzten Unsicherheit konkret zu arbeiten (...)."[238]

2.3.2 Konzeptionelle Ansätze zum Risikomanagement in der Supply Chain

Die steigende Abhängigkeit der Unternehmen innerhalb der Supply Chain und die Gefahr, dass negative Entwicklungen und Ereignisse eines Unternehmens Schäden bei den integrierten Supply Chain-Akteuren verursachen können, führt zu einer Ausweitung der Risikomanagementperspektive auf die Supply Chain.[239] Obgleich keine Vorgabe existiert, das Risikomanagement auf Supply Chain-Ebene auszuweiten, gehört es zur allgemeinen Sorgfaltspflicht der Unternehmen, auch die aus der unternehmensübergreifenden Zusammenarbeit resultierenden Risiken (Supply Chain Risiken) zu berücksichtigen.[240] KAJÜTER (2003, 2007, 2015) entwickelte in Abhängigkeit von der Art der Beziehung der Supply Chain-Akteure die in Abb. 2.5 dargestellten drei konzeptionellen Ansätze zum Risikomanagement in Supply Chains. Nach der erstmaligen Veröffentlichung im Jahr 2003[241] wurden sie in den Jahren 2007[242] und 2015[243] unter der geänderten Begrifflichkeit des ersten Ansatzes „Risikomanagement in der Beschaffung" als „Risikomanagement mit Supply Chain Orientierung" erneut publiziert. Eine Begründung der

[235] In Anlehnung an PFOHL, H.-C. et al. (2008), S. 31.

[236] WILDEMANN, H. (2006), S. 45.

[237] Ebenda, S. 28.

[238] EBERT, C. (2013), S. 16.

[239] Vgl. KAJÜTER, P. (2003a), S. 109; vgl. WAGNER, S. et al. (2010), S. 97f; vgl. WEBER, J./WALLENBURG, C. M. (2010), S. 342.

[240] Vgl. KAJÜTER, P. (2015), S. 21.

[241] Vgl. KAJÜTER, P. (2003a), S. 116f; vgl. KAJÜTER, P. (2003b), S. 326f.

[242] Vgl. KAJÜTER, P. (2007), S. 22f.

[243] Vgl. KAJÜTER, P. (2015), S. 22f.

Umbenennung wird nicht gegeben, weshalb an dieser Stelle nur vermutet werden kann, dass dadurch die vermeintliche Begrenzung des Risikomanagements auf den Bereich der Beschaffung aufgehoben und die unternehmensübergreifende Supply Chain-endogene Sichtweise betont werden sollte. Dies wird gestützt durch WILDEMANN (2006), der das Risikomanagement des unternehmerischen Leistungserstellungsprozesses in die Teilsysteme Forschung und Entwicklung, Beschaffung, Produktion sowie Absatz unterteilt und entsprechend aufbereitete.[244] Dadurch zeigt auch er das Erfordernis zur Integration unternehmensübergreifenden Schnittstellen in das Risikomanagement auf, hebt durch die Begrifflichkeit allerdings den Supply Chain-Bezug nicht so deutlich hervor. Die wiederholten Publikationen von KAJÜTER lassen von einer steigenden Bedeutung des unternehmensübergreifenden Risikomanagements in Supply Chains ausgehen. Der Hinweis, dass ein vertiefendes Verständnis weitere Forschungsbemühungen erfordert[245] zeigt jedoch, dass der momentane Forschungsstand noch nicht ausgereift ist.

Da dieser Arbeit mit dem Risiko aus insolvenzbedingten Lieferantenausfällen und seiner Folgen für alle Supply Chain-Partner ein Supply Chain Risiko zugrunde liegt, wird zur Identifikation möglicher Lösungsansätze für das Risikomanagement der Verteilnetzbetreiber mit Abb. 2.5 der aktuelle Stand der unterschiedlichen Risikomanagementansätze aufgezeigt.

[244] Vgl. WILDEMANN, H. (2006), S. 83ff.

[245] Vgl. KAJÜTER, P. (2015), S. 25.

Merkmal / Ansatz	Risikomanagement mit Supply Chain Orientierung	Risikoanalyse in der Supply Chain	Supply Chain Risikomanagement
Fokus des Risikomanagements	eigenes Unternehmen	eigenes Unternehmen	Supply Chain
Kooperationsintensität im Risikomanagement	gering	mittel	hoch
Austausch von Risikoinformationen	gar nicht	unregelmäßig, informell	regelmäßig, formell
Informationsasymmetrien in Bezug auf Risiken	hoch	mittel	gering
Art der Beziehung zwischen Unternehmen	transaktionsorientiert	partnerschaftlich	partnerschaftlich
Phase der Netzwerkbildung	Aufbau von Beziehungen (Auswahl von Partnern)	Intensivierung der Beziehung	etablierte Beziehungen (integriertes Netzwerk)
Ziele und Planungsprozesse für die Supply Chain	nicht vorhanden	nicht vorhanden	vorhanden
Notwendiges Vertrauen zwischen den Unternehmen	gering	mittel	hoch

Abb. 2.5 Konzeptionelle Ansätze zum Risikomanagement in der Supply Chain. (Quelle: KAJÜTER (2007), S. 23; KAJÜTER (2015), S. 23 [Hervorhebung d. Verf.])

KAJÜTER (2007, 2015) differenziert die Ansätze „Risikomanagement mit Supply Chain Orientierung", „Risikoanalyse in der Supply Chain" und „Supply Chain Risikomanagement". Durch den Einbezug von Supply Chain Risiken haben sie alle die Erweiterung des internen Risikomanagements über die Unternehmensgrenzen hinaus gemein. Aus den aufgelisteten und jeweils zugeordneten Merkmalsausprägungen lässt sich besonders aus der Art der Geschäftsbeziehung und Intensität der Zusammenarbeit erkennen, dass sich das „Risikomanagement mit Supply Chain-Orientierung" nur auf ein einzelnes Unternehmen bezieht, das die aus der Supply Chain resultierenden Risiken für sich selbst erhebt, bewertet und entsprechende risikosteuernde Maßnahmen für sich ergreift.[246] Diesem Ansatz widmete sich WILDEMANN (2006) am Beispiel des Risikomanagements in der Beschaffung, in das er die Risiken aus der Lieferantenbeziehung integriert.[247] Die beiden Ansätze „Risikoanalyse in der Supply Chain" und „Supply Chain Risikomanagement" bieten durch eine partnerschaftliche Zusammenarbeit im Risikomanagement die Möglichkeit, „(...) die Identifikation und Steuerung von Risiken zu verbessern und die Transparenz über die Risikosituation in der Supply Chain zu erhöhen."[248] Dabei bezieht sich

[246] Vgl. KAJÜTER, P. (2007), S. 22; vgl. KAJÜTER, P. (2015), S. 22.
[247] Vgl. WILDEMANN, H. (2006), S. 120ff.
[248] KAJÜTER, P. (2015), S. 24f.

auch die „Risikoanalyse in der Supply Chain“ auf das eigene Unternehmen, wohingegen das „Supply Chain Risikomanagement“ eine Ausweitung über die komplette Supply Chain darstellt.

Grundsätzlich hängt die Wahl des geeigneten Ansatzes von der Art der Beziehung zwischen den Unternehmen ab.[249] Die Ansätze können parallel verfolgt werden, lassen sich aber mit steigender Kooperationsintensität und Erfahrung auch sukzessive vom Risikomanagement mit Supply Chain-Orientierung über die unternehmensübergreifende Risikoanalyse hin zum Supply Chain Risikomanagement weiterentwickeln.[250] Die Differenzierung der dargestellten Ansätze lässt erkennen, dass das für die Verteilnetzbetreiber zu entwickelnde Risikomanagement durch die transaktionsorientierte Beziehung zu den Lieferanten im optisch hervorgehobenen „Risikomanagement mit Supply Chain Orientierung“ ansetzen muss. Dieser Ansatz bietet die Perspektive einer Weiterentwicklung zum Supply Chain Risikomanagement.

2.3.3 Struktur des strategischen Risikomanagements

WILDEMANN (2006)[251] und PFOHL et al. (2008)[252] stellen für das Risikomanagement in Supply Chains unterschiedliche Strukturen bereit. Diese werden in Abb. 2.6 gegenübergestellt, um aus ihrer Synthese die wesentlichen Elemente und den Aufbau des Risikomanagements für die Verteilnetzbetreiber zu bestimmen. Dabei ist anzumerken, dass sich PFOHL et al. (2008) bei der Strukturierung des Risikomanagements für Supply Chains auf die im Jahr 2007 publizierten konzeptionellen Ansätze von KAJÜTER (2007) beziehen und deshalb betrachtet werden.

---

[249] Vgl. KAJÜTER, P. (2015), S. 22.

[250] Vgl. ebenda, S. 23.

[251] Vgl. WILDEMANN, H. (2006), S. 34f mit S. 66ff.

[252] Vgl. PFOHL, H.-C. et al. (2008), S. 30.

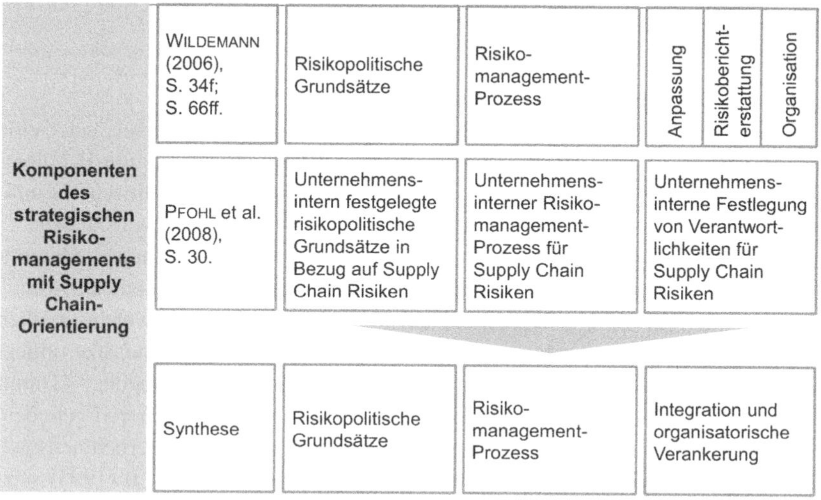

Abb. 2.6 Aufbau und Strukturelemente des Risikomanagements mit Supply Chain Orientierung. (Quelle: Eigene Darstellung)

Es lässt sich erkennen, dass WILDEMANN (2006) das Risikomanagement aus mehreren Elementen aufbaut: Die risikopolitischen Grundsätze bilden die strategische Grundlage zur Umsetzung des (operativen) Risikomanagementprozesses, indem sie in Abhängigkeit von der Unternehmenssituation den Umgang mit Risiken festlegen. Die Elemente Anpassung (im Sinne der Anpassung an die aktuellen Gegebenheiten), Risikoberichterstattung und die interne Organisation spannen das Risikomanagement über die Unternehmensebenen auf und werden zum Risikomanagement des Gesamtunternehmens zusammengeführt.[253] PFOHL et al. (2008) nehmen eine ähnliche Unterteilung vor,[254] die sich lediglich durch die Betonung auf Supply Chain Risiken und die Komponente „Unternehmensinterne Festlegung von Verantwortlichkeiten für Supply Chain Risiken" unterscheiden. Unter letztgenanntem Element lassen sich die Anpassung, Risikoberichterstattung und Organisation von WILDEMANN (2006) subsumieren.

Für die vorliegende Ausarbeitung wird zur Sicherstellung einer klaren Struktur und einheitlicher Begrifflichkeiten der Aufbau der beiden Autoren zu den Komponenten risikopolitische Grundsätze, Risikomanagementprozess sowie Integration

[253] Vgl. WILDEMANN, H. (2006), S. 34f; S. 66ff.

[254] Vgl. PFOHL, H.-C. et al. (2008), S. 30.

und organisatorische Verankerung verschmolzen. Die einzelnen Komponenten werden nachfolgend erläutert.

2.3.3.1 Risikopolitische Grundsätze

Die Anwendung eines effizienten und effektiven Risikomanagements setzt eine definierte Unternehmensstrategie voraus, woraus unter Berücksichtigung der allgemeinen Unternehmensziele und der Risikobereitschaft[255] risikopolitische Grundsätze zu formulieren sind, die der Bestandssicherung des Unternehmens dienen.[256] Als „(…) dokumentierte Verhaltensregeln (…)“[257] geben sie die Rahmenbedingungen und Handlungsanweisungen zur Umsetzung des Risikomanagements vor.[258] Sie beinhalten die Ziele des Risikomanagements und legen fest, welche Risiken akzeptiert werden.[259] Die Formulierung der risikopolitischen Grundsätze obliegt der Unternehmensleitung als Initiator und Träger des Risikomanagements.[260] Damit wird die Relevanz des Risikomanagements für das Unternehmen hervorgehoben. Zusätzlich wird das Risikobewusstsein der Mitarbeiter und ein unternehmensweit einheitlicher Umgang des Risikomanagements gefördert.[261] KUPSCH (1995) setzt das Risikomanagement durch den Einbezug in die Unternehmensführung und die „(…) Bewußtmachung des Risikophänomens (…)“ einem risikoorientierten Entscheidungsverhalten gleich.[262] Wie WILDEMANN (2006) treffend feststellt, hängt die Nachhaltigkeit der Risikopolitik und Qualität des Risikomanagements besonders von der Risikosensibilität und fachlichen Kompetenz der Mitarbeiter ab. Personalentwicklungsmaßnahmen und die Vermittlung von Methoden und Instrumenten zum Umgang mit Risiken stellen folglich wichtige Erfolgsfaktoren für die Umsetzung der risikopolitischen Grundsätze und damit für das Gelingen des Risikomanagements dar.[263]

---

255 Vgl. DIEDERICHS, M. (2018), S. 10ff.

256 Vgl. ebenda, S. 14f.

257 WILDEMANN, H. (2006), S. 49.

258 Vgl. GLEIẞNER, W./ROMEIKE, F. (2005), S. 35; vgl. SINGER, C. (2012), S. 58.

259 Vgl. PFOHL, H.-C. et al. (2008), S. 31.

260 Vgl. WILDEMANN, H. (2006), S. 49f; vgl. DIEDERICHS, M. (2018), S. 14.

261 Vgl. KRAHE, A. (2010), S. 17.

262 KUPSCH, P. (1995), S. 533.

263 Vgl. WILDEMANN, H. (2006), S. 51f.

2.3.3.2 Prozess des Risikomanagements

Die Umsetzung zur Realisierung der optimierten Risikosituation erfolgt im Rahmen des Risikomanagementprozesses.[264] Als Kernelement des Risikomanagements[265] ist er in den strategischen Rahmen der Risikopolitik eingebettet.[266] Abb. 2.7 zeigt stellvertretend für die hohe Anzahl einzelner Phasenschemata in der Literatur verschiedene Prozessabläufe auf:

Autor	Risikomanagementprozess			
BURGER/ BUCHHART (2002), S. 31.	Risikoidentifikation	Risikobeurteilung/ -bewertung	Risikosteuerung	Risikoüberwachung/ -kontrolle
WILDEMANN (2006), S. 54	Risikoidentifikation	Risikoanalyse/ -bewertung	Risikohandhabung	Risikoüberwachung
PFOHL et al (2008), S. 31.	Risikoidentifikation	Risikobewertung	Risikosteuerung	Risikokontrolle
EBERT (2013), S. 18.	Erkennen	Bewerten	Abschwächen	Kontrollieren
WOLKE (2016), S. 5.	Risikoidentifikation	Risikomessung/ -analyse	Risikosteuerung	Risikocontrolling

Abb. 2.7 Phasen des Risikomanagementprozesses in der Literatur. (Quelle: Eigene Darstellung)

Der Abgleich der unterschiedlichen Phasenbezeichnungen zeigt, dass zwar Unterschiede in der Terminologie bestehen, aber im Wesentlichen alle auf den vier Phasen der Risikoidentifikation, Risikoanalyse/-bewertung, Risikohandhabung und Risikoüberwachung basieren.[267] Auffallend ist, dass sich EBERT (2013) auf die Abschwächung von Risiken begrenzt.[268] Eine mögliche Erklärung liefert seine Bezugnahme auf Projekte, die immer mit Risiken (wie Budgeteinhaltung, Zeitplan) verbunden sind. Ein Verhindern von Risiken wäre einem Projektverzicht gleichzustellen, was nicht in der Absicht des Autors liegt. Grundsätzlich besteht in der Literatur Einigkeit, dass das Risikomanagement aus prozessualer Sicht einen kybernetischen Regelkreis darstellt, der – bedingt durch die Dynamik der Risiken und

[264] Vgl. BURGER, A./BUCHHART, A. (2002), S. 31.

[265] Vgl. DIEDERICHS, M. (2018), S. 91.

[266] Vgl. BURGER, A./BUCHHART, A. (2002), S. 27.

[267] Vgl. zu dieser Feststellung auch HECK, M. (2003), S. 73.

[268] Vgl. EBERT, C. (2013), S. 18.

Abhängigkeit der Prozessphasen – regelmäßig zu durchlaufen ist.[269] Der Prozess ist auf allen Unternehmensebenen durchzuführen[270] und zeichnet sich durch ein breites Spektrum an methodischen Gestaltungsoptionen der einzelnen Phasen[271] aus. In dieser Arbeit werden die Phasen unter der Bezeichnung Risikoidentifikation, Risikoanalyse/-bewertung, Risikohandhabung und Risikoüberwachung verwendet. Sie werden in der Literatur wie folgt abgegrenzt:

Risikoidentifikation

Die erste Phase des Risikomanagements ist die Risikoidentifikation. Als Basis des Risikomanagementprozesses, auf der alle nachfolgenden Phasen aufbauen, hat sie die strukturierte und vollständige Erfassung aller möglichen Risiken beziehungsweise Schadensgefahren mit ihren Wirkungszusammenhängen zum Ziel.[272] Da nur erkannte Risiken bewertet und gehandhabt werden können,[273] ist es für den Erfolg des Risikomanagements von großer Bedeutung, sowohl die bestehenden als auch die potenziellen Risiken mit Wirkung auf das Zielsystem des Unternehmens zu erfassen und stets aktuell zu halten.[274] Der hohe Aufwand der Risikoidentifikation setzt zur Sicherstellung seiner Effizienz sowohl die Systematisierung der Risiken[275] als auch die Nutzung adäquater Informationspotenziale[276] voraus. Dies wird unter anderem durch die Einnahme verschiedener Perspektiven wie Risikoarten, Geschäftsfelder oder Prozesse unterstützt.[277] Da sowohl die Qualität als auch die Quantität der Risikoidentifikation erheblich durch das Risikobewusstsein der Mitarbeiter beeinflusst wird,[278] sind die Mitarbeiter zu sensibilisieren und die Risikokultur so zu gestalten, dass aus gemeldeten Risiken keine Sanktionen für die meldenden Mitarbeiter folgen.[279]

---

269 Vgl. Burger, A./Buchhart, A. (2002), S. 31; vgl. Krahe, A. (2010), S. 15; vgl. Ebert, C. (2013), S. 18.

270 Vgl. Wildemann, H. (2006), S. 34.

271 Vgl. am Beispiel der Risikoidentifikation Burger, A./Buchhart, A. (2002), S. 68; Wildemann, H. (2006), S. 142; Pfohl, H.-C. et al. (2008), S. 37.

272 Vgl. Romeike, F./Hager, P. (2009), S. 121; vgl. Diederichs, M. (2018), S. 92f.

273 Vgl. Wildemann, H. (2006), S. 142; vgl. Krahe, A. (2010), S. 19.

274 Vgl. Burger, A./Buchhart, A. (2002), S. 32; vgl. Diederichs, M. (2018), S. 93.

275 In Anlehnung an Pfohl, H.-C. et al. (2008), S. 36f; vgl. Diederichs, M. (2018), S. 94.

276 Vgl. Burger, A./Buchhart, A. (2002), S. 31; vgl. Schneck, O. (2010), S. 117.

277 Vgl. Romeike, F./Hager, P. (2009), S. 121.

278 Vgl. Heck, M. (2003), S. 75.

279 Vgl. Diederichs, M. (2018), S. 94.

Risikoanalyse/-bewertung

Die zweite Phase des Risikomanagementprozesses stellt die Risikoanalyse/-bewertung dar. Sie dient der Ermittlung der Risikoursachen und soll feststellen, inwieweit die Risiken die Zielerreichung gefährden können.[280] Hierzu sind die Einzelrisiken unter Berücksichtigung von Interdependenzen zum Gesamtrisiko zu aggregieren.[281] Da eine reine Addition der Einzelrisiken die Wechselbeziehungen vernachlässigen würde, sind mittels Risikosimulationsverfahren mögliche Korrelationen festzustellen.[282] Die Bewertung des Risikos erfolgt in der Regel durch die Komponenten der Eintrittswahrscheinlichkeit und des potenziellen Schadensausmaßes.[283] Für nicht quantifizierbare Risiken ist eine qualitative Bewertung vorzunehmen, indem die Risiken in unbedeutende bis bestandsgefährdende Risiken zu differenzieren sind.[284] Hieraus lassen sich die Risiken nach ihrem Gefahrenpotenzial für das Unternehmen unterteilen und durch Festlegung von Toleranzbereichen der Handlungsbedarf zum Umgang mit den Risiken ableiten.[285]

Risikohandhabung

Die Risikohandhabung schließt sich der Risikoidentifikation und Risikoanalyse/-bewertung an. Sie hat das Ziel, alle wesentlichen Risiken durch zielgerichtete Steuerungsmaßnahmen zu kontrollieren und einer negativen Zielverfehlung insbesondere durch die Einflussnahme auf die Eintrittswahrscheinlichkeit und/oder das Ausmaß entgegenzuwirken.[286] In Analogie zur ursachenbezogenen und wirkungsbezogenen Perspektive des Risikos lassen sich auch ursachenbezogene und wirkungsbezogene Risikohandhabungsmaßnahmen unterscheiden.[287] Ursachenbezogene Maßnahmen sollen die Schadensursachen beseitigen und setzen damit direkt bei den Risikofaktoren an.[288] Sie umfassen die (Präventions-)Strategien der Risikovermeidung und

---

[280] Vgl. BRAUN, H. (1984), S. 229, S. 234; vgl. DÖRNER, D./DOLECZIK, G. (2000), S. 203.

[281] Vgl. GLEIẞNER, W./ROMEIKE, F. (2005), S. 396.

[282] Vgl. ebenda; vgl. BERGENER, R. F. (2006), S. 68.

[283] Vgl. BUDERATH, H./AMLING, T. (2000), S. 144; vgl. SCHATZ, A. et al. (2010), S. 21f; vgl. EBERT, C. (2013), S. 8.

[284] Vgl. HELLER-HEROLD, G./BERENSTEIN, G. (2018), S. 40.

[285] Vgl. BURGER, A./BUCHHART, A. (2002), S. 163ff; vgl. BRAUWEILER, H.-C. (2015), S. 8; vgl. DIEDERICHS, M. (2018), S. 177.

[286] Vgl. WILDEMANN, H. (2006), S. 58; vgl. DÖRNER, D./DOLECZIK, G. (2000), S. 203; vgl. EBERT, C. (2013), S. 79.

[287] Vgl. PFOHL, H.-C. et al. (2008), S. 65; vgl. DIEDERICHS, M. (2018), S. 172.

[288] Vgl. KUPSCH, P. (1995), S. 537; vgl. BRAUWEILER, H.-C. (2015), S. 11.

Risikominderung, die auch als aktive Risikohandhabungsstrategien bezeichnet werden.[289] Wirkungsbezogene Maßnahmen hingegen sollen bei Eintreten des Risikos die negativen Folgen einschränken und idealerweise komplett eliminieren.[290] Dies erfolgt im Rahmen der passiven Risikohandhabungsmaßnahmen des Risikotransfers und der Risikovorsorge, die nicht auf die Risikostrukturen einwirken.[291]

Risikoüberwachung

Am Ende des Risikomanagementprozesses steht die Risikoüberwachung. Sie hat die Aufgabe, durch einen Soll-Ist-Vergleich zu gewährleisten, dass die aktuelle Risikolage der gewollten Risikolage und damit den Risikopräferenzen des Unternehmens entspricht.[292] In diesem Zuge umfasst die Risikoüberwachung mehrere Aufgaben: So sind zum einen die Risiken, ihre Risikofaktoren und Veränderungen sowie die Wirkungen der eingeleiteten Maßnahmen zu überwachen und gegebenenfalls anzupassen.[293] Zum anderen soll sie mögliche Schwachstellen im Prozessablauf und der Organisation frühzeitig erkennen und beseitigen.[294] WILDEMANN (2006) fasst die Risikoüberwachung schlüssig zusammen als „(…) Überprüfung der Wirksamkeit, Angemessenheit und Effizienz der ergriffenen Risikomanagement-Maßnahmen einschließlich der entwickelten (…) Strukturen (…).“[295]

2.3.3.3 Integration und organisatorische Verankerung

Der Erfolg des Risikomanagements ist abhängig von der organisatorischen Eingliederung und der klaren Zuordnung der Verantwortlichkeiten.[296] Die Literatur liefert hierzu zwei Grundprinzipien: Einheit von Entscheidung und Verantwortung sowie die Trennung von Entscheidung und Kontrolle.[297] Da Risiken eines Unternehmens in unterschiedlichen organisatorischen Teilbereichen entstehen, die jeweils die Verantwortung für ihr Arbeitsumfeld tragen,[298] lässt sich unter Bezugnahme

289 Vgl. WILDEMANN, H. (2006), S. 151; vgl. DIEDERICHS, M. (2018), S. 172.

290 Vgl. KUPSCH, P. (1995), S. 538; vgl. DIEDERICHS, M. (2018), S. 172.

291 Vgl. WILDEMANN, H. (2006), S. 151; vgl. BRAUWEILER, H.-C. (2015), S. 11; vgl. ELLER, R. et al. (2010), S. 112f.

292 Vgl. EBERT, C. (2013), S. 103; vgl. MIKUS, B. (1998), S. 242.

293 Vgl. APPELFELLER, W./BUCHHOLZ, W. (2011), S. 186; vgl. EBERT, C. (2013), S. 104f.

294 Vgl. WILDEMANN, H. (2006), S. 158; vgl. KRAHE, A. (2010), S. 54.

295 WILDEMANN, H. (2006), S. 158f.

296 Vgl. KUPSCH, P. (1995), S. 541; vgl. BERGENER, R. F. (2006), S. 69.

297 Vgl. BURGER, A./BUCHHART, A. (2002), S. 264.

298 Vgl. DIEDERICHS, M. (2018), S. 205.

auf WILDEMANN (2006) ableiten, dass das gesamtunternehmerische Risikomanagement in einzelne Risikomanagement-Teilsysteme zu zerlegen ist. Diese sind demnach in allen organisatorischen Bereichen zu integrieren und im übergeordnete Risikomanagement-System des Unternehmens zu aggregieren. Dies erhöht die Transparenz zur Risikosituation des Unternehmens bei gleichzeitiger Reduktion der Komplexität durch die Aufteilung auf die Unternehmensbereiche. Die bereichsspezifische Umsetzung der Risikomanagements legt die Verantwortung in die jeweiligen Fachbereiche, die Kontrolle – im Sinne der Anpassung des Risikomanagements an verändernde Anforderungen – ist jedoch Bestandteil des Managements und damit des gesamtunternehmerischen Risikomanagementsystems.[299] Dabei obliegt dem übergreifenden Risikomanagement neben der Koordination der Risikomanagement-Teilsysteme die Aufgabe, die Fachbereiche durch die Vermittlung von Risikomanagementkompetenzen und die Festlegung von standardisierten Prozessabläufen zu unterstützen. Bereichsspezifische Handlungsanweisungen und Schulungen zur Stärkung der Risikomanagementkompetenzen sind dabei ebenso wichtig wie die Festlegung der Risikodokumentation und der Risikoberichterstattung.[300] Ebenso sind die erforderlichen IT-Systeme bereitzustellen.

An dieser Stelle ist festzuhalten, dass unter dem strategischen Ziel der Verteilnetzbetreiber zur Vereinnahmung der Erlösobergrenze und ihrer transaktionsorientierten Beziehung zu den Lieferanten das Risikomanagement mit Supply Chain-Orientierung auszuprägen ist. Da das Risikomanagement Freiraum für Gestaltung bietet, lassen sich die Hauptelemente risikopolitische Grundsätze, Risikomanagementprozess sowie Integration und organisatorische Verankerung speziell für die Problemstellung gestalten.

2.4 Berechtigung und Zielsetzung des strategischen Risikomanagements für Verteilnetzbetreiber

Die Liberalisierung des Energiemarkts hat die Verteilnetzbetreiber als eigenständige Marktrolle ausgeprägt. Aufgrund ihrer Stellung als natürliche Monopole unterliegen sie zur Sicherstellung des Wettbewerbs einer Netzzugangs- und Netzentgeltregulierung, wodurch sie zum einen vermeintlich eingeschränkte Möglichkeiten zur Risikohandhabung beklagen[301] und zum anderen nur eine definierte, auf die Netzentgelte aufgeteilte Erlösobergrenze vereinnahmen dürfen.

[299] Vgl. WILDEMANN, H. (2006), S. 34.

[300] Vgl. ebenda, S. 67f; vgl. DIEDERICHS, M. (2018), S. 205.

[301] Vgl. VKU Verband kommunaler Unternehmen E. V. (Hrsg.) (2015b), S. 3.

Die hohe Anzahl der in den Netzen tätigen Lieferanten und die geringen Margen der Energieanbieter bergen das Risiko von insolvenzbedingten Lieferantenausfällen. Die aufgezeigten volkswirtschaftlichen Schäden sind immens, wobei insbesondere die Verteilnetzbetreiber durch die regulatorischen Vorgaben der nachschüssigen Abrechnung, des Kontrahierungszwangs und damit verbunden auch durch das Insolvenzrecht besonders hohe Forderungsausfälle zu verzeichnen haben.

Die Berechtigung und Dringlichkeit zur Entwicklung eines Risikomanagements an der Stelle der Verteilnetzbetreiber lässt sich somit unter dem strategischen Ziel der Erlössicherung durch das Bestehen des finanzwirtschaftlichen Risikos, das bislang fehlende Risikomanagement und die von den Verteilnetzbetreibern als eingeschränkt empfundenen Möglichkeiten zur Risikohandhabung darlegen. Mit dem Ziel, Forderungsausfälle aus Insolvenzen und Anfechtungen primär zu reduzieren, wird das strategische Risikomanagement der Verteilnetzbetreiber wie folgt definiert:

Das strategische Risikomanagement für Verteilnetzbetreiber im liberalisierten Strommarkt bezeichnet das strategisch an die energiewirtschaftlichen Besonderheiten der Verteilnetzbetreiber-Lieferanten-Beziehung angepasste Risikomanagement, dessen operativer Risikomanagementprozess aus den Phasen der Risikoidentifikation, Risikoanalyse/-bewertung, Risikohandhabung und Risikoüberwachung besteht. Zur Sicherung der Erlöse sind unter dem Ziel der primären Verringerung von Forderungsausfällen aus Insolvenzen und Anfechtungen risikobehaftete Lieferanten und bestehende Anfechtungsgrundlagen frühzeitig zu erkennen und regulierungskonforme Maßnahmen zur Senkung der Eintrittswahrscheinlichkeit und/oder des Ausmaßes einer Lieferanteninsolvenz sowie auch Anfechtung zu ergreifen. Als Risikomanagement-Teilsystem ist es in das gesamtunternehmerische Risikomanagement der Verteilnetzbetreiber zu integrieren.

2.5 Zusammenfassung des theoretischen Bezugsrahmens

Im Zuge der Erarbeitung des theoretischen Bezugsrahmens erfolgte zunächst die Aufbereitung der energiewirtschaftlichen Grundlagen, indem die Liberalisierung des Energiemarkts als Ausgangssituation näher betrachtet wurde. Die Aufbereitung der Historie zeigte die politisch motivierte Überführung des Monopolmarkts in einen Wettbewerbsmarkt auf und ließ die Änderungen in der Kette der Stromversorgung nachvollziehen. Diese weist besondere Spezifika auf, lässt sich aber aufgrund gleicher Merkmale wie Supply Chains im klassischen betriebswirtschaftlichen Verständnis ebenfalls als Supply Chain charakterisieren. Nach Explikation des Supply Chain Managements der Stromversorgung wurden die Rollen der Marktakteure voneinander abgegrenzt und definiert.

Vertiefend dazu wurde die Verteilnetzbetreiber-Lieferanten-Beziehung betrachtet und ihre Schnittstelle in das Supply Chain Management der Stromversorgung eingeordnet. Dies ließ das von der Privatwirtschaft gegensätzliche Rollenverständnis der Lieferanten in der Energiewirtschaft erkennen und die wirtschaftlichen Besonderheiten der Verteilnetzbetreiber-Lieferanten-Beziehung aufzeigen. Abschließend konnten die Merkmale der Strom Supply Chain anhand der Kriterien des transportierten Guts, der Spezifika innerhalb der Supply Chain, des Supply Chain Managements und der Verteilnetzbetreiber-Lieferanten-Beziehung zur Verdeutlichung der Unterschiede zur Privatwirtschaft zusammengefasst werden. Es war festzustellen, dass sich Maßnahmen des Supply Chain Managements auf die Energiewirtschaft übertragen lassen, sofern sie die Betriebsphase betreffen.

Daran anschließend wurde das Risiko aus dem diskriminierungsfreien Netzzugang als Ursache des zu betrachtenden finanzwirtschaftlichen Risikos näher beleuchtet. Es wurde in den Kontext der Supply Chain eingeordnet, um Ursachen und Wirkungen festzustellen. Dem schloss sich eine Spezifizierung des finanzwirtschaftlichen Risikos für die Verteilnetzbetreiber in die Risikoarten des Lieferanteninsolvenzrisikos und Anfechtungsrisikos an.

Zur Verknüpfung der energiewirtschaftlichen Problemstellung mit den spezifischen Supply Chain-Risiken wurden drei konzeptionelle Ansätze zum Risikomanagement in Supply Chains aufgezeigt und der für die Verteilnetzbetreiber-Lieferanten-Beziehung geeignete Ansatz identifiziert. Mit Darlegung der Berechtigung und Zielsetzung des strategischen Risikomanagements für Verteilnetzbetreiber wurde eine Arbeitsdefinition geschaffen.

3 Metamodell zum strategischen Risikomanagement für Verteilnetzbetreiber

Nachfolgend werden die im theoretischen Bezugsrahmen gewonnenen energiewirtschaftlichen und betriebswirtschaftlichen Erkenntnisse miteinander verknüpft und auf Basis realer Risikofaktoren ein Metamodell zum Risikomanagement der Verteilnetzbetreiber modelliert. Das Metamodell schafft die Grundlage zur diskursiven Auseinandersetzung mit Praktikern, woraus sich in einem weiteren Forschungsschritt das theoretisch fundierte und für die Praxis geeignete Modell ableiten lässt.

Der klassische Prozess der Modellbildung geht von einem identifizierten Problembereich aus, der als vereinfachtes Abbild der Realität in einem Modell abgebildet wird.[1] Dadurch werden komplexe Sachverhalte realer Systeme zur zielgerichteten Erklärung und Lösung einer konkreten Problemstellung abstrahiert.[2] Die dazu verwendete Modellierungstechnik wird durch die Metamodellierung beschrieben.[3] Dabei treffen Metamodelle Aussagen auf einer inhaltlich höheren Ebene als Modelle, indem sie eine „(...) formalisierte Beschreibung von Modellen (...)"[4] vornehmen und die Modellbausteine, die Beziehungen und Regeln für die Verknüpfung von Modellbausteinen definieren.[5] Ferner stellt es bei Änderungen innerhalb des dynamischen Bewegungsfelds des liberalisierten Strommarkts den Ausgangspunkt zur Ableitung eines neuen Modells dar.

Abb. 3.1 zeigt das für die vorliegende Arbeit entwickelte Metamodell. Es greift die aus dem theoretischen Bezugsrahmen abgeleitete Struktur des Risikomanagements auf und passt die daraus abgeleiteten Hauptelemente und ihre

---

[1] Vgl. Trier, M. et al. (2013), S. 53; vgl. o. A. (2019), [Stand 06.12.2019].

[2] Vgl. Krallmann, H./Trier, M. (2019), [Stand 06.12.2019].

[3] Vgl. o. A. (2019), [Stand 06.12.2019].

[4] O. A. (2019).

[5] Vgl. Ferstl, O. K./Sinz, E. J. (2013), S. 137.

K. R. Eiselbrecher, *Strategisches Risikomanagement für Verteilnetzbetreiber im liberalisierten Energiemarkt*, https://doi.org/10.1007/978-3-658-31614-3_3

Zusammenhänge an die Spezifika und Besonderheiten der Verteilnetzbetreiber-Lieferanten-Beziehung an.

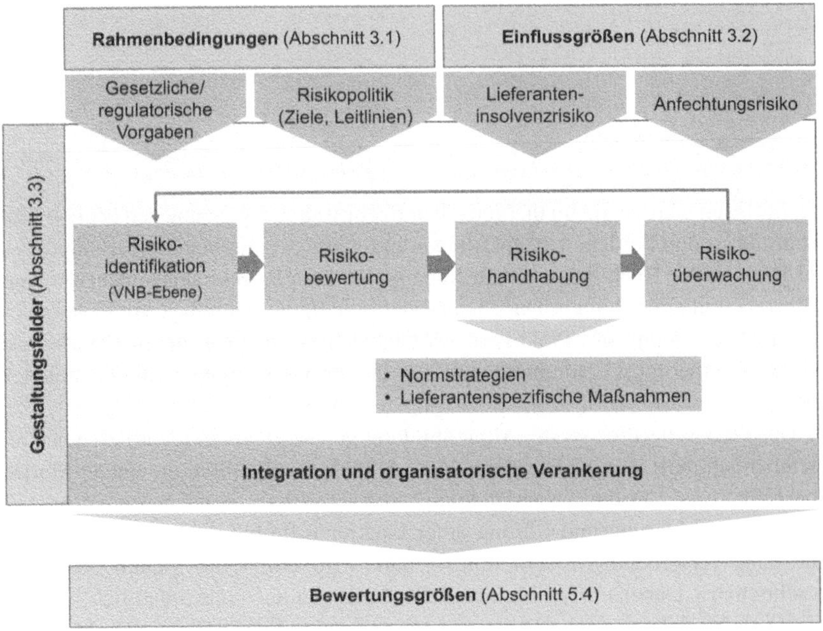

Abb. 3.1 Metamodell zum strategischen Risikomanagement für Verteilnetzbetreiber. (Quelle: Eigene Darstellung)

Das Metamodell untergliedert sich in vier Hauptelemente mit folgenden Inhalten und Zusammenhängen:

Das erste Element legt die Rahmenbedingungen zur Gestaltung und Umsetzung des Risikomanagements im energiewirtschaftlichen Feld der Verteilnetzbetreiber-Lieferanten-Beziehung fest. Sie werden in Abschnitt 3.1 dargestellt.

Das zweite Element definiert mit den Einflussgrößen das Lieferanteninsolvenzrisiko und Anfechtungsrisiko als Determinanten des finanzwirtschaftlichen Risikos der Verteilnetzbetreiber aus der Lieferantenbeziehung. Ihre empirische Untersuchung dient der Selektion insolvenz- und anfechtungsbezogener Risikofaktoren, an welche die Gestaltungsfelder methodisch anzupassen sind. Die Erhebung und Festlegung der Risikofaktoren erfolgen in Abschnitt 3.2.

Das dritte Element umfasst die Gestaltungsfelder. Sie sind unter der Zielsetzung zur Reduzierung des finanzwirtschaftlichen Risikos inhaltlich und methodisch an die Rahmenbedingungen und Einflussgrößen zu adaptieren. Ihre Bearbeitung erfolgt in Abschnitt 3.3.

Das vierte Element formuliert Bewertungsgrößen, die nach Anpassung des Metamodells an die empirisch zu erhebenden Erfahrungen und Kenntnisse der Verteilnetzbetreiber in Abschnitt 5.4 zur Beurteilung des generierten Modells heranzuziehen sind.

3.1 Rahmenbedingungen des Metamodells

Die Einbettung des Risikomanagements in den energiewirtschaftlichen Rahmen erfordert die Definition der zu beachtenden Rahmenbedingungen. Diese leiten sich aus den Besonderheiten des liberalisierten Strommarkts ab und bestimmen durch die gesetzlichen und regulatorischen Vorgaben sowie mittels festzulegender risikopolitischer Grundsätze die Ausprägung der Gestaltungsfelder.

3.1.1 Gesetzliche und regulatorische Vorgaben

Die gesetzlichen und regulatorischen Vorgaben der Verteilnetzbetreiber-Lieferanten-Beziehung begrenzen den Gestaltungsspielraum der Verteilnetzbetreiber im Risikomanagement gegenüber den Stromlieferanten. Im theoretischen Bezugsrahmen konnten dazu die standardisierten Geschäftsprozesse, die Gleichbehandlung der Lieferanten sowie auch das Unbundling und das Insolvenzrecht erkannt werden. Sie haben für das Risikomanagement folgende Bedeutung:

Einheitliche Geschäftsprozesse und Gleichbehandlung der Lieferanten
Im Zusammenhang mit den regulatorisch bindenden Marktregeln zur Abwicklung der Netznutzung wurde bereits festgestellt, dass auch das Risikomanagement einheitlichen Regeln folgen muss. Dies impliziert zum einen die Aufnahme aller Lieferanten – das heißt auch des möglicherweise konzernverbundenen Vertriebs – in das Risikomanagement und zum anderen, dass die Bewertung der Lieferanten und Maßnahmen zur Risikohandhabung nicht von der Höhe der Netzentgeltforderungen

abhängig gemacht werden dürfen. Dies würde in Bezug auf das Lieferanteninsolvenzrisiko dem regulatorisch auferlegten Gleichbehandlungsgrundsatz insofern widersprechen, dass Lieferanten mit geringen Netzentgeltforderungen bei gleichen Verstößen wie Lieferanten mit hohen Forderungen möglicherweise nicht die gleichen Sanktionen erfahren würden. Standarisierte Regeln in der Verteilnetzbetreiber-Lieferanten-Beziehung nehmen auch hinsichtlich des Insolvenzrechts eine wichtige Rolle ein. So zeigte die Vergangenheit, dass beispielsweise ein vehementeres Einfordern von Netzentgelten bei risikobehaftet erscheinenden Lieferanten eine Anfechtung begründen kann.[6] In Bezug auf das Anfechtungsrisiko wäre eine Priorisierung nach der Höhe drohender Forderungsausfälle möglich, da es ausschließlich die Verteilnetzbetreiber betrifft und die Lieferanten beziehungsweise deren Wettbewerb nicht beeinflusst. Dieser Gestaltungsspielraum wird zugunsten klarer Empfehlungen für das Risikomanagement der Praxis aber nicht beachtet.

Wahrung der Vertraulichkeit wirtschaftlich sensibler Daten zu Lieferanten (informatorisches Unbundling)

Im Rahmen der gesellschaftsrechtlichen Trennung von Netz und Vertrieb hat der Gesetzgeber mit § 6a EnWG die Rechtsnorm des informatorischen Unbundlings erlassen. Demnach sind alle Verteilnetzbetreiber dazu verpflichtet, wirtschaftlich sensible Daten der Lieferanten vor einem Zugriff durch andere vertikal integrierte Einheiten zu schützen. Hierzu gehört auch, dass Mitarbeiter ihre beim Verteilnetzbetreiber erlangten Kenntnisse nicht an andere Bereiche weitergeben oder diese beispielsweise im Rahmen einer „Shared-Service-Tätigkeit"[7] nicht für einen anderen Arbeitsbereich nutzen dürfen. Für die bestehenden Geschäftsprozesse wurden bereits eigene Datensysteme geschaffen und die Mitarbeiter zur Einhaltung der Unbundling-Vorgaben verpflichtet. Diese Maßnahmen müssen konsequenterweise auf das Risikomanagement ausgeweitet werden. Dieser Tätigkeitsbereich ist besonders kritisch, da die Kenntnis instabiler Lieferanten zu wettbewerbsverzerrenden Maßnahmen – wie gezielten vertriebliche Werbeaktionen bei Kunden risikobehafteter Lieferanten – führen könnten.

---

[6] Vgl. OBERLANDESGERICHT OLDENBURG (Hrsg.) (2015), S. 36.

[7] In der Energiewirtschaft haben sich sogenannten Shared Service-Einheiten gebildet, die Tätigkeiten wie die Abrechnungen sowohl für den Netzbetreiber als auch für den konzernverbundenen Vertrieb abwickeln.

3.1.2 Risikopolitische Grundsätze

Ausgangspunkt für den Aufbau eines erfolgreichen Risikomanagements ist die Definition der Risikostrategie.[8] Sie beschreibt den Einfluss der Geschäftsstrategie auf das gesamtunternehmerische Risiko und dient der Festlegung der Zielkriterien und Leitlinien zum Umgang mit den Risiken.[9] Die Begrifflichkeit der risikopolitischen Grundsätze fasst für das Metamodell die Risikostrategie mit den daraus resultierenden Zielkriterien und Leitlinien zusammen.

Aus dem theoretischen Bezugsrahmen ging bereits hervor, dass die Verteilnetzbetreiber unter der Aufgabe der Bereitstellung ihrer Netze und dem Kontrahierungszwang einer besonderen Risikosituation unterliegen. Wegen der vorgegebenen Erlösobergrenzen besteht ihr strategisches Ziel aus der Lieferantenbeziehung darin, die Netzentgelte vollständig zu vereinnahmen. Aufgrund der wirtschaftlichen Besonderheiten der Verteilnetzbetreiber-Lieferanten-Beziehung führt aber vor allem die nachschüssige Rechnungsstellung zu der Gefahr unvermeidbarer Forderungsausfälle infolge von Lieferanteninsolvenzen. Da Verteilnetzbetreiber zu einem eigenen Risikomanagement ertüchtigt werden sollen und korrektive Maßnahmen[10] in Form von Versicherungen somit ausgeschlossen sind, besteht ihre Risikostrategie in der Risikoreduzierung.

Damit besteht das Hauptziel des Risikomanagements darin, Forderungsausfälle durch Lieferanteninsolvenzen und Anfechtung zu verringern. Daraus lassen sich als Zielkriterien des Risikomanagements das frühzeitige Erkennen risikobehafteter Lieferanten und anfechtungsgefährdeter Prozesse sowie der Verfügbarkeit adäquater Risikohandhabungsmaßnahmen zuordnen (Abb. 3.2).

---

[8] Vgl. Romeike, F./Hager, P. (2009), S. 167; vgl. Krahe, A. (2010), S. 17.

[9] Vgl. Romeike, F./Hager, P. (2009), S. 171 unter Ergänzung der Zielkriterien.

[10] Vgl. ebenda, S. 160.

Abb. 3.2 Hauptziel und Zielkriterien des strategischen Risikomanagements. (Quelle: Darstellung in Anlehnung an JARAUSCH (2011), S. 104)

Zur Erfüllung des Hauptziels und der Zielkriterien lassen sich die in Abb. 3.3 dargestellten Leitlinien festlegen. Sie dienen als Orientierung und folglich als Unterstützung der Zielerreichung.[11]

Die Leitlinien sind wie folgt definiert:

(1) Bereitstellung aussagekräftiger Informationen

Aussagekräftige Informationen zur Risikosituation stellen eine wichtige Voraussetzung zur Ableitung des Handlungsbedarfs dar. Je früher das finanzwirtschaftliche Risiko und seine Ursachen erkannt werden, desto eher lassen sich Maßnahmen zur Verringerung der Forderungsausfälle einleiten. Um Risiken frühzeitig erkennen und bewerten zu können, ist in das Risikomanagement ein Frühwarnsystem zu integrieren. Entsprechend der Idee der „Schwachen Signale" von ANSOFF (1975) sind dazu als zu beobachtende Eingangsgrößen des Risikomanagements solche Risikofaktoren zu selektieren, die erste Negativtrends erfassen können und dadurch das Eintreten eines Ereignisses ankündigen.[12] Wegen der für Verteilnetzbetreiber spezifischen Bewertung sind Bonitätsauskünfte von Auskunfteien nicht in die direkte Bewertung des Lieferanteninsolvenzrisikos einzubeziehen. Die fehlende Kenntnis der von den Auskunfteien zur Bewertung genutzten Daten birgt die Gefahr der Doppelbetrachtung von Risikofaktoren, weshalb die Auskünfte nur als ergänzende Vergleichsgröße

[11] Vgl. DIEDERICHS, M. (2018), S. 14f.

[12] Vgl. vertiefend dazu ANSOFF, H. I. (1975).

heranzuziehen sind. Ferner sollen sie durch ihren Vergangenheitsbezug den Vorteil der teilweise sogar zukunftsbezogenen verteilnetzbetreibereigenen Daten (vgl. Abschnitt 2.1.3, Anmeldung der Kunden zur Netznutzung) nicht beeinträchtigen.

(2) Schaffung von Transparenz zur Risikosituation der Lieferanten und Prozesse

Leitlinien	1	Bereitstellung aussagekräftiger Informationen
	2	Schaffung von Transparenz zur Risikosituation der Lieferanten und Prozesse
	3	Risikoorientierung durch klare Richtlinien
	4	Leichte Anwendbarkeit
	5	Integration mit wenig Aufwand

Abb. 3.3 Leitlinien des Metamodells. (Quelle: Eigene Darstellung)

Die Transparenz der Risikosituation erfordert neben aktuellen Daten zu Lieferanten und internen Prozessabläufen eine kontinuierliche und nachvollziehbare Bewertung des finanzwirtschaftlichen Risikos nach einheitlichen Maßstäben. Zur Deduktion von spezifischen Maßnahmen zur Steuerung des Lieferanteninsolvenzrisikos und des Anfechtungsrisikos sind diese Risikoarten jeweils getrennt zu bewerten und zum finanzwirtschaftlichen Risiko zusammenzuführen. Eine Einteilung der Lieferanten nach Risikotypen des Lieferanteninsolvenzrisikos, Anfechtungsrisikos und finanzwirtschaftlichen Risikos unterstützt die Priorisierung der Handlungserfordernisse.

(3) Risikoorientierung durch klare Richtlinien

Das frühzeitige und gezielte Eingreifen erfordert Richtlinien zur Risikohandhabung. Dazu sind den relevanten Risikofaktoren aber auch Risikoarten Eingriffsgrenzen zuzuordnen und Maßnahmen zur Reduzierung des finanzwirtschaftlichen Risikos zur Verfügung zu stellen, die den Rahmenbedingungen und Einflussgrößen gerecht werden. Neben klaren Berichtswegen zur Kommunikation des lieferantenspezifischen Risikostatus an die Entscheidungsträger stellt dies eine wesentliche Voraussetzung zur rechtzeitigen und zielgerichteten Risikohandhabung dar.

(4) Leichte Anwendbarkeit

Das Risikomanagement stellt eine neue Aufgabe in der Abwicklung der Netznutzung dar. Aufgrund der bislang fehlenden Erfahrung, der zusätzlichen Arbeitsbelastung sowie auch zum Abbau von Berührungsängsten ist bei der Ausprägung der Gestaltungsfelder auf eine geringe Komplexität der einzelnen Prozesse und möglichst umfangreiche IT-Unterstützung zu achten. Die einzelnen Prozessphasen sind bevorzugt mit leicht zu erlernenden, nicht zu zeitintensiven Methoden auszustatten.[13]

(5) Integration mit wenig Aufwand

Die Integration eines neuen Systems ist stets mit der Frage des Aufwands zur Einführung als auch zur Umsetzung verbunden. Damit die Implementierungsaufwände aus Kosten- und Ressourcensicht nicht von einer Einführung abhalten, ist zur Integration des Risikomanagements „(…) nach pragmatischen Lösungsansätzen zu suchen, die sich in bestehende Systeme integrieren lassen."[14] Um durch einen direkten Zugriff auf die erforderlichen Informationen Schnittstellen zu vermeiden und das Risikomanagement gleichzeitig auch zur Sensibilisierung der Mitarbeiter für Prozessverbesserungen zu nutzen, ist es in demjenigen Fachbereich zu implementieren, der die Verantwortung für seine Tätigkeit trägt.[15]

Die Leitlinien lassen erkennen, dass mit ihrer Umsetzung durch das Risikomanagement weitere Nebenziele wie Prozessoptimierungen und die Stärkung des Risikobewusstseins erreicht werden können. Durch den steigenden Informationsstand über Lieferanten und Prozesse treten damit anstelle von Ad-hoc-Entscheidungen konzertierte Aktionen.

3.2 Einflussgrößen des Metamodells

Die Einflussgrößen des Metamodells unterteilen sich in das Lieferanteninsolvenzrisiko und Anfechtungsrisiko. Um das Risikomanagement entsprechend der Zielsetzungen und Leitlinien gestalten zu können, sind ihre determinierenden Risikofaktoren empirisch zu erheben und ihre Aufnahme in das Risikomanagement zu begründen.

In der Theorie zum Risikomanagement wird dieser Schritt der Phase der Risikoidentifikation zugeordnet.[16] Um in dieser Terminologie zu bleiben und das im Rahmen der Umsetzung erforderliche tatsächliche Erkennen der festgelegten Risikofaktoren klar abgrenzen zu können, wird die Erhebung der möglichen

---

[13] In Anlehnung an SCHNECK, O. (2010), S. 247.

[14] HECK, M. (2003), S. 82.

[15] Abgeleitet aus BURGER, A./BUCHHART, A. (2002), S. 264.

[16] Vgl. BUDERATH, H./AMLING, T. (2000), S. 142; vgl. DIEDERICHS, M. (2018), S. 92.

Risikofaktoren und damit auch die folgende empirische Untersuchung als „Risikoidentifikation auf Marktebene" bezeichnet. Diese endet nach einer kritischen Würdigung der Analyseergebnisse mit der Selektion der metamodellrelevanten Risikofaktoren.

3.2.1 Forschungsdesign und Durchführung der empirischen Analyse

Zur Nachvollziehbarkeit des Forschungsprozesses[17] und Beurteilung der Qualität der Forschungsergebnisse[18] wird das Forschungsdesign im direkten Zusammenhang mit der Durchführung der Analyse beschrieben.

3.2.1.1 Zielsetzung und methodisches Vorgehen

Der empirischen Untersuchung der Risikofaktoren liegen als Zielsetzung die in Abb. 3.4 aufgezeigten zwei Forschungsfragen zugrunde. Sie sind zur Strukturierung des Analysevorgangs in die Bereiche des Lieferanteninsolvenzrisikos und Anfechtungsrisikos unterteilt.

Forschungsfragen

1. Lieferanteninsolvenzrisiko

Welche Risikofaktoren treten im Vorfeld der Insolvenz auf?

mit folgenden Subfragen zur Charakterisierung:

a) Warum treten die Risikofaktoren auf beziehungsweise was macht sie zu Risikofaktoren?

b) Treten die Risikofaktoren in einer bestimmten zeitlichen Reihenfolge auf?

2. Anfechtungsrisiko

Was sind die Risikofaktoren, die eine Anfechtung im Insolvenzfall begünstigen?

mit folgender Subfrage zur Charakterisierung:

a) Warum treten die Risikofaktoren auf beziehungsweise was macht sie zu Risikofaktoren?

Abb. 3.4 Forschungsfragen zur empirischen Untersuchung der Einflussgrößen. (Quelle: Eigene Darstellung)

[17] Vgl. Mayring, P. (2016), S. 144f.

[18] Vgl. ebenda, S. 140.

Die übergeordnete Forschungsfrage zur Identifikation von Risikofaktoren wird je Risikoart durch die Subfrage zur Begründung der Risikofaktoren konkretisiert. Zur Analyse eines möglichen Musters in der Entwicklung von der Krise bis zur Insolvenz eines Lieferanten ist für das Lieferanteninsolvenzrisiko zusätzlich die Frage nach einer Reihenfolge im Auftreten der Risikofaktoren zu beantworten.

Die Forschungsfragen zeichnen sich durch ihren explorativen Charakter aus, wofür nach KELLE/KLUGE (2010) die qualitative Forschungsstrategie heranzuziehen ist.[19] Qualitative Forschung hat den Anspruch zur „(...) Entdeckung, Beschreibung und Systematisierung (...)“[20] von bislang unerforschten Sachverhalten.[21] Dazu ist der Forschungsgegenstand „(...) von innen heraus (...)“[22] zu verstehen und die Theorie aus der Realität herauszuarbeiten.[23] Anstelle standardisierter Analyseverfahren wie sie quantitative Untersuchungen nutzen, muss dazu aber eine große Offenheit des Forschers/der Forscherin treten.[24]

Als Basisdesign wurden entsprechend FLICK (2011) „retrospektive Studien“ gewählt. Durch die Rekonstruktion aussagekräftiger Einzelfälle lässt es die besten Informationen zur Beantwortung der Forschungsfragen erwarten.[25] Mit dem zugeordneten Untersuchungsgegenstand bereits eingetretener Insolvenzen und Anfechtungen wird damit auch der Empfehlung der Risikomanagementforschung gefolgt, „(...) natürlich die schmerzlichen Erfahrungen der Vergangenheit (...)“[26] als wichtige Quelle zur Risikoidentifikation einzubeziehen. Der Kritik, dass eine Verallgemeinerung der abgeleiteten Thesen durch Fallanalysen schwierig sei,[27] wird entgegengehalten, dass Insolvenzen und Anfechtungen immer vom Einzelfall abhängen und in der vorliegenden Untersuchung primär nach möglichen Risikofaktoren gesucht wird und nicht nach einer Generalisierung immer (miteinander) auftretender Risikofaktoren.

---

[19] Vgl. KELLE, U./KLUGE, S. (2010), S. 31.

[20] Ebenda, S. 10.

[21] Vgl. FLICK, U. et al. (2012), S. 25.

[22] Ebenda, S. 14.

[23] Vgl. LETTAU, A./BREUER, F. (o. J.), S. 5.

[24] Vgl. FLICK, U. et al. (2012), S. 23; vgl. MAYRING, P. (2016), S. 27f.

[25] Vgl. FLICK, U. (2011), S. 180.

[26] ETTERER, W. (2008), S. 198.

[27] Vgl. FLICK, U. (2011), S. 187.

3.2.1.2 Datenerhebung und Abschlusskriterium der Untersuchung

Da die qualitative Forschung wegen des hohen Analyseaufwands mit kleinen Stichproben arbeitet,[28] werden zur Sicherstellung der Aussagekraft qualitativer Forschungsergebnisse die zu untersuchenden Fälle gezielt nach ihrem Beitrag zur Beantwortung der Forschungsfragen ausgewählt.[29] Die Datenerhebung zur Beantwortung der vorliegenden Forschungsfragen kombinierte unterschiedliche Samplingstrategien: Unter der Grundgesamtheit eingetretener Lieferanteninsolvenzen und Anfechtungen wurden als Stichprobe diejenigen Fälle ausgewählt, zu denen Daten in einer hohen Qualität zugänglich waren. Als Qualitätskriterien wurden die Authentizität (unverfälschte Inhalte), Glaubwürdigkeit (fehlerfreie Inhalte), Repräsentativität und Bedeutung (Bezug zu den Forschungsfragen) der Informationen festgelegt.[30] Ferner orientiert sich die Fallauswahl am Grundsatz des Theoretical Sampling.[31] So wurden als erste Fälle die einschneidenden Insolvenzen der TELDAFAX ENERGY GMBH (Strom- und Gaslieferant) und FLEXSTROM AG (Stromlieferant) festgelegt. Die empirische Analyse wurde allerdings bis zum definierten Endzeitpunkt der Datenaufnahme Ende des Jahres 2018 offengehalten, um neu eintretende Insolvenzen und Anfechtung bei geeignetem Informationsgehalt in die Analyse einbeziehen zu können. Dadurch konnte der Energielieferant CARE-ENERGY AG Teil der Empirie werden.

In der Konsequenz der Samplingkriterien waren die Lieferanteninsolvenzen wie der ENERGEN SÜD EG, PROKON REGENERATIVE ENERGIEN GMBH, INNOWATIO, BAYERISCHE ENERGIEVERSORGUNGSGESELLSCHAFT MBH etc. nicht Teil der Stichprobe. Die verfügbaren Daten bestanden nur aus Medienberichten zum Eintreten der Insolvenz. Durch den unklaren Wahrheitsgehalt war hier daher die Gefahr zu groß, die Qualität der Analyseergebnisse zu gefährden. Ferner sind nach derzeitigem Kenntnisstand auch keine insolvenzrechtlichen Anfechtungen erfolgt.

Abb. 3.5 zeigt die verwendete Datengrundlage in der Reihenfolge ihrer Analyse:

[28] Vgl. KELLE, U./KLUGE, S. (2010), S. 109; vgl. LETTAU, A./BREUER, F. (o. J.), S. 5.

[29] Vgl. KELLE, U./KLUGE, S. (2010), S. 43; vgl. PRZYBORSKI, A./WOHLRAB- SAHR, M. (2014), S. 178.

[30] Vgl. SCOTT, J. (1990), S. 6.

[31] Vgl. PRZYBORSKI, A./WOHLRAB-SAHR, M. (2014), S. 181f.

Lfd. Nr./ Reihenfolge Auswertung	Datengrundlage zur empirischen Untersuchung der Einflussgrößen
1	FLAUGER, J./IWERSEN, S. (2014): Die große Strom-Abzocke – Der Teldafax-Skandal und was Verbraucher daraus lernen können, Berlin 2014.
2	JHERING, G. VON (2013): Schreiben WHITE & CASE LLP „Inanspruchnahme wegen Insolvenzanfechtung TelDaFax ENERGY GmbH" an einen Verteilnetzbetreiber vom 12.08.2013, Hamburg 2013.
3	JHERING, G. VON (2013): Klage WHITE & CASE LLP zur Insolvenzanfechtung TelDaFax ENERGY GmbH gegen einen Verteilnetzbetreiber vom 19.11.2013, Hamburg 2013.
4	JHERING, G. VON (2014): Schriftsatz WHITE & CASE LLP wegen Insolvenzanfechtung TelDaFax ENERGY GmbH gegen einen Verteilnetzbetreiber vom 15.04.2014, Hamburg 2014.
5	RISSMANN, C. (2015): Schreiben mit Klageentwurf der BOGRAKOS RECHTSANWÄLTE wegen Insolvenzanfechtung FlexStrom AG an einen Verteilnetzbetreiber vom 04.06.2015, Berlin 2015.
6	WHITE & CASE LLP (Hrsg.) (2017): Workshop: TelDaFax die Dritte? – Die Insolvenz von Care-Energy und die Folgen vom 27.04.2017 (Mitschrift der Verfasserin), Düsseldorf 2017.
7	BUNDESNETZAGENTUR FÜR ELEKTRIZITÄT, GAS, TELEKOMMUNIKATION, POST UND EISENBAHNEN (Hrsg.) (2016): Beschluss Az.: BK6-16-058 – Aufsichtsverfahren gemäß §§ 65, 5 Energiewirtschaftsgesetz (EnWG) gegen die Care-Energy AG vom 28.06.2016, Bonn 2016.

Abb. 3.5 Datengrundlage zur empirischen Untersuchung der Einflussgrößen. (Quelle: Eigene Darstellung)

Aufgrund der hohen Bedeutung der Datenqualität wird die verwendete Datengrundlage kurz charakterisiert:

Die erste Quelle stellt eine Publikation der HANDELSBLATT-Redakteure FLAUGER/IWERSEN dar, die intensiv über die Entwicklung der TELDAFAX ENERGY GMBH berichteten (Nr. 1).[32] Ihr Buch fasst im Wesentlichen die im HANDELSBLATT veröffentlichten Artikel zusammen, mit denen sie schon weit vor der Insolvenzanmeldung auf einen Mangel an Seriosität des Unternehmens hinwiesen. Durch die Chronik von TELDAFAX-Firmengründungen bis zur Insolvenz der TELDAFAX ENERGY GMBH wird eine ganzheitliche Betrachtung dieses Unternehmens möglich. Ferner wird die Entwicklung und Insolvenz der FLEXSTROM AG kurz aufgegriffen. Dass die Autoren des Buches zu den preisgekrönten Journalisten der HANDELSBLATT MEDIA GROUP zählen[33] und die in ihrem Buch aufbereiteten Medienberichte nicht angezweifelte Teile der Anfechtungsschriften beziehungsweise auch den damit verbundenen Gerichtsverhandlungen waren, begründet die Annahme einer hohen Qualität dieser Veröffentlichung.

[32] Vgl. hierzu HANDELSBLATT ONLINE (Hrsg.) (2015), [Stand 05.12.2019].

[33] Vgl. HANDELSBLATT MEDIA GROUP (Hrsg.) (2019), [Stand 05.12.2019].

Die Quellen 2 bis 5 stellen Dokumente im Rahmen der insolvenzrechtlichen Anfechtungen der TELDAFAX ENERGY GMBH und FLEXSTROM AG gegenüber einem Verteilnetzbetreiber dar. Anfechtungsschreiben der TELDAFAX ENERGY GMBH (Nr. 2) wurden Verbandsinformationen zufolge „(...) nahezu inhaltsgleich[ ] (...)“[34] und an rund 400 Verteilnetzbetreiber[35] verschickt. Dabei bedeutet „nahezu inhaltsgleich“, dass die Dokumente eine große Übereinstimmung an Risikofaktoren annehmen lassen, aber je nach Einzelfall eine unterschiedliche Anzahl beinhalten können. Von einer ebenfalls weitgehenden Inhaltsgleichheit kann auch bei der Anfechtung der FLEXSTROM AG (Nr. 5) ausgegangen werden. Darauf deutet neben der Bezeichnung „Klageentwurf“ auch ein fragmentarischer Abgleich mit einer Anfechtungsschrift eines anderen Verteilnetzbetreibers hin. Die mit der insolvenzrechtlichen Anfechtung verbundene Anforderung zum Nachweis des Insolvenzeintritts und anfechtungsrelevanter Indizien lässt durch die juristische Aufbereitung[36] und in Vorbereitung auf eine gerichtliche Auseinandersetzung von qualitativ hochwertigen Dokumenten ausgehen.

Aus nahezu gleichen Gründen wurde auch die Qualität der Mitschrift aus dem Workshop der Kanzlei WHITE & CASE LLP[37] als hoch eingestuft (Nr. 6). So gab die mit der Insolvenzabwicklung der TELDAFAX ENERGY GMBH beauftragte Kanzlei Einblick in die Vorgehensweise der Insolvenzverwalter, informierte über die TELDAFAX ENERGY GMBH und CARE-ENERGY AG und gab Hinweise zu möglichen Indizien, die eine Anfechtung begründen.

Letztlich wurde das Aufsichtsverfahren der BNetzA gegen die CARE-ENERGY AG (Nr. 7) ausgewählt, das durch die Prüfung der wirtschaftlichen Leistungsfähigkeit und Zuverlässigkeit durch die BNetzA relevante Ansatzpunkte zur Lieferantenbewertung aus der energiewirtschaftlichen Perspektive der obersten Regulierungsbehörde erwarten ließ. Das Auskunftsverlangen wurde entsprechend der Definition der bereits eingetretenen Insolvenz erst nach dem Insolvenzantrag in die Analyse der Risikofaktoren einer Insolvenz aufgenommen. So konnte davon ausgegangen werden, dass die für die BNetzA bedeutenden Aspekte auch Risikofaktoren einer Insolvenz sein können.

---

[34] WESCHE, C./KOCH, M. (2012) und Abhängigkeit von der Anfechtungsnorm.

[35] Vgl. Experteninterview mit einer in die TelDaFax Energy GmbH involvierten Juristin zum Prozessrecht.

[36] In diesem Zusammenhang weist MAYRING, P. (2016), S. 47 auf die Vorteile von Dokumenten in der qualitativen Datenanalyse hin. Diese reduzieren die Fehlerquellen in der Datenerhebung, indem sie bereits aufbereitete Daten umfassen.

[37] White & Case LLP ist mit der Insolvenzverwaltung der TelDaFax ENERGY GmbH und FlexStrom AG beauftragt.

Die Datenquellen 2 bis 6 wurden von den betroffenen Parteien zur Verwendung in dieser Arbeit freigegeben, alle anderen Daten stammen aus öffentlich zugänglichen Quellen.

3.2.1.3 Datenanalyse und Theoriebildung

Die Datenanalyse folgte dem Verfahren der analytischen Induktion. Als „(...) eine Methode systematisierter Ereignisinterpretation, die sowohl den Prozeß der *Genese* [Hervorhebung im Original] wie auch der *Prüfung* [Hervorhebung im Original] von Hypothesen umfaßt (...)“[38], baut sie bewusst auf dem Vorwissen des Forschers auf.[39] Die Eigenschaft der analytischen Induktion, sich über die Bildung von Hypothesen permanent selbst zu kontrollieren,[40] war ein wichtiges Kriterium für die vorliegende Untersuchung. Bedingt durch den enormen Umfang von mehreren Hundert Seiten an auszuwertenden Daten war keine Analyse durch einen zweiten unabhängigen Forscher möglich. Das Defizit der fehlenden Intercoder Reliability, welche die Ergebnisse durch einen zweiten unabhängigen Analysten überprüfbar macht,[41] ist somit durch das Analyseverfahren zumindest annähernd kompensiert.

Die Analyse folgte dem Ablaufmuster von BÜHLER-NIEDERBERGER (1985)[42] und wurde für das Lieferanteninsolvenzrisiko und Anfechtungsrisiko getrennt durchgeführt. Die einzelnen Schritte waren:

1. Formulieren einer Anfangshypothese für das Lieferanteninsolvenzrisiko und das Anfechtungsrisiko:[43]
    - Anfangshypothese zum Lieferanteninsolvenzrisiko (Forschungsfrage 1): *Bei Auftreten eines Zahlungsverzugs und/oder eines Verkaufsbestrebens wird eine Insolvenz wahrscheinlich.*
    - Anfangshypothese zum Anfechtungsrisiko (Forschungsfrage 2): *Mit der Nachweisbarkeit eines Druckaufbaus zur Zahlung ist eine insolvenzrechtliche Anfechtung wahrscheinlich.*

[38] BÜHLER-NIEDERBERGER, D. (1985), S. 476.

[39] Abgeleitet aus ebenda, S. 478.

[40] Vgl. FLICK, U. (1994), S. 109.

[41] Vgl. MOUTER, N./NOORDEGRAAD, V. (2012), S. 1.

[42] Vgl. BÜHLER-NIEDERBERGER, D. (1985), S. 478.

[43] Aus Gründen der Übersichtlichkeit in der Darstellung der Analyseergebnisse wird die Anfangshypothese nur für die übergeordneten Forschungsfragen formuliert.

2. Ausgehend von der Anfangshypothese iterative Prüfung der vorliegenden Dokumente in der in Abb. 3.5 dargestellten Reihenfolge auf Übereinstimmung und Abweichung mit der Anfangshypothese.[44]
3. Bei Neuentdeckungen von Risikofaktoren Erweiterung der Hypothese, bei Abweichungen[45] Umformulierung der Hypothese.
4. Auf Grundlage der neuen Hypothese Fortführung der Analyse bis alle verfügbaren Dokumente ausgewertet waren.

Die Umsetzung der aufgezeigten Schritte erfolgte unter Anwendung der Software ATLAS.TI, eines Computerprogramms zur qualitativen Datenanalyse. Die Nutzung der Software brachte die Vorteile der Strukturierung und lückenlosen Dokumentation des Analyseablaufs (Verfassen von Memos innerhalb ATLAS.TI) sowie eine erleichterte Kodierung und Theoriebildung der zur qualitativen Auswertung hinterlegten Texte. Mit Abb. 3.6 lässt sich der Analysevorgang transparent darstellen:

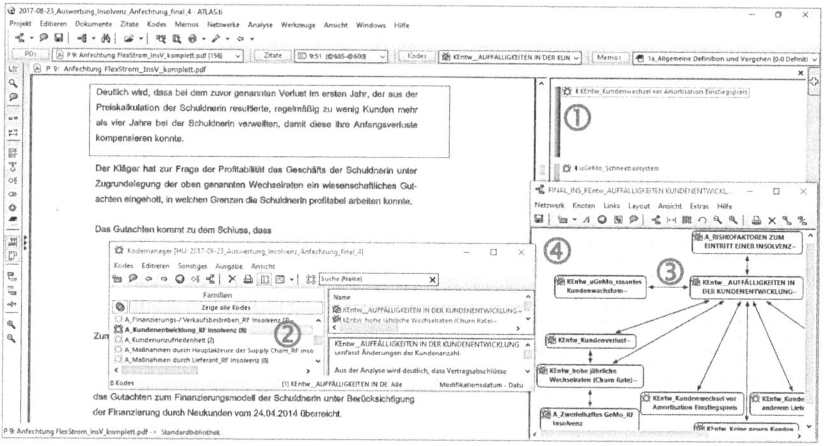

Abb. 3.6 Umsetzung der Datenanalyse mit ATLAS.TI. (Quelle: Eigene Darstellung)

Entsprechend der Vorgehensweise der qualitativen Datenanalyse wurde das Textmaterial kodiert.[46] Dazu wurden die in Abb. 3.5 erfassten Dokumente und

[44] Für das Anfechtungsrisiko wurde das letzte Dokument auf Grund des fehlenden Bezugs zur Anfechtung nicht ausgewertet.

[45] Diese beinhalten auch die Verschmelzung von Risikofaktoren zu einem neuen Risikofaktor.

[46] Vgl. vertiefend dazu FLICK, U. (2011), S. 386ff.

Datengrundlagen in der aufgelisteten Reihenfolge Zeile für Zeile nach wichtigen Aussagen zum Phänomen geprüft. Die relevanten Textstellen wurden mit Kodes gekennzeichnet (①). Diese bestehen aus einem Wort oder einer kurzen Phrase und dienen dazu, die Daten zur Entwicklung der Theorie zu abstrahieren.[47] Ähnliche Kodes wurden zu einer Kategorie zusammengefasst, woraus sich die Risikoindikatoren und letztlich durch Taxonomiebildung auch die Risikofaktoren einer Insolvenz und Anfechtung ableiteten (②). In diesem Zusammenhang wurden die Risikofaktoren in ihrer Bedeutung auch definiert und erhielten zur besseren Übersicht den Zusatz „A_" bei Risikofaktoren einer Insolvenz und ein „B_" bei Risikofaktoren einer Anfechtung. Um Abhängigkeiten der Risikoindikatoren und Risikofaktoren erkennen zu können, wurden nach der Kodierung Relationen zwischen den einzelnen Kodes und Kategorien hergestellt (③). Diese wurden durch Netzwerkansichten visualisiert (④), um im Rahmen der Theoriebildung (Endhypothese) die Risikofaktoren leichter und auch nachvollziehbarer interpretieren zu können.

Für Datenquelle 1 (Abb. 3.5) wurde eine Longitudinalanalyse zur Feststellung der Reihenfolge im Auftreten der Risikofaktoren vorgenommen. Hierzu wurden die relevanten Ereignisse – soweit möglich – mit ihrem monatsgenauen Ereignisdatum kodiert und einer aus der Jahreszahl gebildeten Kategorie zugeordnet.

3.2.1.4 Ergebnisse der Analyse

Nach Beendigung der Kodierung und Kategorisierung lagen insgesamt 21 Risikofaktoren einer Insolvenz und 18 Risikofaktoren einer Anfechtung vor. Im Rahmen der Beantwortung der Forschungsfragen werden sie nachfolgend aufgezeigt und eine interpretative Begründung zur Relevanz als Risikofaktoren gegeben. Aus Gründen der Vereinfachung zur Modellierung wird dabei auf eine ausführliche Darstellung der die Risikofaktoren bildenden Risikoindikatoren verzichtet und nur an je einem Beispiel zur Insolvenz und Anfechtung transparent gemacht. Entsprechend der Vorgehensweise der analytischen Induktion erfolgt die Darstellung der Forschungsergebnisse im Zusammenhang mit einer Endhypothese.

Beantwortung der Forschungsfragen

- Forschungsfrage 1: Lieferanteninsolvenzrisiko

Welche Risikofaktoren treten im Vorfeld der Insolvenz auf?

---

[47] Vgl. FLICK, U. (2011), S. 388.

Insgesamt ließen sich 21 Risikofaktoren einer Insolvenz erheben. Sie sind zur besseren Übersicht und gleichzeitigen Beantwortung der Forschungsfrage 1a nach ihrer Begründung als Risikofaktoren in Abb. 3.7 dargestellt:

Nr.	Risikofaktoren Insolvenz	Begründung
1	Anzeigen und Rechtstreitigkeiten gegen Lieferanten	Zeigen juristisch bedenkliches Verhalten des Lieferanten
2	Auffälligkeiten früherer Unternehmen	Auftreten im neuen Unternehmen wieder möglich
3	Auffälligkeiten zu verbundenen Unternehmen	Ermöglichen Verschleierungen
4	Auffälligkeiten im Marketing	Können auf finanzielle Engpässe hindeuten
5	Beschwerden bei der BNetzA	Oberste Instanz wird nur bei erheblichen Bedenken einbezogen
6	Fehlende Einhaltung regulatorischer Vorschriften	Deuten entweder auf fehlende Kenntnisse oder ein bewusstes „Andeuten" einer Zahlung (REMADV ohne Zahlung) hin
7	Finanzierungs-/Verkaufsbestreben	Möglicher Hinweis auf Liquiditätsengpass
8	Auffälligkeiten in der Kundenentwicklung	Können u. a. durch Wechselquoten die Amortisation der Anfangspreise abschätzen lassen
9	Auffälligkeiten in der Unternehmensführung	Sitzverlegungen, Wechsel der Geschäftsführung deuten auf Unruhe im Unternehmen hin
10	Negativmerkmale der Geschäftsführung	Lassen Zweifel an Zuverlässigkeit zu
11	Eskalationsmaßnahmen durch Hauptakteure der Supply Chain	Erfolgen erst bei sehr großen Problemen (Ermittlung BNetzA; Kündigung Bilanzkreis)
12	Eskalationsmaßnahmen durch Nebenakteure der Supply Chain	Auslisten aus Vertriebsportalen deuten auf hohe Anzahl Kundenbeschwerden hin
13	Eskalationsmaßnahmen durch Lieferant	Gegenberichterstattung erfolgt möglicherweise um den Schein/das Image zu wahren
14	Negative Merkmale im Zahlungsverkehr	Fehlende oder unregelmäßige Zahlungen möglicherweise wegen finanziellen Engpässen
15	Fragliches Geschäftsgebaren	Gegenüber den Verteilnetzbetreibern (Erreichbarkeiten) als auch gegenüber den Kunden (fehlende Guthabenauszahlung) kritisch
16	Kundenunzufriedenheit	Resultiert meist aus unseriösem Verhalten
17	Veröffentlichungen in Medien	Bei positiven als auch negativen Berichten ist die Qualität der Quelle von Bedeutung
18	Wirtschaftlichen Lage	Insolvenzantrag; Jahresabschluss
19	Auffälligkeiten beauftragter Wirtschaftsprüfer	Mandatsniederlegung und fehlende Abschlüsse sind auf Grund der Haftung der Prüfer äußerst kritisch
20	Zweifelhaftes Geschäftsmodell	Sicheres Scheitern von Schneeballsystemen
21	Unwirtschaftliche Tarifstruktur	Führt zur wirtschaftlichen Schieflage

Nr.	Risikoindikatoren
8a	*Hohe jährliche Wechselraten*
8b	*Hohe Wechselquote nach 1. Jahr*
8c	*Keine Neukunden mehr*
8d	*Kundentransfer zu anderem Lieferanten*
8e	*Kundenabnahme*
8f	*Kundenzunahme*

Abb. 3.7 Risikofaktoren Insolvenz und Begründung. (Quelle: Eigene Darstellung)

Wie Abb. 3.7 zeigt, ist jeder Risikofaktor hinsichtlich seiner Einstufung als Gefahr charakterisierbar. Ferner wird neben der Interpretation der identifizierten Faktoren erkennbar, dass sich der Risikofaktor *Kundenentwicklung* (8) aus den Risikoindikatoren *hohe jährliche Wechselraten, hohe Wechselquoten nach dem ersten Vertragsjahr, kein Zugewinn an Neukunden, Kundentransfer zu einem anderen Lieferanten, Kundenabnahme* und *Kundenzunahme* gebildet hat. Die Risikoindikatoren haben ihren Ursprung in den Kodes.

Die von der Vorgehensweise der analytischen Induktion geforderte Endhypothese hinsichtlich möglicher Risikofaktoren im Vorfeld einer Insolvenz lautet unter einer „und/oder-Verknüpfung" der Risikofaktoren:

Bei Auftreten von (1) Anzeigen und Rechtstreitigkeiten gegen Lieferanten, (2) Auffälligkeiten früherer Unternehmen, (3) Auffälligkeiten zu verbundenen Unternehmen, (4) Auffälligkeiten im Marketing, (5) Beschwerden bei der BNetzA, (6) fehlender Einhaltung regulatorischer Vorschriften, (7) Finanzierungs-/Verkaufsbestreben, (8) Auffälligkeiten in der Kundenentwicklung, (9) Auffälligkeiten in der Unternehmensführung, (10) Negativmerkmalen der Geschäftsführung, (11) Eskalationsmaßnahmen durch Haupakteure der Supply Chain, (12) Eskalationsmaßnahmen durch Nebenakteure der Supply Chain, (13) Eskalationsmaßnahmen durch Lieferant, (14) negativen Merkmalen im Zahlungsverkehr, (15) fraglichem Geschäftsgebaren, (16) Kundenunzufriedenheit, (17) Veröffentlichungen in Medien, (18) Auffälligkeiten zur wirtschaftlichen Lage, (19) Auffälligkeiten beauftragter Wirtschaftsprüfer, (20) zweifelhaftem Geschäftsmodell, (21) unwirtschaftlicher Tarifstruktur wird eine Insolvenz wahrscheinlich.

In Bezug auf Subfrage 1b zu einer zeitlichen Reihenfolge im Auftreten der Risikofaktoren im Vorfeld einer Insolvenz ließ die Analyse keine zeitliche Reihenfolge erkennen. Dies ist damit zu begründen, dass der „erwartete" Kreislauf durch unseriöses Geschäftsgebaren unterbrochen wird. So senkte beispielsweise die TELDAFAX ENERGY GMBH trotz finanzieller Engpässe weiterhin die Preise, wodurch sie zwar neue Kunden gewinnen konnte, aber die Liquidität durch unterdeckte Verträge weiter verschlechterte. Diese Interpretation wird gestützt durch ein Experteninterview mit einer in die TELDAFAX ENERGY GMBH involvierten Juristin zum Prozessrecht. Auch sie schloss eine zeitliche Reihenfolge aus. Damit lässt sich feststellen, dass die Reihenfolge des Auftretens der Risikofaktoren keinen Einfluss auf die Wahrscheinlichkeit eines Insolvenzeintritts hat.

- **Forschungsfrage 2: Anfechtungsrisiko**

Was sind die Risikofaktoren, die eine Anfechtung im Insolvenzfall begünstigen?

Insgesamt ließen sich 18 Risikofaktoren erheben, die eine Anfechtung fördern können. Sie sind zur besseren Übersicht und gleichzeitigen Beantwortung der Forschungsfrage 2a nach ihrer Begründung als Risikofaktoren in Abb. 3.8 dargestellt.

Wie Abb. 3.8 zeigt, unterliegen alle 18 identifizierten Indizien, die von den Insolvenzverwaltungen zur Begründung der Anfechtungen angeführt wurden, der Interpretation zur Nachweisbarkeit der Kenntnis der Zahlungsunfähigkeit und/oder des Gläubigerbenachteiligungsvorsatzes.

Nr.	***Risikoindikatoren***
1a	*Druckaufbau zur (vorrangigen) Zahlung*
1b	*Kein standardisiertes Mahnwesen*
1c	*Mahnung nach telefonischem Klärversuch angedroht*
1d	*Schreiben durch „Eskalationsinstanz"*
1e	*Schriftliche Verweigerung zur Auszahlung von Guthaben*
1f	*Zahlungsabsprachen*

Nr.	**Risikofaktoren Anfechtung**	**Begründung**
1	Abweichen von der Norm	**Indizien zur Kenntnis von Zahlungs-unfähigkeit und/oder Gläubiger-benach-teiligungs-vorsatz**
2	Fehlende Einhaltung Bargeschäft	
3	Fordern einer nicht vertragskonformen „sichereren" Sicherheit	
4	Fordern einer vertraglich an Zweifel gebundenen Sicherheit	
5	Fremdantrag	
6	Keine Durchsetzung angedrohter Sanktionen	
7	Auffälligkeiten verbundener Unternehmen	
8	Kenntnis instabiles Geschäftsmodell	
9	Wissenstransfer aus verbundenem Verteilnetzbetreiber	
10	Kenntnis negativer Medienberichte	
11	Kenntnis Untersuchungsverfahren der BNetzA	
12	Kenntnis der wirtschaftlichen Lage durch Auskunftei	
13	Kenntnis fehlende Veröffentlichung Bilanz	
14	Kenntnis durch Mitteilung des Lieferanten	
15	Kenntnis aus negativem Zahlungsverhalten	
16	Meldung an BNetzA zur wirtschaftlichen Schieflage des Lieferanten	
17	Veröffentlichung des Verteilnetzbetreibers mit Kenntnisbeleg	
18	Zahlungen durch ebenfalls insolventen Dritten	

Abb. 3.8 Risikofaktoren einer insolvenzrechtlichen Anfechtung. (Quelle: Eigene Darstellung)

In Bezug auf die Bildung der Risikofaktoren lässt sich am Risikofaktor Nr. 1 *Abweichen von der Norm* darstellen, dass sich dieser aus den sechs Risikoindikatoren *Druckaufbau zur (vorrangigen) Zahlung, kein standardisiertes Mahnwesen, Mahnung nach telefonischem Klärversuch angedroht, Schreiben durch „Eskalationsinstanz"* (einer dem eigentlichen Sachbearbeiter übergeordneten Instanz), *die schriftliche Verweigerung zur Auszahlung von Guthaben* (beispielsweise aus der Mehr-/Mindermengenabrechnung) und *Zahlungsabsprachen* zusammensetzt. Auffallend bei der Auswertung war, dass die Insolvenzverwalter bei den Risikofaktoren 10, 11 und 15 die Kenntnis der Verteilnetzbetreiber zu Medienberichten, Untersuchungsverfahren der BNetzA und dem Zahlungsverhalten unterstellen.

Die Endhypothese zur Forschungsfrage 2/2a lautet somit:

Mit der Nachweisbarkeit von mindestens einem der Risikofaktoren (1) Abweichen von der Norm, (2) fehlende Einhaltung Bargeschäft, (3) Fordern einer nicht vertragskonformen „sichereren" Sicherheit, (4) Fordern einer vertraglich an Zweifel gebundenen Sicherheit, (5) Fremdantrag, (6) keine Durchsetzung angedrohter Sanktionen, (7) Auffälligkeiten verbundener Unternehmen, (8) Kenntnis instabiles Geschäftsmodell, (9) Wissenstransfer aus verbundenem Verteilnetzbetreiber, (10) Kenntnis negativer Medienberichte, (11) Kenntnis Untersuchungsverfahren der BNetzA, (12) Kenntnis der wirtschaftlichen Lage durch Auskunftei, (13) Kenntnis fehlende Veröffentlichung Bilanz, (14) Kenntnis durch Mitteilung des Lieferanten, (15) Kenntnis aus negativem Zahlungsverhalten, (16) Meldung an BNetzA zur wirtschaftlichen Schieflage des Lieferanten, (17) Veröffentlichung des Verteilnetzbetreibers mit Kenntnisbeleg, (18) Zahlungen durch ebenfalls insolventen Dritten ist eine insolvenzrechtliche Anfechtung wahrscheinlich.

3.2.1.5 Kritische Würdigung der empirischen Untersuchung

Bevor die Selektion der Risikofaktoren zur Definition des Metamodellelements der Einflussgrößen erfolgen kann, ist zur Darlegung der Aussagekraft eine kritische Würdigung des Analyseverfahrens und der Ergebnisse notwendig.

Die dargestellte empirische Untersuchung zur Erhebung von Risikofaktoren einer Insolvenz und Anfechtung wurde nach den Gütekriterien qualitativer Forschung[48] durchgeführt. So wurde der Forschungsprozess methodisch angemessen und mit qualitativ hochwertigen Daten gestaltet. Die Analyse erfolgte unter Anwendung der Software ATLAS.TI, mittels welcher der Forschungsprozess nachvollziehbar gestaltet und durch Forschungsmemos dokumentiert wurde. Der fehlenden Intercoder Reliability wurde durch das Verfahren der analytischen Induktion begegnet. Eine Verallgemeinerbarkeit der Ergebnisse wurde zugunsten einer Erhebung möglicher Risikofaktoren, die im Vorfeld der Insolvenz und Anfechtung auftreten können nicht angestrebt. Das fraglich erscheinende Ergebnis der nicht bestehenden zeitlichen Reihenfolge im Auftreten der Risikofaktoren einer Insolvenz wurde bei einer Juristin zum Prozessrecht hinterfragt, die für die Abwicklung der Gerichtsprozesse zur Insolvenzanfechtung im Fall TELDAFAX ENERGY GMBH zuständig ist. Sie bestätigte die Richtigkeit dieses Analyseergebnisses.

Die Analyse zeigte weiterhin das Bestehen von Relationen zwischen einzelnen Risikofaktoren. Diese können in dieser Arbeit jedoch nicht näher untersucht werden, da eine valide Aussage zusätzlich zu einer größeren Stichprobe auch eine quantitative Analyse zur Erkennung möglicher Algorithmen erfordert. Dies kann zum jetzigen Zeitpunkt nicht geleistet werden, weshalb im Bewusstsein ihres Bestehens in dieser Arbeit auf die Berücksichtigung von Relationen verzichtet werden muss.

[48] Vgl. MAYRING, P. (2016), S. 140ff und die dort angegebenen Verweise.

Da das Sampling mit den untersuchten Fällen sehr klein war, aber durch die umfangreichen Dokumente einen hohen Informationsgehalt hatte, soll an dieser Stelle kurz auf die theoretische Sättigung eingegangen werden. Die vorliegende Untersuchung gilt als gesättigt, wenn davon auszugehen ist, dass durch den Einbezug weiterer Fälle keine neuen Risikofaktoren mehr zu erwarten sind. Abb. 3.9 zeigt die kumulierte und die je Datenquelle erhobene Anzahl der je Risikoart erhobenen Risikofaktoren in der Reihenfolge der Fälle TELDAFAX ENERGY GMBH, FLEXSTROM AG und dem Ermittlungsverfahren der BNetzA gegen die Care Energy AG:

In Bezug auf die Risikofaktoren einer Insolvenz lässt sich feststellen, dass mit dem Fall der TELDAFAX ENERGY GMBH (Datenquellen Nr. 1, 2, 3, 4, 6) bereits alle 21 Risikofaktoren erhoben wurden.[49] Die weiteren Fälle FLEXSTROM AG (Nr. 5) und das Ermittlungsverfahren der BNetzA (Nr. 7) brachten keine neuen Erkenntnisse. Der konstante Verlauf der Kurve der kumulierten Risikofaktoren zeigt somit eine zum Zeitpunkt der Untersuchung bestehende Sättigung. [50]

In Bezug auf die Risikofaktoren einer Anfechtung lässt sich feststellen, dass zu den durch den Fall TELDAFAX ENERGY GMBH erhobenen 15 Risikofaktoren (Datenquellen Nr. 1, 2, 3, 4, 6) mit der Anfechtung der FLEXSTROM AG drei weitere Risikofaktoren hinzukamen. Zum Zeitpunkt der Untersuchung liegt durch den ansteigenden Verlauf der Kurve der kumulierten Risikofaktoren keine Sättigung vor. Darüber hinaus werden sich aufgrund der Novellierung der INSOLVENZORDNUNG weitere Risikofaktoren einer Anfechtung bilden, da Insolvenzverwalter nun zusätzlich zum Gläubigerbenachteiligungsvorsatz und der Kenntnis der (drohenden) Zahlungsunfähigkeit auch die Unlauterkeit des Handelns des Lieferanten nachweisen müssen.[51] Dadurch, dass diese Indizien durch die Erweiterung der Nachweispflicht aber zusätzlich erbracht werden müssen, stellen die erhobenen Risikofaktoren eine geeignete Basis für die weiteren Untersuchungen dar.

Im Folgenden werden die Risikofaktoren hinsichtlich ihrer Zweckmäßigkeit für das Risikomanagement geprüft und zur Aufnahme in das Metamodell selektiert.

3.2.2 Selektion metamodellrelevanter Risikofaktoren

Während die Analyse bereits diejenigen Risikofaktoren identifizierte, die das Lieferanteninsolvenzrisiko und Anfechtungsrisiko im Vorfeld grundsätzlich determinieren können, sind sie nun hinsichtlich ihrer Eignung für die Verteilnetzbetreiber

---

[49] Dies bestätigt auch die Qualität von Dokument Nr. 1.

[50] Durch den fehlenden zweiten Analysten und die kleine Stichprobe kann das Bestehen weiterer Risikofaktoren nicht ausgeschlossen werden.

[51] Vgl. § 142 Abs. 1 InsO, der auch die Gläubigerkenntnis zur Unlauterkeit beinhaltet.

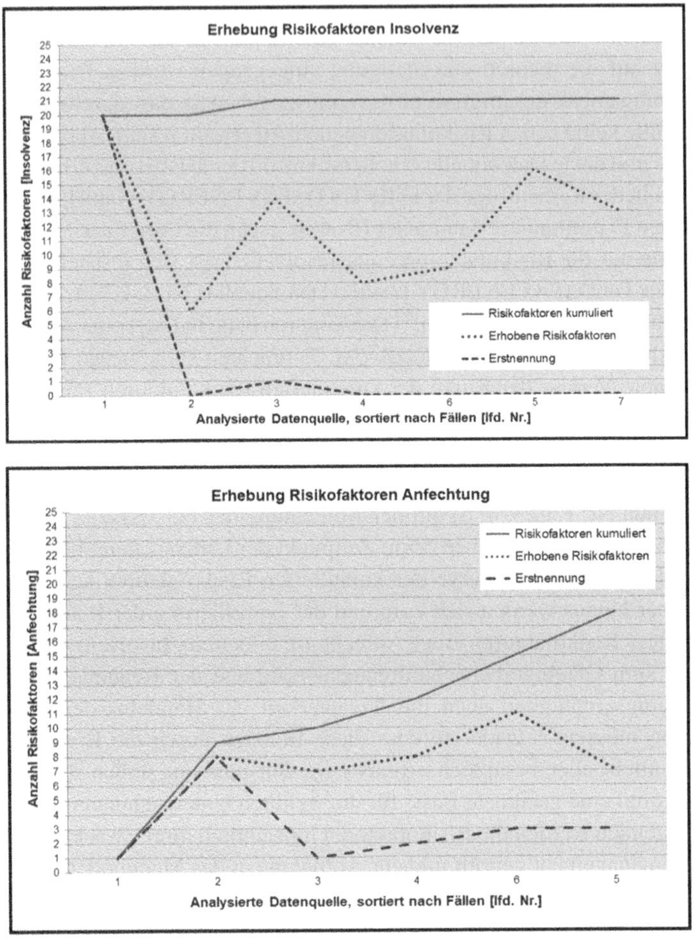

Abb. 3.9 Theoretische Sättigung der qualitativen Datenanalyse. (Quelle: Eigene Darstellung)

zu untersuchen.[52] Das Element der Rahmenbedingungen impliziert bereits die notwendige Erfüllung der Funktionalität als Frühwarnfaktoren. Damit wird gleichzeitig auch die Erfassung „starker Signale“, das heißt von Extremmeldungen wie die Kündigung des Bilanzkreisvertrags durch den Übertragungsnetzbetreiber oder die Mitteilung eines Insolvenzantrags, gewährleistet. Für die erfolgreiche Anwendung im Risikomanagement ist der „(...) **Empfang** und die **richtige Deutung** [Hervorhebungen im Original] (...)“[53] der Risikofaktoren entscheidend. Dies setzt auch voraus, dass die Risikofaktoren für die Verteilnetzbetreiber messbar oder zumindest über Richtlinien bewertbar sind und über Toleranzgrenzen den Risikograd ihrer Ausprägung deutlich machen.

Als Hauptkriterien zur Selektion für das Risikomanagement gelten daher die Erkennbarkeit (Lieferanteninsolvenzrisiko) beziehungsweise Beeinflussbarkeit (Anfechtungsrisiko) und Messbarkeit/Bewertbarkeit durch die Verteilnetzbetreiber. Letztlich stellt sich die Frage, wie viele Risikofaktoren zur aussagekräftigen Bestimmung des Lieferanteninsolvenzrisikos und Anfechtungsrisikos erforderlich sind. Als wesentlich wird an dieser Stelle die praktische Handhabbarkeit bei gleichzeitiger Sicherstellung der Aussagekraft erachtet, wohingegen die Literatur ohne nähere Begründung sechs bis zehn Kriterien nennt.[54] Diese Größenordnung erscheint für das Lieferanteninsolvenzrisiko plausibel, da die einzelnen Risikofaktoren das Lieferanteninsolvenzrisiko unterschiedlich stark beeinflussen. Je mehr Risikofaktoren ausgewählt werden, desto schwächer wird der Einfluss der Risikofaktoren mit einer starken Aussagekraft sein. Die dadurch abnehmende Genauigkeit der Bewertung kann auch durch eine Gewichtung nicht kompensiert werden, da viele Einzelrisiken mit geringer Gewichtung die Gesamtbewertung dennoch dominieren.[55] Im Gegensatz dazu sollte für das Anfechtungsrisiko durch die direkte Steuerbarkeit der Verteilnetzbetreiber keine Obergrenze für die zu beachtenden Risikofaktoren gelten.

Abb. 3.10 und Abb. 3.11 zeigen die Analyseergebnisse der identifizierten Risikofaktoren je Risikoart entsprechend der definierten Kriterien.

---

[52]Die Literatur unterscheidet unter anderem mit HAHN, D./KRYSTEK, U. (2000), S. 78 zwischen Frühwarnung, Früherkennung und Frühaufklärung. Da das Ziel der Verteilnetzbetreiber in der Erlössicherung als maximal erreichbaren Zielwert besteht und eine „Chance“ von höheren Erlösen durch die regulatorischen Vorgaben nicht möglich ist, wird in dieser Arbeit die Frühwarnung betrachtet. Diese strebt das frühzeitige Erkennen von Risiken an, wohingegen sowohl die Früherkennung als auch die Frühaufklärung neben den Risiken auch die hier nicht vorhandenen Chancen betrachtet.

[53]HAHN, D./KRYSTEK, U. (2000), S. 86.

[54]Vgl. WILDEMANN, H. (2006), S. 38.

[55]In Anlehnung an BURGER, A./BUCHHART, A. (2002), S. 161.

- **Risikofaktoren einer Insolvenz**

Mit Blick auf die Spalte Selektion in Abb. 3.10 zeigt sich, dass in Abhängigkeit der Selektionskriterien zehn Risikofaktoren als relevante Einflussgrößen des Lieferanteninsolvenzrisikos in das Metamodell aufgenommen werden können. Der Risikofaktor *Auffälligkeiten beauftragter Wirtschaftsprüfer* (Nr. 19), der im Fall der TELDAFAX ENERGY GMBH den häufigen Wechsel der Wirtschaftsprüfer durch deren Verweigerung zum Jahresabschluss und Aufforderung zum Stellen des Insolvenzantrags begründete, muss durch den fehlenden Einblick der Verteilnetzbetreiber in die Interna der Lieferanten ausgeschlossen werden. Der Risikofaktor *Subjektiver Eindruck* wurde neu gebildet.

Zur Nachvollziehbarkeit der Selektion wurden die bei der Erhebung zugeordneten Nummern hier beibehalten. Der additive Risikofaktor wurde mit der Nummer 22 versehen.

Die Auswahl der als relevant erachteten zehn Risikofaktoren entspricht damit der von WILDEMANN (2006) konstatierten üblichen Praxis[56] und wird wie folgt begründet:

Die selektierten Risikofaktoren zeichnen sich dadurch aus, dass die Verteilnetzbetreiber sie erkennen können. Ebenfalls sind sie grundsätzlich messbar oder zumindest über Richtlinien bewertbar und mit einer Skala zur Definition von Toleranzgrenzen belegbar. Einige sind jedoch dahingehend eingeschränkt, dass sie teilweise nicht immer zugänglich (wie Beschwerden bei der BNetzA), teilweise mit unklarem Wahrheitsgehalt (Medienberichte), oftmals subjektiv geprägt (Kundenunzufriedenheit) oder möglicherweise bewusst verursacht und zeitlich begrenzt sind (wie unwirtschaftliche Tarifstruktur nur während Werbeaktionen des Lieferanten oder auch darüber hinaus). Diese Risikofaktoren (Nr. 1, 2, 4, 5, 7, 13, 15, 16, 17, 20, 21) erfordern die Interpretation der Verteilnetzbetreiber und führen in ihrer Kombination zum Risikofaktor *Subjektiver Eindruck des Mitarbeiters* (Nr. 22).

Die Erfassung des Extremereignisses einer Bilanzkreiskündigung durch den Übertragungsnetzbetreiber sowie eines Insolvenzeintritts wird durch den Risikofaktor *Maßnahmen durch Hauptakteure der Supply Chain* beziehungsweise *Wirtschaftliche Lage* sichergestellt. Dabei sei an dieser Stelle darauf hingewiesen, dass entsprechend der empirischen Untersuchung unter dem Risikofaktor *Wirtschaftliche Lage* auch die Bonitätsauskünfte der Auskunfteien zu erfassen wären. Ihre Integration wurde jedoch aufgrund der unklaren Bewertungskriterien ausgeschlossen, um eine Doppelbetrachtung einzelner Risikofaktoren bei der Risikobewertung zu vermeiden. Zudem besteht das Ziel in einer objektiven Bewertung

[56] Vgl. WILDEMANN, H. (2006), S. 38.

Nr.	Risikofaktoren Insolvenz	Erkennbarkeit	Messbarkeit/ Bewertbarkeit	Selektion
3	Auffälligkeiten zu verbundenen Unternehmen	X	X	**X**
6	Fehlende Einhaltung regulatorischer Vorschriften	X	X	**X**
8	Auffälligkeiten in der Kundenentwicklung	X	X	**X**
9	Auffälligkeiten in der Unternehmensführung	X	X	**X**
10	Negativmerkmale der Geschäftsführung	X	X	**X**
11	Eskalationsmaßnahmen durch Hauptakteure der Supply Chain	X	X	**X**
12	Eskalationsmaßnahmen durch Nebenakteure der Supply Chain	X	X	**X**
14	Negative Merkmale im Zahlungsverkehr	X	X	**X**
18	Wirtschaftliche Lage	X	X	**X**
19	Auffälligkeiten beauftragter Wirtschaftsprüfer	-	-	**-**
22	Subjektiver Eindruck des Mitarbeiters	X	X	**X**
1	*Anzeigen/ Rechtstreitigkeiten gegen Lieferanten*	X	X	**X**
2	*Auffälligkeiten früherer Unternehmen*	X	X	**X**
4	*Auffälligkeiten im Marketing*	X	X	**X**
5	*Beschwerden bei der BNetzA*	X	X	**X**
7	*Finanzierungs-/ Verkaufsbestreben*	O	O	**X**
13	*Eskalationsmaßnahmen durch Lieferant*	X	X	**X**
15	*Fragliches Geschäftsgebaren*	X	X	**X**
16	*Kundenunzufriedenheit*	X	X	**X**
17	*Veröffentlichungen in Medien*	X	X	**X**
20	*Zweifelhaftes Geschäftsmodell*	X	X	**X**
21	*Unwirtschaftliche Tarifstruktur*	X	X	**X**
		Legende: X = ja	*O = bedingt*	*- = nein*

Abb. 3.10 Selektierte und strukturierte Risikofaktoren einer Lieferanteninsolvenz. (Quelle: Eigene Darstellung)

durch die Verteilnetzbetreiber unter Nutzung ihrer eigenen, teils zukunftsbezogenen Daten (wie die Anmeldung der zu beliefernden Kunden). Da die Daten der Auskunfteien durch die Berücksichtigung des Jahresabschlusses einen Vergangenheitsbezug aufweisen, würden sie bei einem Einbezug in die Risikobewertung den Vorteil der Aktualität der Daten kompensieren. Sie eignen sich jedoch als Vergleichsgröße.

- **Risikofaktoren einer Anfechtung**

Bei den Risikofaktoren einer Anfechtung kann durch die verteilnetzbetreiberspezifische Prozessabwicklung davon ausgegangen werden, dass die Verteilnetzbetreiber das Bestehen der Risikofaktoren auch erkennen können. Das Kriterium der Erkennbarkeit wurde daher zur Hervorhebung der erforderlichen Verhaltenssteuerung durch das Kriterium der Beeinflussbarkeit ersetzt. Abb. 3.11 zeigt die Ergebnisse der Analyse der Risikofaktoren auf ihre Eignung zur Früherkennung:

Nr.	Risikofaktoren Anfechtung	Beeinflussbarkeit	Messbarkeit/ Bewertbarkeit	Selektion
1	Abweichen von der Norm	X	X	X
2	Fehlende Einhaltung Bargeschäft	X	X	X
3	Fordern einer nicht vertragskonformen „sichereren" Sicherheit	X	-	-
4	Fordern einer vertraglich an Zweifel gebundenen Sicherheit	X	X	X
5	Fremdantrag	X	X	X
6	Keine Durchsetzung angedrohter Sanktionen	X	X	X
7	Auffälligkeiten verbundener Unternehmen	O	X	X
8	Kenntnis instabiles Geschäftsmodell	O	X	X
9	Wissenstransfer aus verbundenem Verteilnetzbetreiber	O	X	X
10	Kenntnis negativer Medienberichte	O	X	X
11	Kenntnis Untersuchungsverfahren der BNetzA	O	X	X
12	Kenntnis der wirtschaftlichen Lage durch Auskunftei	X	X	X
13	Kenntnis fehlende Veröffentlichung Bilanz	O	X	X
14	Kenntnis durch Mitteilung des Lieferanten	O	X	X
15	Kenntnis aus negativem Zahlungsverhalten	O	X	X
16	Meldung an BNetzA zur wirtschaftlichen Schieflage des Lieferanten	O	X	X
17	Veröffentlichung des Verteilnetzbetreiber mit Kenntnisbeleg	X	X	X
18	Zahlungen durch ebenfalls insolventen Dritten	X	X	X

Legende: X = ja O = bedingt / oft unterstellt - = nein

Abb. 3.11 Selektierte Risikofaktoren einer Anfechtung. (Quelle: Eigene Darstellung)

Abb. 3.11 lässt sehr deutlich erkennen, dass die 18 erhobenen Risikofaktoren zumindest bedingt beeinflussbar sind und hinsichtlich der Bewertung auf ihr Zutreffen messbar beziehungsweise bewertbar sind. Die bedingt beeinflussbaren

Risikofaktoren sind entweder tatsächlich nur begrenzt beeinflussbare Risikofaktoren (Nr. 8 *Kenntnis instabiles Geschäftsmodell*), grundsätzlich beeinflussbare Risikofaktoren, die aber nicht geändert werden sollten (Nr. 16 *Meldung an BNetzA*), oder Risikofaktoren, deren Kenntnis den Verteilnetzbetreibern von den Insolvenzverwaltern unterstellt wird (Nr. 11 *Kenntnis Untersuchungsverfahren BNetzA*).

Da durch die Änderung des Lieferantenrahmenvertrags inzwischen die Sanktionsmöglichkeit der anfechtbaren Sicherheitsleistung durch die anfechtungssicherere Vorauszahlung ersetzt wurde, ist der Risikofaktor drei obsolet und wird daher ausgeschlossen. Alle anderen 17 Risikofaktoren werden durch ihre Messbarkeit in das Metamodell integriert. Der in der Literatur statuierten Anzahl von zehn Risikofaktoren wird dabei bewusst nicht gefolgt, da Insolvenzverwaltungen in der Regel bereits bei Vorliegen eines einzelnen Risikofaktors eine Anfechtung versuchen werden. Dabei wird die Anfechtung umso aussichtsreicher, je plausibler die Indizien dargelegt werden und je mehr Risikofaktoren sich zur Anfechtungsbegründung anführen lassen. Allerdings differiert die Rechtsprechung in der Anerkennung der Indizien, indem zum Beispiel Presseberichte als Nachweis zur Kenntnis der wirtschaftlichen Schieflage nicht in allen Verfahren anerkannt wurden.[57] In der Konsequenz ist daher festzustellen, dass erst die gesamtheitliche Beachtung der bekannten Risikofaktoren das Risiko einer Anfechtung bestmöglich reduzieren kann.

Zusammenfassend ist festzuhalten, dass die ausgewählten zehn Risikofaktoren einer Insolvenz und 17 Risikofaktoren einer Anfechtung das Metamodellelement der Einflussgrößen definieren.

3.3 Gestaltungsfelder des Metamodells

Die Gestaltungsfelder repräsentieren den operativen Risikomanagementprozess sowie die Integration und Verankerung des Risikomanagements in die Organisation der Verteilnetzbetreiber. Zur inhaltlichen und methodischen Gestaltung der kontinuierlich zu durchlaufenden Phasen Risikoidentifikation, Risikoanalyse/-bewertung, Risikohandhabung und Risikoüberwachung[58] sind die Teilelemente an die Rahmenbedingungen und Einflussgrößen anzupassen.

[57] Vgl. zu diesen Erkenntnissen Expertengespräche mit Juristen zum Insolvenzrecht.

[58] Vgl. unter ähnlicher Begrifflichkeit BRAUN, H. (1984), S. 65; WOLKE, T. (2016), S. 5; vgl. DIEDERICHS, M. (2018), S. 14.

3.3.1 Risikoidentifikation auf Verteilnetzbetreiber-Ebene

Subsumiert man die Angaben der einschlägigen Literatur zur Risikoidentifikation, so steht hier die systematische Suche nach potenziellen Risiken zur Aufnahme in das Risikoinventar im Mittelpunkt.[59] Für die Verteilnetzbetreiber ist dies im Rahmen der Definition der Einflussgrößen als Phase der *Risikoidentifikation auf Marktebene* bereits erfolgt. Für den Erfolg des Risikomanagements der Verteilnetzbetreiber ist es nun entscheidend, dass die Verteilnetzbetreiber die ausgewählten Risikofaktoren auch erkennen können. Erst dann ist die Funktion der Risikofaktoren als Frühwarnfaktoren auch nutzbar und die lieferantenspezifische Analyse zur Bewertung des finanzwirtschaftlichen Risikos als „(…) Rohstoff für Entscheidungen (…)“[60] auch umsetzbar.

Aus der Entscheidungstheorie ist bekannt, dass die Information die Grundlage und damit auch den strategischen Erfolgsfaktor[61] für die Ableitung der richtigen Entscheidung darstellt.[62] Obgleich die Informationsbeschaffung als schwierigste Phase im Risikomanagementprozess gilt,[63] ist sie in der Literatur durch die gesamtunternehmerische Sichtweise auf das Risikomanagement und mit dem Verweis „(…) sämtliche Informationspotenziale des Unternehmens (…)“[64] heranzuziehen, stark unterrepräsentiert. Als Grundvoraussetzung für die Umsetzung des Risikomanagementprozesses wird das theoretische Verständnis der Risikoidentifikation daher für den operativen Risikomanagementprozess der Verteilnetzbetreiber um die Vorgabe der Erkenntnisquellen konkretisiert und als erster Prozessschritt im operativen Risikomanagement als *Risikoidentifikation auf Verteilnetzbetreiber-Ebene* bezeichnet.

Nach FALTER/MICHEL (2000) sind zur Informationsbeschaffung sowohl die Quelle als auch die Art und Weise der Datenerhebung zu beachten.[65] Da hohe Aufwände in der Informationsgewinnung der Feststellung der Risikofaktoren entgegenstehen könnten, besteht die Anforderung im Einklang mit den Leitlinien in der systematischen und effizienten Erhebung.

---

[59] Vgl. ROMEIKE, F./HAGER, P. (2009), S. 120f; vgl. SCHMIDT, M. (2014), S. 76; vgl. DIEDERICHS, M. (2018), S. 92.

[60] ERICHSON, B./HAMMANN, P. (2011), S. 393.

[61] Vgl. ebenda, S. 394. Dabei erfolgt eine Bezugnahme auf strategische Entscheidungen zur Realisierung von Wettbewerbsvorteilen.

[62] Vgl. BRAUN, H. (1984), S. 24; vgl. BURGER, A./BUCHHART, A. (2002), S. 1f.

[63] Vgl. ROMEIKE, F./HAGER, P. (2009), S. 121.

[64] BURGER, A./BUCHHART, A. (2002), S. 31.

[65] Vgl. FALTER, W./MICHEL, U. (2000), S. 483.

Unter Bezugnahme auf die Erkenntnisse des theoretischen Bezugsrahmens zu den Geschäftsprozessen und des Instrumentariums aus dem Supply Chain Management sind die in Abb. 3.12 dargestellten Informationsquellen und zugeordneten Methoden für die Erkennung der selektierten Risikofaktoren geeignet. Zur Reduzierung der Komplexität wird auf eine direkte Zuordnung der Methoden zu den einzelnen Risikofaktoren einer Insolvenz und Anfechtung verzichtet.

Informationsquelle	Methoden zur Erkennung der selektierten Risikofaktoren
VNB	Analyse interner Daten
	Austausch mit internen sachkundigen Mitarbeitern relevanter Geschäftsprozesse
Markt	Analyse externer Daten
Lieferant	Finanzanalysen des Lieferanten
	Lieferantenaudit
	Persönlicher Austausch mit Lieferanten
	Gemeinsame Workshops mit Lieferanten
Unterstützende Instrumente	Frühwarnsysteme/eigene Kennzahlen
	Standardisierte Checklisten

Abb. 3.12 Methoden zur Erkennung der selektierten Risikofaktoren. (Quelle: Eigene Darstellung)

Wie Abb. 3.12 zeigt, stellen die Verteilnetzbetreiber selbst, der Markt/die Marktpartner sowie die Lieferanten die wesentlichen Quellen zur Erkennung der Risikofaktoren einer Insolvenz und Anfechtung dar. Die Informationsbeschaffung kann durch verschiedene Instrumente unterstützt werden, die zum besseren Verständnis kurz skizziert werden:

Verteilnetzbetreiberinterne Quellen
Den Verteilnetzbetreibern liegen durch die regulatorisch vorgegebenen Geschäftsprozesse zur Abwicklung der Netznutzung eine erhebliche Anzahl an Daten zu den Lieferanten vor, die sowohl zur Erkennung von Risikofaktoren im Vorfeld einer Insolvenz als auch zum Abgleich auf das Bestehen anfechtungsrelevanter Risikofaktoren zu nutzen sind.

- **Analyse interner Daten**

Als interne Daten der Verteilnetzbetreiber sind Informationen und standardisierte Prozessvorgaben des EDIFACT-Datenaustauschs zwischen Verteilnetzbetreiber und Lieferanten definiert. Sie lassen unter anderem Auffälligkeiten in der Kundenentwicklung oder im Zahlungsverhalten als Risikofaktoren einer Insolvenz erkennen, ermöglichen es aber auch, die Art und Weise der Prozessabwicklung als Risikofaktoren einer Anfechtung auszuwerten. Die Analyse interner Daten stellt für die Verteilnetzbetreiber eine besonders sichere und aussagekräftige Informationsquelle zur Erkennung der Risikofaktoren dar. Durch ihre Grundlage im elektronischen Datenaustausch und der IT-gestützten Umsetzbarkeit weist die Analyse verteilnetzbetreiberinterner Daten die Vorteile der permanenten Verfügbarkeit stets aktueller objektiver Daten auf, die im Fall des Anmeldeprozesses der Neukunden sogar zukunftsbezogen sind (vgl. Abschnitt 2.1.3). Bei Prozessexzellenz in der Umsetzung der Geschäftsprozesse erfüllen die Daten die Qualitätskriterien von Informationen und lassen auch das Anfechtungsrisiko in Bezug auf die Abwicklung der Geschäftsbeziehung jederzeit abschätzen. So konstatieren ERICHSON/HAMMANN (2011), als Qualitätskriterien von Informationen die Validität, Reliabilität, Präzision, Vollständigkeit, Aktualität und Adäquanz.[66]

- **Austausch mit internen sachkundigen Mitarbeitern relevanter Geschäftsprozesse**

Eine ebenfalls wichtige interne Informationsquelle sind neben den Daten aus den EDIFACT-Prozessen auch die Kenntnisse der Mitarbeiter. Durch ihre tägliche Tätigkeit zur Abwicklung der Netznutzung können sie die aus der internen Datenanalyse gewonnenen Informationen plausibilisieren.[67] Zudem können sie Auskunft über elektronisch nicht auswertbare Auffälligkeiten geben. Hierzu zählen unter anderem Aussagen zu Auffälligkeiten in der Unternehmensführung, die sich in einer mangelnden telefonischen Erreichbarkeit zeigen können. Ebenfalls lassen sich von ihnen Auskünfte über anfechtungsrelevante Defizite in der internen Prozessabwicklung gewinnen, die beispielweise die Feststellung der fehlenden Einhaltung des Bargeschäfts bei der Rechnungsverbuchung beinhalten können. Da die Mitarbeiter dazu über ein entsprechendes Risikobewusstsein verfügen müssen, stellt neben der

[66] Vgl. ERICHSON, B./HAMMANN, P. (2011), S. 422f.

[67] So kann eine Wiederaufnahme der Rechnungsstellung nach einem Rechnungsstopp zu einer längeren Rechnungsprüfung der Lieferanten führen. Dies wiederum könnte überdurchschnittlich hohe Mahnungen verursachen.

Kenntnis der Risikofaktoren auch ihre Erfahrung und Kompetenz[68] einen wesentlichen Erfolgsfaktor dar. Nicht zu unterschätzen sind auch das notwendige Vertrauen und die Offenheit der befragten Mitarbeiter, damit Defizite in der Abwicklung der Geschäftsbeziehung aus Angst vor negativen Konsequenzen nicht verschwiegen werden.

Die Quelle des Markts zur Analyse externer Daten

Der Markt stellt in Bezug auf die Analyse externer Daten eine weitere wesentliche Quelle zur Prüfung auf das Bestehen von Risikofaktoren einer Insolvenz und Anfechtung dar. Als externe Daten der Verteilnetzbetreiber gelten Informationen, die die Verteilnetzbetreiber selbst am Markt recherchieren müssen oder durch Marktpartner wie die Übertragungsnetzbetreiber außerhalb der EDIFACT-Prozesse übermittelt bekommen. Sie spielen im Vorfeld einer Insolvenz eine große Rolle, indem unter anderem Veröffentlichungen in Medien zur Bildung des subjektiven Eindrucks bezüglich der wirtschaftlichen Leistungsfähigkeit und Zuverlässigkeit von Lieferanten beitragen. Eine wichtige Quelle zur Analyse externer Daten stellt im Zeitalter der Digitalisierung zweifelsohne das Internet dar. Zwar liegen keine repräsentativen Erkenntnisse zum Nutzen des Internets als Quelle schwacher Signale vor, durch die Verfügbarkeit unterschiedlicher Daten verschiedenster Verfasser liegt der Nutzen – unter der Voraussetzung einer Abwägung der Glaubwürdigkeit der einzelnen Websites – jedoch nah.[69] Für das Erkennen von Risikofaktoren einer Anfechtung leistet die Analyse externer Daten durch Medienberichte ebenfalls einen wichtigen Betrag, da beispielsweise die Kenntnis negativer Meldungen oder eingeleiteter Untersuchungsverfahren der BNetzA zu Lieferanten festgestellt werden können, die von den Insolvenzverwaltern zur Begründung der Anfechtungen in der Regel unterstellt werden.

Die Quelle der Lieferanten

Aus den Methoden des Supply Chain- und des Beziehungsmanagements zur Gestaltung der Lieferantenbeziehung wird deutlich, dass die Lieferanten selbst als wesentliche Quelle zur Informationsbeschaffung dienen.

- **Finanzanalyse**

---

[68] Vgl. Romeike, F./Hager, P. (2009), S. 126.

[69] Vgl. Hahn, D./Krystek, U. (2000), S. 90.

Im Zusammenhang mit der Leistungsfähigkeit der Lieferanten lässt sich aus dem Kriterienkatalog des Lieferantenmanagements die Bedeutung der finanziellen Situation des Lieferanten ableiten.[70] Diese lässt sich durch Finanzanalysen erschließen, deren Informationsbasis im Jahresabschluss mit Gewinn- und Verlustrechnung mit Anhang und Lagebericht besteht.[71] Daraus ableitbare Kennzahlen wie die Liquidität lassen wichtige Schlüsse zur wirtschaftlichen Stabilität der Lieferanten ziehen.[72] Der Vergangenheitsbezug dieser Daten steht der Erhebung des tatsächlichen Ist-Zustands entgegen. Dies hebt die Notwendigkeit zur regelmäßigen Analyse und Betrachtung der Entwicklung über mehrere Jahre hervor.

- **Lieferantenaudit**

Lieferantenaudits sind ebenfalls ein Instrument aus dem Supply Chain Management.[73] In Form von Interviews mit den Lieferanten stellen sie auch eine geeignete Methode für die Verteilnetzbetreiber „(...) zur Identifikation unternehmensbezogener, endogener Risiken (...)“[74] aus der Lieferantenbeziehung dar. Mittels definierter Kriterien lässt sich im direkten Austausch mit den Lieferanten deren Leistungsfähigkeit analysieren, die für die Geschäftsbeziehung von Bedeutung ist.[75] Dadurch werden beispielsweise mangelnde Fähigkeiten und Kenntnisse in der Anwendung der definierten Marktkommunikation und Geschäftsprozesse erkennbar. Möglicherweise lassen sich aus den Angaben der Lieferanten auch Rückschlüsse auf ihre wirtschaftliche Stabilität ziehen. Voraussetzung ist hierzu neben der Glaubwürdigkeit der erlangten Informationen auch die Sensibilität des Auditors. Die Kritik, dass Audits nur eine Momentaufnahme darstellen,[76] lässt das Erfordernis der Regelmäßigkeit erkennen. Für die Verteilnetzbetreiber-Lieferanten-Beziehung bedeutet dies eine Anpassung an den Turnus der Aktualisierung der Marktkommunikation und damit verbundener EDIFACT-Prozesse.

- **Persönlicher Austausch mit Lieferanten**

---

[70] Vgl. HELMOLD, M./TERRY, B. (2016), S. 72.

[71] Vgl. BOECK, B. (2010), S. 194.

[72] Vgl. JANKER, C. G. (2003), S. 113; vgl. IRLINGER, W. (2011), S. 40f.

[73] Vgl. WILDEMANN, H. (2005), S. 81.

[74] BOECK, B. (2010), S. 189.

[75] Vgl. WILDEMANN, H. (2005), S. 80f; vgl. PORZIG, N. (2014), S. 80.

[76] Vgl. KASTREUZ, G. (1994), S. 69.

Der persönliche Austausch ist als Instrument des Beziehungsmanagements ein wichtiges Element für den Erfolg der Zusammenarbeit.[77] Das dadurch geschaffene Vertrauen der Partner entscheidet darüber, inwieweit Informationen offen ausgetauscht werden. Vertrauen führt zu einer offeneren Kommunikation und trägt dazu bei, das Verhalten des Geschäftspartners besser einschätzen[78] zu können. Dies führt schließlich dazu, dass sich Risikofaktoren einer Insolvenz besser erkennen lassen.

- **Gemeinsame Workshops mit Lieferanten**

Gemeinsame Workshops mit Lieferanten stellen als Instrument des Supply Chain Managements[79] eine weitere Quelle zur Informationsbeschaffung dar. Die Teilnahme der jeweiligen Fachexperten von Verteilnetzbetreibern und Lieferanten lassen zum einen eine persönliche und damit offenere Beziehung aufbauen und zum anderen konkrete Themenstellungen mit drohenden Fehlerquellen direkt besprechen. Das dadurch wachsende Vertrauen und der Abbau von Informationsasymmetrien schaffen die Basis,[80] um Risikofaktoren erkennbar zu machen.

Unterstützende Instrumente
Als Hilfestellung zur Informationsbeschaffung eignen sich die in der Literatur genannten Kollektionsmethoden der Frühwarnsysteme und standardisierte Checklisten.[81]

- **Frühwarnsysteme/eigene Kennzahlen**

Frühwarnsysteme sind eine „(…) spezielle Art von Informationssystem, das darauf abzielt, zukünftige Entwicklungen und Ereignisse mit Bedeutung für das Unternehmen vorab zu erkennen.“[82] Dies folgt dem Konzept der schwachen Signale nach ANSOFF, wonach die Risikofaktoren bereits ausgewählt wurden. Die Relevanz untermauern HAHN/KRYSTEK (2000) damit, dass sich schwache Signale im zeitlichen Ablauf bei einem gleichzeitigen Abfall der „Manövrierfähigkeit“ verstärken.[83] In Bezug auf den Risikofaktor des Zahlungsverhaltens besteht in

[77] Vgl. HARTMANN, H. (2016), [Stand 10.12.2019].
[78] Vgl. CORSTEN, H./GÖSSINGER, R. (2008), S. 84.
[79] Vgl. BOECK, B. (2010), S. 192, der diese als Risikoworkshops spezifiziert.
[80] Abgeleitet aus GOLDBACH, M. (2003), S. 47.
[81] Vgl. ROMEIKE, F./HAGER, P. (2009), S. 123.
[82] GLEIẞNER, W./ROMEIKE, F. (2005), S. 393.
[83] Vgl. HAHN, D./KRYSTEK, U. (2000), S. 87.

einigen IT-Systemen der Verteilnetzbetreiber bereits eine Kennzahl, die durch die kontinuierliche Auswertung des Zahlungsverhaltens der Lieferanten und den Verteilnetzbetreiber-individuellen Festlegungen von Toleranzgrenzen die Funktion der Frühwarnung erfüllt. Sie soll auf negative Entwicklungen im Zahlungsverhalten und möglicherweise der Bonität des Lieferanten aufmerksam machen.

Generell sollten derartige Kennzahlensysteme zur Frühwarnung für möglichst viele Risikofaktoren Anwendung finden und neben den Risikofaktoren einer Insolvenz auch die Risikofaktoren einer Anfechtung umfassen. Kennzahlen, die auf die internen Daten der Prozesse zugreifen, ermöglichen die schnelle Erkennbarkeit negativer Entwicklungen der Risikofaktoren auf Basis qualitativ hochwertiger und stets aktueller Daten. Sie sind aber auch auf externe Faktoren sowie den subjektiven Eindruck der Mitarbeiter auszuweiten. Mit der Ausprägung über die Risikofaktoren kann das Frühwarnsystem auch ganzheitlich für das Lieferanteninsolvenzrisiko, das Anfechtungsrisiko sowie das aggregierte finanzwirtschaftliche Risiko genutzt werden.

- **Standardisierte Checklisten**

Standardisierte Checklisten werden in der Literatur als eines der gebräuchlichsten Instrumente zur Identifikation der Risikoquellen genannt.[84] In Form standardisierter Fragebögen leiten sie die Mitarbeiter bei der Überprüfung der Risiken an[85] und unterstützen sie so bei der Informationsbeschaffung. Die Systematik der standardisierten Checklisten kann auf vielfältigste Weise erfolgen, so ist beispielsweise eine Untergliederung in Risikoarten, Einflussgrößen und Wirkungsbereiche der Risiken möglich.[86] Der Vorteil der standardisierten Checklisten liegt in der einfachen Anwendbarkeit. Als problematisch wird die Unsicherheit in der Vollständigkeit der Risikoerhebung angesehen, weshalb die Listen an Veränderungen und neue Erkenntnisse anzupassen sind.[87]

Für die Verteilnetzbetreiber lassen sich standardisierte Checklisten dazu nutzen, die bereits definierten Einflussgrößen durch Fragestellungen wie „Hält der Lieferant die EDIFACT-Prozesse ein?" und „Gehen Zahlungen Dritter ein?" feststellen zu lassen. Die benannten Bedenken der Literatur zur Unvollständigkeit bestehen durch die Vorgabe der konkret zu erhebenden Risikofaktoren nicht. Jedoch setzt ihre Anwendung zur Erkennung der relevanten Risikofaktoren voraus, dass bereits eine

[84] Vgl. Romeike, F./Hager, P. (2009), S. 125.

[85] Vgl. Burger, A./Buchhart, A. (2002), S. 82.

[86] Vgl. ebenda, S. 84f.

[87] Vgl. ebenda, S. 88f.

Zuordnung zu den zuständigen Funktionsbereichen erfolgt, in denen die Risiken zu prüfen sind.

Die Erläuterungen zeigen, dass sich die Informationsquellen und abgeleiteten Methoden für die Risikofaktoren beider Risikoarten eignen. In Bezug auf das Anfechtungsrisiko ist festzuhalten, dass die Nutzung einzelner Quellen nicht nur der Erkennung von Risikofaktoren des Lieferanteninsolvenzrisikos dient, sondern möglicherweise auch Informationen erheben lässt, die eine Anfechtung begünstigen könnten. Ein Verzicht auf diese Datenquellen und die daraus erhebbaren Informationen ist jedoch nicht sinnvoll, da den Verteilnetzbetreibern bei öffentlicher Verfügbarkeit dieser Informationen die Kenntnis durch den Insolvenzverwalter ohnehin unterstellt wird und gegebenenfalls zu widerlegen ist. Eigens erhobene Daten beispielweise aus Finanzanalysen müssen durch den Insolvenzverwalter nachgewiesen werden. Somit ist auch nicht die Kenntnis das Problem, sondern die nachweisbare Dokumentation und insbesondere die Handlung, die aus dem Wissen abgeleitet wird. Je früher diese Risikofaktoren erkannt werden, desto besser lassen sich im Rahmen der Risikohandhabung geeignete Maßnahmen finden. Zur Integration der Methoden in das Modell sind diese in einem späteren Arbeitsschritt mit den Ansichten der Praxis abzugleichen.

3.3.2 Risikoanalyse/-bewertung

Zielsetzung der Risikoanalyse/-bewertung ist die lieferantenspezifische Analyse auf Zutreffen der festgelegten Risikofaktoren und die Bewertung des Risikos anhand der Komponenten der Eintrittswahrscheinlichkeit und des potenziellen Schadensausmaßes.[88] Sie dient der Feststellung des Einflusses der einzelnen Risikofaktoren auf die beiden Risikoarten und der Transparenz zur lieferantenspezifischen Risikosituation.[89] Mit Festlegung von Risikotoleranzen lassen sich die Lieferanten zu Risikotypen zuordnen und die Relevanz zur Anwendung risikosteuernder Maßnahmen festlegen.[90] Anstelle der in der Literatur genannten unternehmensindividuellen Einteilung[91] muss allerdings zumindest für das Lieferanteninsolvenzrisiko zur einheitlichen Anwendung der Verteilnetzbetreiber die zentrale Vorgabe der Grenzwerte

---

[88] Vgl. EBERT, C. (2013), S. 8; vgl. SCHATZ, A. et al. (2010), S. 21; vgl. BRAUWEILER, H.-C. (2015), S. 8.

[89] In Anlehnung an BURGER, A./BUCHHART, A. (2002), S. 45; vgl. auch DIEDERICHS, M. (2018), S. 141f.

[90] In Anlehnung an BURGER, A./BUCHHART, A. (2002), S. 47; vgl. auch BRAUWEILER, H.-C. (2015), S. 10.

[91] Vgl. BURGER, A./BUCHHART, A. (2002), S. 48.

treten. Diese können unter anderem auf absoluten Werten der Eintrittswahrscheinlichkeit und des Ausmaßes beruhen sowie bei dynamischen, auf den zeitlichen Verlauf bezogenen Risikogrößen auf Indexwerten beruhen.[92]

Die Literatur bietet zahlreiche Möglichkeiten zur Risikoanalyse/-bewertung. Unter Berücksichtigung der zu erfüllenden Leitlinien, den zugrunde liegenden Einflussgrößen und einer einheitlichen Bewertungsbasis[93] wurden die in Abb. 3.13 dargestellten Methoden zur Adaption an die Verteilnetzbetreiber ausgewählt. Sie werden im Folgenden anhand ihrer Anwendbarkeit sowohl zur Analyse der Risikofaktoren als auch zur Bewertung des finanzwirtschaftlichen Risikos aus Lieferanteninsolvenzen und Anfechtungen begründet.

Methoden zur Risikoanalyse/-bewertung	Analyse der Risikofaktoren	Bewertung des finanzwirtschaftlichen Risikos
Risikoklassifizierung	X	X
Subjektive Einschätzung	X	X
Risikoprofile	-	X
Scoring-Modelle	-	X
Risikoportfolio	-	X

Abb. 3.13 Maßnahmen zur Risikoanalyse/-bewertung. (Quelle: Eigene Darstellung)

- **Risikoklassifizierung**

In der Regel werden Risiken durch die Komponenten der Eintrittswahrscheinlichkeit und des Ausmaßes bewertet.[94] Da sich diese Parameter nicht immer mit einer erforderlichen mathematischen Genauigkeit ermitteln lassen und zur Ableitung von Risikohandhabungsmaßnahmen auch Tendenzen ausreichend sein können, beschränkt sich die Praxis oftmals auf Risikoklassifizierungen wie hoch, mittel und gering.[95] Zur Sicherstellung einer einheitlichen Grundlage zur Ableitung der Risikoklassen werden Skalierungen vorgegeben, die das Risiko in unterschiedliche Risikoklassen übersetzen lässt.[96] Obgleich die Risikoklassifizierung in der

[92]Vgl. Burger, A./Buchhart, A. (2002), S. 48f.

[93]Vgl. Burger, A./Buchhart, A. (2002), S. 101f; vgl. Hofbauer, G. et al. (2016), S. 58.

[94]Vgl. unter anderen Wildemann, H. (2006), S. 55; vgl. Schneck, O. (2010), S. 24; vgl. Ebert, C. (2013), S. 8.

[95]Vgl. Romeike, F./Hager, P. (2009), S. 133; vgl. Diederichs, M. (2018), S. 228.

[96]Vgl. Ebert, C. (2013), S. 55f; vgl. Burger, A./Buchhart, A. (2002), S. 103ff.

Literatur mit der Risikobewertung verbunden ist, bietet sich diese auch für die Analyse der Risikofaktoren an. Insbesondere der Risikofaktor *subjektiver Eindruck* ist nicht mathematisch errechenbar, weshalb sich hier die Anwendung der Risikoklassifizierung ebenso empfiehlt.

Um die Zuordenbarkeit einfach und übersichtlich zu halten, ist auf eine geringe Anzahl an Risikoklassen zu achten.[97] Eine geradzahlige Anzahl an Risikoklassen verhindert eine „neutrale" Bewertung in Form der Mitte.[98] Aus der Klassifizierung des Risikos lässt sich die Relevanz zur Risikohandhabung ableiten, indem mit steigender Risikoklasse die Dringlichkeit zur Einleitung von Risikohandhabungsmaßnahmen zunimmt.[99]

- **Subjektive Einschätzung**

Die subjektive Einschätzung ist gleichzusetzen mit dem „Bauchgefühl" der bewertenden Person. Sie stellt eine weitere Möglichkeit zur Bewertung der Risikofaktoren sowie des daraus resultierenden finanzwirtschaftlichen Risikos der Verteilnetzbetreiber dar.

Die Qualität der subjektiven Risikoeinschätzung ist nach WILDEMANN (2005) abhängig von der subjektiven und normativen Güte des Schätzenden. Die subjektive Güte steht für das fachliche Verständnis zur Beurteilung der Eintrittswahrscheinlichkeit und des potenziellen Schadens. Die normative Güte stellt die Fähigkeit des Bewertenden dar, die subjektiven Eindrücke in Eintrittswahrscheinlichkeiten zu transformieren.[100] EBERT (2013) stellt hierzu fest, dass bei einer empfundenen Machtlosigkeit zur Risikohandhabung die Risiken oftmals überschätzt werden. Dementgegen werden als beherrschbar empfundene Risiken möglicherweise unterschätzt.[101] Die schlechten Erfahrungen der Vergangenheit und das Empfinden der fehlenden Möglichkeiten zur Risikohandhabung bergen für die Verteilnetzbetreiber somit die Gefahr der Übersensibilität, die zu einer vorschnellen und möglicherweise anfechtungsbegünstigenden Risikohandhabung gegenüber den Lieferanten führen könnte. Auch wenn das Bauchgefühl für den Risikofaktor *subjektiver Eindruck* einen wichtigen Stellenwert für die Verteilnetzbetreiber einnehmen muss, so

[97] Vgl. BERGENER, R. F. (2006), S. 190.

[98] Vgl. EBERT, C. (2013), S. 56.

[99] Vgl. DIEDERICHS, M. (2018), S. 176f. Dabei ist auf die Einzelfallbezogenheit der Anfechtungen hinzuweisen, die grundsätzlich keine allgemeingültige Aussage zur Eintrittswahrscheinlichkeit erlaubt.

[100] Vgl. WILDEMANN, H. (2006), S. 147.

[101] Vgl. EBERT, C. (2013), S. 56.

ist dazu auf eine ausreichende Berücksichtigung der komplexen Gesamtumstände zu achten.[102] Dies wird durch die definierten Risikofaktoren gewährleistet und kann durch die Vorgabe von Bewertungskriterien weiter unterstützt werden.

- **Risikoprofile**

Risikoprofile ordnen den Risiken ihre spezifischen Einflussgrößen zu und erfassen diese mit ihrer jeweiligen Ausprägung in einem Profil.[103] Eine Aggregation der einzelnen Risikofaktoren zum Risiko erfolgt nicht, allerdings schaffen sie die Basis zur Risikobewertung.[104] Eine Anwendung durch die Verteilnetzbetreiber bietet den Vorteil, dass die Lieferanten hinsichtlich ihrer individuellen Ausprägung der Risikofaktoren einer Lieferanteninsolvenz und Anfechtung in je einem Profil erfasst werden. Dies liefert einen schnellen Überblick über die Ursachen der Risikoausprägung und ermöglicht eine an die Risikofaktoren angepasste und zielgerichtete Risikohandhabung gegenüber den Lieferanten.

- **Scoring-Modelle**

Scoring-Modelle sind ähnlich wie Risikoprofile zu sehen. Ihr Vorteil liegt zum einen in der Vergleichbarkeit der Risikofaktoren, indem die Messskalierung durch das Punkteverfahren auf ein einheitliches Niveau angepasst wird, zum anderen aber auch in der Aggregationsmöglichkeit der einzelnen Risikofaktoren zum Gesamtrisiko.[105] Scoring-Modelle eignen sich insbesondere dann, wenn sowohl qualitative und quantitative Faktoren als auch subjektive Elemente und Präferenzen bei der Risikobewertung von Bedeutung sind.[106]

Für die Verteilnetzbetreiber eignen sich Scoring-Modelle zur Risikobewertung der Lieferanten, indem sie das finanzwirtschaftliche Risiko entsprechend der zugeordneten qualitativen und quantitativen Risikofaktoren nachvollziehbar und nach einem einheitlichen, für alle Verteilnetzbetreiber geltenden Bewertungsmuster beurteilen lassen. Dabei besteht die grundlegende Vorgehensweise in der Gewichtung der einzelnen Risikofaktoren entsprechend ihrem Einfluss auf die zugeordnete Risikoart.[107] Jeder Risikofaktor wird nach einem vorgegebenen Punktebewertungsplan

[102] Vgl. SCHNECK, O. (2010), S. 262.

[103] Vgl. BERGENER, R. F. (2006), S. 200.

[104] Vgl. ebenda.

[105] Vgl. BURGER, A./BUCHHART, A. (2002), S. 160ff.

[106] Vgl. ebenda, S. 156f; vgl. DIEDERICHS, M. (2018), S. 145.

[107] Vgl. WILDEMANN, H. (2006), S. 148f; vgl. PFOHL, H.-C. et al. (2008), S. 60; vgl. HOFBAUER, G. et al. (2016), S. 62.

analysiert und anschließend mit dem Gewichtungsfaktor multipliziert.[108] Aus der Addition dieser Einzelwerte ergeben sich Risikopunktewerte (Scores/Indices) je Risikoart, die sich nach einer Gewichtung zum Gesamtrisikoindex des finanzwirtschaftlichen Risikos aggregieren lassen.[109]

- **Risikoportfolio**

Risikoportfolios ordnen die bewerteten Risiken in einem zweiachsigen Diagramm als Koordinatenpunkt ein und zeigen so die Gesamtrisiken grafisch auf.[110] Die Ausprägung der Achsen erfolgt in der Regel entsprechend der Komponenten Eintrittswahrscheinlichkeit und ihrem Ausmaß,[111] jedoch sind auch alternative quantitative als auch qualitative Dimensionen möglich.[112] Aus der Darstellung der Risiken in der Matrix lässt sich durch die Eintragung von Akzeptanzlinien (Wesentlichkeits-/Toleranzgrenzen) das Steuerungserfordernis der Risiken bestimmen und die abgegrenzten Cluster mit Handlungsstrategien hinterlegen.[113]

Für die Verteilnetzbetreiber lassen sich anstelle der Gesamtrisiken die Lieferanten in die Matrix eintragen und in Risikotypen einteilen. Dies erfordert durch die beiden Risikoarten zwei Matrizen und die Zusammenführung des finanzwirtschaftlichen Risikos in einer Matrix. Die Verwendung separater Portfolios wird durch BURGER/BUCHHART (2002) gestützt, die zur Entwicklung einer effektiven Normstrategie den direkten Bezug auf die Portfolio-bestimmenden Betrachtungskriterien fordern.[114] Risikoportfolios stellen damit ein visualisierendes Hilfsmittel zur Feststellung des Risikopotenzials der Lieferanten dar. Sie lassen die Notwendigkeit zur Risikohandhabung schnell ableiten, berücksichtigen aber keine Interdependenzen.[115] Zur Feststellung der Risikopositionierung im Portfolio sind sie immer in Kombination mit anderen Analyse- und Bewertungsmethoden anzuwenden.

Zusammenfassend lässt sich festhalten, dass nicht alle Methoden die Risikoanalyse und gleichzeitig auch die Risikobewertung unterstützen. Jede Methode liefert jedoch einen wichtigen Beitrag, weshalb eine finale Auswahl für das Modell erst

---

[108] Vgl. BURGER, A./BUCHHART, A. (2002), S. 156ff; vgl. DIEDERICHS, M. (2018), S. 145; vgl. JANKER, C. G. (2003), S. 120f.

[109] Vgl. SCHNECK, O. (2010), S. 159f; vgl. HOFBAUER, G. et al. (2016), S. 62ff.

[110] Vgl. PFOHL, H.-C. et al. (2008), S. 54; vgl. BRAUWEILER, H.-C. (2015), S. 8f.

[111] Vgl. BRAUWEILER, H.-C. (2015), S. 8.

[112] Vgl. BURGER, A./BUCHHART, A. (2002), S. 163; vgl. DIEDERICHS, M. (2018), S. 140ff.

[113] Vgl. WILDEMANN, H. (2006), S. 135; vgl. BRAUWEILER, H.-C. (2015), S. 9f.

[114] Vgl. BURGER, A./BUCHHART, A. (2002), S. 173.

[115] Vgl. DIEDERICHS, M. (2018), S. 142.

nach der empirischen Erhebung der in der Praxis der Verteilnetzbetreiber bestehenden Anwendungskompetenz, der bestehenden Umsetzung und der von den Verteilnetzbetreibern bewerteten Eignung erfolgen kann. Dies stellt den bestmöglichen Konsens zwischen theoretisch fundierten und von der Praxis gewünschten Methoden her.

3.3.3 Risikohandhabung

Nach der Analyse der Risikofaktoren und Bewertung des finanzwirtschaftlichen Risikos sind Maßnahmen zur Risikosteuerung zu ergreifen. Die Literatur unterscheidet zwischen ursache- und wirkungsbezogenen Maßnahmen sowie zwischen aktiver und passiver Risikosteuerung.[116] Während die ursachenbezogenen Maßnahmen die Wahrscheinlichkeit reduzieren, senken die wirkungsbezogenen Maßnahmen das potenzielle Ausmaß.[117] Die aktive Risikosteuerung gestaltet die Risikostruktur durch die Verringerung der Eintrittswahrscheinlichkeit und/oder des Ausmaßes, wohingegen die passive Risikohandhabung die Komponenten des Risikos unverändert lässt und den Schaden bei Risikoeintritt zum Beispiel auf Versicherungen verlagert.[118] Grundsätzlich lassen sich der Risikohandhabung die fünf Strategien der Risikovermeidung, Risikoverminderung, Risikobegrenzung, Risikoüberwälzung und die Risikoakzeptanz zur Risikohandhabung zuordnen.[119]

Wie bereits im Metamodellelement der Rahmenbedingungen festgestellt, lässt sich das finanzwirtschaftliche Risiko der Verteilnetzbetreiber aufgrund der energiewirtschaftlichen Spezifika nur verringern. Daher sind Maßnahmen zu nutzen, die die Eintrittswahrscheinlichkeiten von Insolvenzen und Anfechtung und/oder ihrer potenziellen monetären Schäden reduzieren.[120] Diese lassen sich aus den Geschäftsprozessen, den vertraglichen Vereinbarungen und dem Supply Chain Management ableiten. Als geeignet erscheinen entsprechend der gewonnenen Erkenntnisse die in Abb. 3.14 zugeordneten und nachfolgend begründeten Maßnahmen:

Maßnahmen aus den Geschäftsprozessen
Infolge des Kontrahierungszwangs können Maßnahmen zur Senkung des finanzwirtschaftlichen Risikos erst mit der Aufnahme der Netznutzung und damit mit

---

[116] Vgl. Brauweiler, H.-C. (2015), S. 11; vgl. Kupsch, P. (1995), S. 536.
[117] Vgl. Diederichs, M. (2018), S. 172.
[118] Vgl. Wildemann, H. (2006), S. 151; vgl. Brauweiler, H.-C. (2015), S. 11.
[119] Vgl. Kupsch, P. (1995), S. 537; vgl. Diederichs, M. (2018), S. 172ff.
[120] Vgl. Wildemann, H. (2006), S. 151.

Umsetzung der Geschäftsprozesse beginnen. Die Sicherstellung funktionierender EDIFACT-Prozesse stellt dazu die wesentliche Grundlage dar, indem die Abrechnung kontinuierlich, ohne Rechnungsstopps durch Störungen oder falsche Datenformate umgesetzt werden kann. Zusammen mit der Anwendung eines standardisierten Mahnwesens mit einheitlichen Mahnzyklen und einer manuellen Abwicklung der Abrechnung bei (System-)Problemen wird mit der konsequenten Forderungsverfolgung zum einen den potenziellen Forderungsausfällen durch unbeglichene Rechnungen (Lieferanteninsolvenzrisiko) begegnet, zum anderen wird durch die Einhaltung des Standards die Angriffsfläche für Insolvenzverwalter deutlich verkleinert, was zu einer Reduzierung der Eintrittswahrscheinlichkeit einer Anfechtung führt.[121]

Grundlage	Maßnahmen zur Risikoreduzierung
Geschäftsprozesse	Sicherstellen funktionierender EDI-Prozesse
	Standardisiertes Mahnwesen
	Manuelle Abwicklung bei (System-)Problemen
	Abwarten
	Risikobewusste Mitarbeiter
	Anfechtungssicheres Verhalten gegenüber Lieferanten
	Anfechtungssichere Geschäftsprozesse
	Keine Annahme Zahlung Dritter
Netznutzungsvertrag	Nutzung der vertraglichen Möglichkeiten
	Individuelle Vertragsklauseln
Supply Chain Management	Austausch mit anderen Marktpartnern
	Nutzung vertrauensbildender Maßnahmen
	Lieferantenentwicklungs-/-ertüchtigungsprogramme
	Anreiz-/Sanktionssysteme

Abb. 3.14 Maßnahmen zur Risikoreduzierung. (Quelle: Eigene Darstellung)

[121] Vgl. hierzu Risikofaktor „Abweichen von der Norm" Abschnitt 3.2.1.4.

Eine weitere Maßnahme kann das Abwarten sein. Anstatt vorschneller Entscheidungen sind Maßnahmen erst dann zu ergreifen, wenn die Voraussetzungen dazu vorliegen und auch die Sicherheit der tatsächlichen Umsetzung besteht. Androhungen zu vertraglichen Sanktionen wurden in der Vergangenheit als Druckmittel zur Zahlung interpretiert. Wird der Insolvenzantrag bereits erwartet, so kann es auch sinnvoll sein, auf Maßnahmen zu verzichten, um keine Anfechtung zu fördern. Je weniger Schriftverkehr zwischen Verteilnetzbetreiber und Lieferant in dieser Zeit besteht, desto weniger Indizien kann der Insolvenzverwalter zur Begründung einer Anfechtung vorbringen.

Risikobewusste Mitarbeiter, ein anfechtungssicheres Verhalten der Mitarbeiter im Austausch mit den Lieferanten (wie Verzicht auf Äußerungen zur wirtschaftlichen Lage), die anfechtungssichere Abwicklung der Geschäftsprozesse (wie die Einhaltung des Bargeschäfts) und insbesondere der Abweis von Zahlungen Dritter stellen weitere grundlegende Maßnahmen zur Reduzierung des finanzwirtschaftlichen Risikos dar. Sie lassen die Risikofaktoren einer Insolvenz frühzeitig erkennen und Risikofaktoren einer Anfechtung erst gar nicht entstehen.

Maßnahmen aus dem Netznutzungsvertrag

Der Netznutzungsvertrag (Lieferantenrahmenvertrag) bietet mit der Forderung einer Vorauszahlung und Kündigung verschiedene Maßnahmen an, die insbesondere bei Zahlungsverzügen ergriffen werden können. Sie sollten im Sinne des Wettbewerbs nur als letzte Möglichkeit in Betracht gezogen werden. Sie sind erst bei Bestehen der Voraussetzungen und absoluter Sicherheit zur Umsetzung anzuwenden. Andererseits könnten sie als Druckmittel interpretiert werden. Die vertraglichen Maßnahmen der Vorauszahlung und Kündigung sind reine Eskalationsinstrumente, die dazu dienen, das finanzwirtschaftliche Risiko nicht noch weiter zu erhöhen. In beiderseitigem Einverständnis von Verteilnetzbetreiber und Lieferanten ist die Anpassung der individuellen Vertragsklauseln möglich. Sie kann ein interessanter Ansatz zur Verringerung des finanzwirtschaftlichen Risikos sein.[122]

Maßnahmen des Supply Chain Managements

Das Supply Chain Management bietet ebenfalls verschiedene Maßnahmen zur Reduzierung des finanzwirtschaftlichen Risikos an. Das Supply Chain Risikomanagement zeigt die wichtige Bedeutung des Austauschs mit Marktpartnern

---

[122] Möglich, aber zu juristisch prüfen wäre beispielsweise die Aufnahme einer Klausel zur jährlichen Prüfung der Lieferanten zum vergangenen Zahlungsverhalten und die daran geknüpfte Weiterführung des Netznutzungsvertrags.

zur Gewinnung risikorelevanter Informationen.[123] Derzeit erfolgt dies in Bezug auf das finanzwirtschaftliche Risiko durch Lieferanten nur bei der bereits eingetretenen Eskalation der Bilanzkreiskündigung. Diese muss der Übertragungsnetzbetreiber wegen der fehlenden Umsetzung des Bilanzkreismanagements (vgl. Abschnitt 2.1.2) an die Verteilnetzbetreiber mitteilen, die in der Folge der fehlenden Energiemengenbilanzierung den Netznutzungsvertrag kündigen müssen. Um das finanzwirtschaftliche Risiko frühzeitig erkennen zu können, wäre ein stetiger Austausch – innerhalb der Grenzen zur Wahrung der Geschäftsgeheimnisse und des informatorischen Unbundlings – zu forcieren. Durch das rechtzeitige Einleiten von Maßnahmen wird eine Reduzierung des finanzwirtschaftlichen Risikos möglich.

In Bezug auf die Beziehung zu den Lieferanten sind es insbesondere vertrauensbildende Maßnahmen, die beispielsweise in Form von Informationsveranstaltungen oder regelmäßigen persönlichen Kontakten (wie Lieferantentage[124]) die Qualität der Zusammenarbeit verbessern können.[125] Durch den Aufbau einer persönlichen Bindung kann zudem eine moralische Hemmschwelle hinsichtlich opportunistischer Verhaltensweisen geschaffen werden. Grundsätzlich stärkt das Vertrauen zwischen den Vertragspartnern „(…) die Bereitschaft zur wahrheitsgemäßen und zeitgerechten Informationsweitergabe (…)" und „(…) fördert durch den (…) Wegfall von Angst die Suche nach (…) Handlungsmöglichkeiten."[126] Die dadurch mögliche Schaffung von Einblicken in die Strukturen und Prozesse der Lieferanten bieten den Verteilnetzbetreibern die Möglichkeit, Schwachstellen der Lieferanten festzustellen, mit diesen zu diskutieren und beispielsweise durch Lieferantenentwicklungs-/ -ertüchtigungsmaßnahmen [127] das finanzwirtschaftliche Risiko zu reduzieren. Denkbar sind hier Schulungsangebote zum EDIFACT-Austausch oder Vereinbarungen zur Gestaltung der Netznutzung bei Systemproblemen. Entgegen der generellen Empfehlung des klassischen Supply Chain Managements beziehungsweise Lieferantenmanagements, den Fokus auf partiell leistungsstarke und strategisch wichtige Vertragspartner zu legen,[128] müssen die Verteilnetzbetreiber diese Maßnahmen durch den Gleichbehandlungsgrundsatz allen Lieferanten anbieten. Werden hierdurch Kenntnisse zur wirtschaftlichen Schieflage erlangt, so sind Vorkehrungen zu treffen, um das Anfechtungsrisiko zu begrenzen. Dies kann im Extremfall die Kündigung des Lieferantenrahmenvertrags sein.

---

[123] Vgl. PFOHL, H.-C. et al. (2008), S. 26.

[124] Vgl. HELMOLD, M./TERRY, B. (2016), S. 19.

[125] Vgl. BOECK, B. (2010), S. 174ff.

[126] Ebenda, S. 174.

[127] In Anlehnung an WILDEMANN, H. (2005), S. 80.

[128] In Anlehnung an HARTMANN, H. (2004), S. 59; vgl. auch WEGNER-HAMBLOCH, S. (2016), S. 16.

Als letztes Instrument aus dem Supply Chain Management sind Anreiz- und Sanktionssysteme anzuführen.[129] Sie dienen der Beeinflussung eines „(...) zielkonformen Verhaltens (...)“[130], können die Güte der Zusammenarbeit verbessern[131] und somit auch die Verteilnetzbetreiber-Lieferanten-Beziehung stabilisieren. Als mögliches Anreizsystem könnten Zertifizierungen durch die Verteilnetzbetreiber angeboten werden, die bei einer problemlosen Abwicklung der Netznutzung vergeben werden und für die Lieferanten als Marketinginstrument nutzbar sind.[132] Die Möglichkeiten von Rabattierungen bei schneller Zahlung (Art Skonto) ist durch die Netzentgeltsystematik nicht möglich. Ein mögliches Sanktionssystem stellt die vertraglich legitimierte Verzinsung der fälligen Forderungen oder die Nutzung der Verzugskostenpauschale dar. Sowohl die Anreiz- als auch die Sanktionssysteme können durch die Einflussnahme auf die Leistungsbereitschaft der Lieferanten das finanzwirtschaftliche Risiko der Verteilnetzbetreiber aus dem Lieferanteninsolvenzrisiko senken.

Die sukzessive Ableitung von Risikohandhabungsmaßnahmen zeigt, dass die Maßnahmen der Verteilnetzbetreiber zur Reduzierung des finanzwirtschaftlichen Risikos aus Insolvenzen und Anfechtungen weitreichender sind, als dies in der Branche derzeit empfunden wird. Zur Umsetzung in der Praxis lassen sich als Maßnahmen zur Risikohandhabung risikotypspezifische Normstrategien und lieferantenspezifische Maßnahmen entsprechend der vorliegenden Risikofaktoren und Risikotoleranzen festlegen. Dazu ist festzuhalten, dass Maßnahmen zur Stabilisierung der Verteilnetzbetreiber-Lieferanten-Beziehung auch für die Marktpartner wirksam sein können, indem das Risiko eines Insolvenzeintritts reduziert wird. Maßnahmen zur Risikohandhabung des Anfechtungsrisikos hingegen wirken ausschließlich auf die Verteilnetzbetreiber. Erfolgsfaktoren zur Risikohandhabung sind jedoch neben der Akzeptanz durch die Verteilnetzbetreiber auch die Annahme durch die Lieferanten. Zur Bestimmung der optimalen Methodenkombination sind die Erfahrungen der Praxis und die Einschätzung der Verteilnetzbetreiber zur Eignung der aufgezeigten Maßnahmen zu erheben und für das Modell festzulegen.

---

[129] Vgl. Boeck, B. (2010), S. 205; vgl. Sydow, J. (2010), S. 398; vgl. Porzig, N. (2014), S. 35.

[130] Genschmer, U./Krey, A. (2010), S. 39.

[131] Vgl. Sydow, J. (2010), S. 398.

[132] Vorausgesetzt sind hier die juristische Unbedenklichkeit und das Einverständnis der BNetzA. Bei einer fehlenden Umsetzbarkeit durch die Verteilnetzbetreiber könnte diese nach einer Erhebung durch die Verteilnetzbetreiber die Zertifizierung vornehmen und somit indirekt der Forderung der Marktteilnehmer zu Eingriffen bei risikobehaftet erscheinenden Lieferanten nachkommen. Ein fehlendes Zertifikat ist ein Hinweis auf Unzulänglichkeiten, ohne dass die Lieferanten direkt genannt werden.

3.3.4 Risikoüberwachung

Die Risikoüberwachung stellt den abschließenden Prozessschritt im Risikomanagement dar. Sie hat die Aufgabe, die Wirksamkeit der eingeleiteten Maßnahmen, die definierten Prämissen und auch die Umsetzung des Risikomanagements zu überwachen.[133] Die Risikoüberwachung lässt sich damit in die drei Elemente der Maßnahmenkontrolle, Prämissenkontrolle und Systemkontrolle untergliedern, denen die Literatur unterschiedliche Methoden zur Umsetzung zuordnet.[134] Für die Verteilnetzbetreiber weisen die in Abb. 3.15 erfassten Methoden eine hohe Eignung zur Überwachung auf:

Maßnahmen zur Risikoüberwachung	
Maßnahmenkontrolle	Lieferantenaudit
	Risikoportfolio
	Kennzahlensysteme
Prämissenkontrolle	Aktualisierung der Eingriffsgrenzen
Systemkontrolle	Audit des Vorgehens (interne Revision)
	Best Practise Benchmark

Abb. 3.15 Maßnahmen zur Risikoüberwachung. (Quelle: In Anlehnung an WILDEMANN (2006), S. 159)

Maßnahmenkontrolle

Die Maßnahmenkontrolle dient der Feststellung von Veränderungen des lieferantenspezifischen finanzwirtschaftlichen Risikos. Durch die Gegenüberstellung der vergangenen Risikobewertung mit dem Ist-Zustand kann sowohl die Wirksamkeit eingeleiteter Maßnahmen als auch ein weiterer Handlungsbedarf erkannt werden.[135] Mit Ausnahme des Lieferantenaudits lassen sich die zugeordneten Maßnahmen sowohl für das Lieferanteninsolvenzrisiko als auch für das Anfechtungsrisiko nutzen.

[133] Vgl. HECK, M. (2003), S. 235; vgl. EBERT, C. (2013), S. 104.
[134] Vgl. WILDEMANN, H. (2006), S. 159.
[135] Vgl. MIKUS, B. (1998), S. 242.

Prämissenkontrolle

Die Prämissen stellen die Grundannahmen des Risikomanagements dar.[136] Sie umfassen für das zu entwickelnde Modell die Kontrolle der zu beachtenden Risikofaktoren, die Toleranzgrenzen sowie die festgelegten Handlungsoptionen. In ihrer Zusammensetzung bestimmen sie die Effizienz und Effektivität des Risikomanagements, weshalb die Prämissenkontrolle als wichtigste Überwachungsart angesehen wird.[137] Die Prämissen sind für beide Risikoarten und für das finanzwirtschaftliche Risiko regelmäßig zu kontrollieren, da Abweichungen von den Rahmenbedingungen und Risikofaktoren die Ziele des Risikomanagements nicht erreichen lassen.[138] Zur Gewährleistung einer homogenen Anwendung aller Verteilnetzbetreiber sind Änderungen nicht eigenmächtig vorzunehmen. Vielmehr ist eine zentrale Instanz zu bestimmen, an welche Modifikationsbedarfe zu melden sind und die die Aktualisierung des Risikomanagements im Interesse der Verteilnetzbetreiber vornimmt.

Während zur Anpassung der Toleranzgrenzen und Handlungsoptionen Erfahrungswerte erforderlich sind, lassen sich durch die Kenntnis der Geschäftsbeziehung verschiedene Methoden zur Identifikation neuer Risikofaktoren aufzeigen. Im Sinne der Risikoidentifikation auf Marktebene erscheinen für die Verteilnetzbetreiber besonders die in Abb. 3.16 dargestellten Methoden zielführend.

Eine wesentliche Basis zur Identifikation neuer Risikofaktoren stellen die Erfahrungen aus vergangenen Insolvenzen und Anfechtungen dar. Diese Ereignisse schärfen durch den erlittenen Schaden die Risikosinne der Verteilnetzbetreiber und lassen im Rahmen einer Ursachenanalyse zum Eintreten einer Insolvenz und Anfechtungen mögliche Risikofaktoren identifizieren.[139] Eine weitere Methode stellt das Brainstorming dar. Es bietet den Vorteil, in kurzer Zeit möglichst viele Risiken zu identifizieren.[140] Als Teilnehmerkreis empfiehlt sich ein interdisziplinär besetztes Team[141], das in seiner Zusammensetzung eine ganzheitliche und prozessuale Betrachtung der Verteilnetzbetreiber-Lieferanten-Beziehung hinsichtlich des Lieferanteninsolvenzrisikos, des Anfechtungsrisikos und des finanzwirtschaftlichen Risikos ermöglicht. Die besonderen Rechtsnormen des Anfechtungsrisikos erfordern es, dass auch ein Jurist beiwohnt. Da Betriebsblindheit und Vorurteile die Kreativität einschränken können, ist das Brainstorming in Kombination mit anderen

---

[136] In Anlehnung an WILDEMANN, H. (2006), S. 159.

[137] Vgl. BRAUN, H. (1984), S. 264.

[138] Vgl. ebenda.

[139] Vgl. ETTERER, W. (2008), S. 198.

[140] Vgl. EBERT, C. (2013), S. 25.

[141] Vgl. ROMEIKE, F./HAGER, P. (2009), S. 129; vgl. SCHNECK, O. (2010), S. 258f.

Quelle zur Erkennung neuer Risikofaktoren
Erfahrung vergangener Insolvenzen
Erfahrung vergangener Anfechtungen
Brainstorming o. a. Kreativitätstechniken
Standardisierte Checklisten
Direkter Austausch mit externen Experten
Veranstaltungen bei Verbänden
Veranstaltungen mit Insolvenzverwaltern/Juristen
Lieferantenaudit
Persönlicher Austausch mit den Lieferanten
Gemeinsame Workshops mit Lieferanten

Abb. 3.16 Methoden zur Identifikation neuer Risikofaktoren. (Quelle: Eigene Darstellung)

Verfahren zu verwenden.[142] Geeignet sind standardisierte Checklisten, die bereits auch für die Risikoidentifikation auf Verteilnetzbetreiber-Ebene empfohlen wurden. Ihre Grundtechnik ermöglicht es, Prozesse nach Auffälligkeiten und Defiziten zu hinterfragen und daraus ableitend Risikofaktoren zu bestimmen.[143] Zielführend ist auch der direkte Austausch mit externen Experten, wie mit Mitarbeitern von Auskunfteien oder anderen Verteilnetzbetreibern. Auch Veranstaltungen bei Energieverbänden oder Insolvenzverwaltern/Juristen der Energiewirtschaft lassen einen Erkenntnisgewinn zu Risikofaktoren einer Insolvenz und Anfechtung erwarten. Das Lieferantenaudit und der persönliche Austausch mit Lieferanten – auch im Rahmen von Lieferantenworkshops – eignen sich ungeachtet des Aufwands neben der Erkennung der definierten Risikofaktoren gleichzeitig auch zur Identifikation neuer Risikofaktoren.

[142] Vgl. Ebert, C. (2013), S. 25.

[143] In Anlehnung an Burger, A./Buchhart, A. (2002), S. 83.

Systemkontrolle

Zur effektiven und effizienten Umsetzung des Risikomanagements ist auch das Risikomanagement selbst zu kontrollieren.[144] Audits der Innenrevision dienen dazu, die Zweckmäßigkeit und ordnungsgemäße Umsetzung des Risikomanagements zu prüfen.[145] Dadurch sollen Probleme in den Abläufen erkannt und unter der Rückmeldeverpflichtung an die Auditoren die Beseitigung identifizierter Mängel sichergestellt werden. Zur Anwendung des Risikomanagements eignen sich zudem Best Practise Benchmarks.[146] Hier lassen sich zwischen den Verteilnetzbetreibern Prozessoptimierungen oder IT-Lösungen zur Umsetzung diskutieren und optimieren.

Die Risikoüberwachung deckt durch die Dreiteilung unterschiedliche Teile im Risikomanagement ab und stellt ein breites Instrumentarium dazu bereit. Nach einer empirischen Untersuchung der Praxis der Verteilnetzbetreiber sind für die Aufnahme in das Modell primär die Methoden auszuwählen, die aus Sicht der Verteilnetzbetreiber geeignet sind.

3.3.5 Integration und organisatorische Verankerung

Eine an die Strukturen des Unternehmens angepasste Integration des Risikomanagements und Festlegung der Verantwortlichkeiten sind wesentliche Elemente für eine erfolgreiche Umsetzung des Risikomanagements.[147] Im theoretischen Bezugsrahmen wurde bereits die Relevanz zur Integration von Risikomanagement-Teilsystemen des Risikomanagements in die verantwortlichen Fachbereiche aufgezeigt. Als Teilsystem des Risikomanagements der Verteilnetzbetreiber ist das Risikomanagement der Verteilnetzbetreiber-Lieferanten-Beziehung in demjenigen Fachbereich einzuordnen, der die größte Nähe zu den risikorelevanten Informationen hat und die Verantwortung zur Vereinnahmung der Netzentgelte trägt. Dies spricht in einer ersten Annahme für eine Integration in den Bereich des Forderungsmanagements, da dieser Bereich durch die Rechnungsstellung auf die Daten zur Kunden-Lieferanten-Zuordnung, Zählerstände und Lieferantenwechsel zurückgreifen muss. Zusätzlich zur Verfügbarkeit dieser Informationen werden hier Defizite im Zahlungsverhalten zuerst erkannt und ermöglichen somit die schnellste Reaktion.

---

[144] Vgl. Krahe, A. (2010), S. 54.
[145] Vgl. Eller, R. et al. (2010), S. 148.
[146] Vgl. Wildemann, H. (2006), S. 159.
[147] Vgl. Pfohl, H.-C. et al. (2008), S. 71.

Zur Ausarbeitung der Empfehlung im Rahmen des Modells sind die Verteilnetzbetreiber zur organisatorischen Einbindung des Forderungsmanagements, aber auch zu Hinweisen für eine erfolgreiche Integration zu befragen. Dies erfolgt nach einer Zusammenfassung des Metamodells mit Kapitel vier.

3.4 Zusammenfassung des Metamodells und weitere Vorgehensweise

Unter dem Ziel der Entwicklung eines Modells zum strategischen Risikomanagement, das den Verteilnetzbetreibern Handlungsempfehlungen zur Reduzierung des finanzwirtschaftlichen Risikos aus Lieferanteninsolvenzen und insolvenzrechtlichen Anfechtung zur Verfügung stellt, wurde in den vergangenen Ausführungen ein Metamodell entwickelt.

Der Aufbau fußt auf den aus dem klassischen Risikomanagement abgeleiteten Hauptelementen der Rahmenbedingungen, Einflussgrößen und Gestaltungsfelder. Diese wurden an die Verteilnetzbetreiber-Lieferanten-Beziehung angepasst, indem die extrahierten energiewirtschaftlichen Besonderheiten der Verteilnetzbetreiber-Lieferanten-Beziehung sowie Leitlinien als Rahmenbedingungen definiert und die zu beachtenden Risikofaktoren als Einflussgrößen des Lieferanteninsolvenzrisikos und Anfechtungsrisikos empirisch erhoben wurden. Zur Konfiguration der Gestaltungsfelder der Risikoidentifikation auf Verteilnetzbetreiber-Ebene, Risikoanalyse/-bewertung, Risikohandhabung und Risikoüberwachung wurden die energiewirtschaftlichen Rahmenbedingungen und Einflussgrößen mit den Gestaltungsfeldern des Risikomanagements verknüpft und aus der Betriebswirtschaft abgeleitete, aber auch induktiv erkannte Instrumente und Vorgehensweisen appliziert. Ebenso ließen sich Gestaltungsmöglichkeiten zur Integration und organisatorischen Verankerung des Risikomanagements erarbeiten.

Das Metamodell ist durch die systematische Modellierung ein wesentlicher Schritt zur Modellausprägung. Zur Abbildung eines praxisadäquaten Modells ist es im Folgenden zur zielgerichteten empirischen Untersuchung der Verteilnetzbetreiber als zukünftige Anwendergruppe heranzuziehen. Die Erhebung der bestehenden Risikomanagementaktivitäten, Methodenkompetenzen sowie der Erfahrungen und Anforderungen der Verteilnetzbetreiber ermöglichen es, ein Konsensmodell zu generieren, das der Theorie und Praxis gleichermaßen gerecht wird und auf dem Reifegrad und Kenntnisstand der Praxis zum Risikomanagement aufbaut.

Empirische Untersuchung in der Praxis der Verteilnetzbetreiber

4

Mit dem Metamodell stehen nun verschiedene Möglichkeiten zur Ableitung des Modells zum Risikomanagement zur Verfügung. Um die praktische Machbarkeit und dadurch auch eine möglichst große Akzeptanz zur Umsetzung des Risikomanagements zu erreichen, ist nach der Problembeschreibung, Literaturanalyse und Modellierung die zukünftige Anwendergruppe in die Modellgestaltung mit einzubeziehen. Dazu wird eine empirische Untersuchung mit ausgewählten Verteilnetzbetreibern durchgeführt. Nachfolgend werden die Zielsetzung und das methodische Vorgehen der empirischen Untersuchung begründet. Daran anschließend wird die Datenerhebung erläutert und die Datenanalyse mit den daraus gewonnenen Ergebnissen vorgestellt. Das Kapitel schließt mit einer kritischen Würdigung der empirischen Untersuchung.

4.1 Zielsetzung und methodisches Vorgehen

Die Sicherstellung eines theoretisch fundierten und praxisadäquaten Modells zum Risikomanagement erfordert es, dass sich dieses zum einen möglichst nah an den Kenntnisständen und Erfahrungen der gegenwärtigen Praxis ausrichtet und es zum anderen die Anforderungen der Verteilnetzbetreiber berücksichtigt. Die Zielsetzung der folgenden empirischen Untersuchung besteht daher in der Erhebung der Reifegrade zum Risikomanagement in der Praxis der Verteilnetzbetreiber sowie der Gegenüberstellung der definierten Elemente des Metamodells mit der Sichtweise

---

Elektronisches Zusatzmaterial Die elektronische Version dieses Kapitels enthält Zusatzmaterial, das berechtigten Benutzern zur Verfügung steht https://doi.org/10.1007/978-3-658-31614-3_4

K. R. Eiselbrecher, *Strategisches Risikomanagement für Verteilnetzbetreiber im liberalisierten Energiemarkt*, https://doi.org/10.1007/978-3-658-31614-3_4

der Praktiker. Dazu werden vier Teilziele verfolgt:

1. Erhebung des derzeitigen Vorgehens der Verteilnetzbetreiber zum Umgang mit dem finanzwirtschaftlichen Risiko aus der Lieferantenbeziehung.
2. Identifikation der von den Verteilnetzbetreibern als relevant eingestuften Einflussgrößen und ihrer Anforderungen an das Risikomanagement.
3. Analyse der im Metamodell definierten Methoden hinsichtlich der Kenntnis der Verteilnetzbetreiber sowie der bestehenden Anwendung und bewerteten Eignung in der Verteilnetzbetreiber-Lieferanten-Beziehung.
4. Erfassen von Hinweisen zur Integration und organisatorischen Verankerung des Risikomanagements.

Die daraus gewonnenen Erkenntnisse schaffen die Grundlage, das Modell in einem späteren Arbeitsschritt aus der Synthese von Theorie und Praxis zu generieren. Durch die Nachvollziehbarkeit der Kenntnisstände und Reifegrade lassen sich die Handlungsempfehlungen zur Anwendung in der Praxis gezielt formulieren.

In Bezug auf die Wahl des geeigneten methodischen Vorgehens ist festzustellen, dass die Teilziele überwiegend eine qualitative Erhebungsmethode erfordern. Diese ermöglicht einen tieferen Einblick in die Vorgehensweise und Sichtweisen der Verteilnetzbetreiber und dient dem Verständnis relevanter Zusammenhänge. Insbesondere die Methodenbewertung stellt jedoch ein quantitatives Element dar, wofür aus Gründen eines zeitlich weniger aufwändigen und einfacheren Analyseverfahrens oftmals eine schriftliche Erhebung mittels Fragebögen gewählt wird.[1] Für eine kombinierte Erfassung qualitativer und quantitativer Aspekte eignen sich nach ATTESLANDER (2010) teilstrukturierte, mündliche Experteninterviews.[2] Dieser Empfehlung wird aus verschiedenen Gründen gefolgt: Die Angaben zur Vorgehensweise und Methodenbewertung sollen miteinander verglichen und plausibilisiert werden können, was die Befragung der gleichen Person voraussetzt. Eine Zweiteilung der Abfrage in einen qualitativen Interviewteil und eine quantitative Fragebogenerhebung würde dies nicht garantieren, da weder die Beantwortung des Fragebogens durch die ausgewählte Person noch deren mögliche Beeinflussung

[1] Vgl. BRAKE, A. (2005), S. 35, S. 56.

[2] Vgl. ATTESLANDER, P. (2010), S. 133 unter Verweis auf die Relevanz zur Anwendung von Leitfäden (S. 135). Dabei müssen die Fragen nicht in der erfassten Reihenfolge gestellt werden, sondern können sich aus dem Gesprächsverlauf ergeben. Im Rahmen einer flexiblen Gesprächsführung ist es die Aufgabe des Interviewers, den Anstoß zur freien Erzählung zu geben und das Gespräch zur Beantwortung der Fragen entsprechend zu steuern.

durch einen Dritten kontrollierbar ist.[3] Darüber hinaus muss die Methodenabfrage sicherstellen, dass alle Befragungsteilnehmer die Methoden einheitlich interpretieren.[4] Die Vermutung, dass die Verteilnetzbetreiber durch ihre schlechten Erfahrungen der Vergangenheit „übersensibilisiert" sein könnten, führt darüber hinaus auch zu der Erfordernis, die Methodenbewertungen insbesondere die Gründe zur Ablehnung nachzuvollziehen. So könnten Maßnahmen mit schneller Wirkung, wie die Kündigung des Netznutzungsvertrags, eher als geeignet bewertet werden, als vertrauensbildende Maßnahmen mit einem zeitlichen Wirkungsverzug.[5] Der gewählte qualitative Forschungsansatz lässt die Bewertungskriterien hinterfragen und zugleich auch die Validität der Untersuchungsergebnisse erhöhen.

Die Sensibilität des Themas und die damit verbundenen Bedenken, dass eine Aufzeichnung der Interviews die Offenheit der Befragten einschränken könnte, führten zur Entscheidung für einen Interviewbeisitzer. Seine Teilnahme an jeder Befragung ermöglicht es, die richtige Erfassung der Interviewinhalte nachzuweisen. Der Beisitzer ist bei einem Dienstleister eines Energieversorgungsunternehmens beschäftigt und zeichnet sich durch ein enormes Fachwissen sowohl im Forderungsmanagement der Verteilnetzbetreiber als auch der Lieferanten aus. Durch seine langjährige Berufserfahrung kennt er die für diese Arbeit relevanten Problemstellungen, wodurch er zur Entlastung des Interviewers gleichzeitig auch die Rolle eines zweiten Interviewers einnehmen kann.

4.2 Datenerhebung

Die Datenerhebung lässt sich in die vier Phasen Auswahl der Interviewpartner, Vorbereitung der Interviews, Durchführung der Interviews und Nachbereitung der Interviews unterteilen. Sie werden nachfolgend aufgezeigt und erläutert.

---

[3] Vgl. ATTESLANDER, P. (2010), S. 157 unter dem Hinweis, dass die Anzahl nicht beantworteter Fragebögen erheblich ist.

[4] Vgl. ebenda. Für schriftliche Befragungen besteht grundsätzlich die Möglichkeit eines Glossars. Dieser wird jedoch auf Grund des unklaren Kenntnisstandes der Verteilnetzbetreiber und der Übertragung betriebswirtschaftlicher Instrumente in die Energiewirtschaft als nicht ausreichend angesehen, um eine einheitliche Sichtweise zu garantieren.

[5] Vgl. hierzu auch EBERT, C. (2013), S. 56. Dieser statuiert, dass bei einem Gefühl der Machtlosigkeit die Entscheidungsträger Risiken eher überschätzen. Daraus lässt sich eine Tendenz zur Bevorzugung „starker" Maßnahmen mit einem deutlich wirksamen Effekt ableiten.

4.2.1 Auswahl der Verteilnetzbetreiber und Charakterisierung der Interviewpartner

Wie bereits in Abschnitt 3.2.1 im Rahmen der empirischen Untersuchung zu den Risikofaktoren einer Insolvenz und Anfechtung erwähnt, arbeitet die qualitative Forschung wegen des hohen Analyseaufwands mit kleinen Stichproben.[6] Um die Aussagekraft der Forschungsergebnisse zu stärken, fordert die qualitative Forschung eine Variantenvielfalt der Untersuchungsobjekte.[7] Zur Bestimmung der Stichprobe der Verteilnetzbetreiber wurden daher folgende Kriterien definiert:

- Verteilnetzbetreiber unterschiedlicher Größe, die sich gemessen an der Anzahl der an das Netz angeschlossenen Entnahmestellen[8] in große, mittlere und kleine Verteilnetzbetreiber unterteilen lassen.
- Davon ein kleiner Verteilnetzbetreiber mit und ein kleiner ohne Verpflichtung zur rechtlichen Entflechtung (Unbundling) des Netzbetriebs.[9]
- Davon der durch seine Tagungsbeiträge als Branchenführer angenommene große Verteilnetzbetreiber und zum Vergleich ein weiterer großer Verteilnetzbetreiber.
- Da der vermeintliche Branchenführer Strom- und Gasnetze betreibt, gilt der Netzbetrieb in beiden Sparten als generelles Auswahlkriterium für die Verteilnetzbetreiber.
- Betroffenheit der Verteilnetzbetreiber von den Insolvenzen der TELDAFAX ENERGY GMBH und FLEXSTROM AG.

Aus diesen Anforderungen leitet sich eine Stichprobengröße von fünf Verteilnetzbetreibern ab. Die Auswahl der geeigneten Verteilnetzbetreiber wurde von Interviewer und Beisitzer gemeinsam getroffen. Dabei wurde darauf geachtet, dass die fünf Verteilnetzbetreiber keine Einzelfälle, sondern Repräsentanten ihrer zugeordneten Gruppe sind.[10] Hier war die Einschätzung des Beisitzers von erheblicher Bedeutung, da er durch seine Verbandstätigkeit über den für diese Beurteilung erforderlichen Einblick in die Praxis der Verteilnetzbetreiber verfügt.

---

[6] Vgl. KELLE, U./KLUGE, S. (2010), S. 109; vgl. LETTAU, A./BREUER, F. (o. J.), S. 5.

[7] Vgl. KELLE, U./KLUGE, S. (2010), S. 109; vgl. hierzu auch FLICK, U. (2011), S. 165.

[8] Dies stellt eine branchenübliche Messgröße für Verteilnetzbetreiber dar, welche nach § 7 Abs. 2 EnWG auch die Verpflichtung zur rechtlichen Entflechtung regelt.

[9] Vgl. zur Abgrenzung § 7 Abs. 2 EnWG, in welchem als Grenze 100.000 an das Verteilnetz angeschlossene Kunden definiert sind.

[10] Vgl. FLICK, U. (2011), S. 214.

Der Auswahl der Verteilnetzbetreiber folgte die Suche nach Experten, die für die Befragung geeignet sind. Grundsätzlich erfordern Experteninterviews als Probanden Personen, die über eine „(…) besondere und umfassende Erfahrung (…)“ im Hinblick auf den Forschungsgegenstand verfügen.[11] Die Literatur nennt als Richtwert zur Einstufung als Experte eine Erfahrung ab 10.000 Stunden[12] und damit eine etwa fünfjährige Beschäftigungszeit. Dieser Aussage kann für die vorliegende empirische Untersuchung nicht gefolgt werden, da als besondere Erfahrung der Einbezug in die Insolvenzen der TELDAFAX ENERGY GMBH im Jahr 2011 und der FLEXSTROM AG im Jahr 2013 gelten muss. Experten im Sinne dieser Untersuchung zeichnen sich damit durch folgende Merkmale aus:

- Berufliche Tätigkeit für den Verteilnetzbetreiber in mindestens einem Geschäftsprozess zur Abwicklung der Netznutzung (keine Juristen), bevorzugt im Forderungsmanagement.
- Einbezogen in die Bearbeitung der Insolvenzen der TELDAFAX ENERGY GMBH und FLEXSTROM AG, zumindest ab der Insolvenzanmeldung der TELDAFAX ENERGY GMBH.[13]

Mit diesen Kriterien wird gewährleistet, dass die Auskunftspersonen einen direkten Bezug zur Problemstellung haben. Ihre langjährige Berufserfahrung lässt fundierte Kenntnisse zur Abwicklung der Netznutzung und den damit verbundenen Geschäftsprozessen zwischen Verteilnetzbetreibern und Lieferanten unterstellen. Ihre direkte Betroffenheit lässt zudem ein Interesse an der Problemlösung und damit auch eine Bereitschaft zur Teilnahme an der Untersuchung erwarten.

Aufgrund der Relevanz zur kritischen Reflexion der Experten stellen die Eigenschaften der Offenheit und Ehrlichkeit entscheidende Voraussetzungen für valide Forschungsergebnisse dar. Dies setzt ein Vertrauensverhältnis zwischen den Interviewteilnehmern voraus, weshalb die zu befragenden Experten aus den persönlichen Kontakten von Interviewer und Beisitzer ausgewählt wurden. Der Anfrage zur Teilnahme an dem Interview folgten alle favorisierten Experten, wobei in einem Fall an einen Kollegen als Fachspezialisten verwiesen wurde. Abb. 4.1 fasst die Verteilnetzbetreiber (VNB) und Experten zusammen, die für diese empirische Untersuchung gewonnen werden konnten:

---

[11] ATTESLANDER, P. (2010), S. 141.

[12] Vgl. HABICHT, H. (2008), S. 193 nach ERICSSON, K. A. (1996), S. 288 (Originalquelle nicht einsehbar).

[13] Hieraus lässt sich folgern, dass zumindest für die Insolvenz der FLEXSTROM AG alle Entwicklungsstufen von ersten Presseberichten bis hin zur Insolvenz mit durchlaufen wurden.

		VNB1	VNB2	VNB3	VNB4	VNB5
VNB	**Größe Verteilnetzbetreiber nach Anzahl angeschlossener Kunden**	klein (de-minimis)	groß	mittel	groß (Branchenführer?)	klein
	Anzahl Entnahmestellen (Strom und Gas) Geschätzte Angaben der Verteilnetzbetreiber	40.000	2.400.000	560.000	1.160.000	240.000
	Anzahl Lieferanten (Strom und Gas)	201-300	401-500	301-400	401-500	301-400
Interviewpartner	**Tätig bei**	Konzern	VNB	VNB als Dienstleister	VNB	VNB als Dienstleister
	Position	Teamleiter Forderungs-management	Leiter Netzzugang	Leiter Forderungs-management	Manager Netznutzung	Gruppenleiter Forderungs-management
	Experte	ja	ja	ja	ja	ja
	Betroffenheit TelDaFax	X	X	X	X	X
	Betroffenheit FlexStrom AG	X	X	X	X	X

Abb. 4.1 Datenbasis zur empirischen Untersuchung der Praxis. (Quelle: Eigene Darstellung)

4.2.2 Vorbereitung der Interviews

Für die Durchführung der Interviews wurde ein Leitfaden erstellt (vgl. Anhang 3).[14] Dieser ist insbesondere bei Experteninterviews mit problemzentrierten Inhalten von enormer Relevanz, um nicht zu weit von den fokussierten Inhalten abzuweichen und zu den vorformulierten Fragen innerhalb der vorgesehenen Zeit auch eine Antwort zu bekommen.[15] Dabei lassen sich die Antworten zu den Fragen auch aus den Diskussionen ableiten und müssen nicht direkt gestellt werden. Der Leitfaden untergliedert sich in drei Teile: Der erste Teil umfasst allgemeine Fragen zur Charakterisierung der Verteilnetzbetreiber und Interviewpartner. Der zweite Teil beinhaltet Leitfragen zur Gestaltung des Risikomanagements in der Praxis. Ferner integriert er das quantitative Element der Methodenbewertung, mit dem die Kenntnis, Anwendung und Eignung aus Sicht der Praktiker abgefragt wird. Der dritte Teil dient der Erfassung möglicher Vorschläge zur Integration und Implementierung des Risikomanagements.

[14] Vgl. ATTESLANDER, P. (2010), S. 141.

[15] Vgl. hierzu FLICK, U. (2011), S. 215, der in diesem Zusammenhang auf den Zeitdruck von Experten hinweist.

Der Leitfaden wurde mit dem Beisitzer besprochen und ein Pretest[16] durchgeführt. Inhaltlicher Änderungsbedarf ergab sich daraus nicht. Allerdings konnte durch die lange Dauer des Pretests von mehr als eineinhalb Stunden den Interviewpartnern ein Zeitbedarf von rund zwei Stunden mitgeteilt werden.

4.2.3 Durchführung der Interviews

Die Interviews wurden im Zeitraum November 2017 bis November 2018 durchgeführt. Während die Befragungen von VNB1, VNB2 und VNB3 innerhalb der ersten drei Wochen stattfanden, konnten VNB4 und VNB5 aus diversen Gründen erst einige Monate später interviewt werden.

Wegen der großen Distanzen zwischen den jeweiligen Teilnehmern wurden die Interviews in vier Fällen telefonisch geführt. Eine Befragung konnte im persönlichen Treffen stattfinden. Die örtliche Nähe von Interviewer und Beisitzer ermöglichten eine gemeinsame Vorbereitung direkt vor den Befragungen sowie die Durchführung des Interviews von einem Telefon aus. Die zusätzliche Rolle des Beisitzers als zweiter Interviewer brachte neben dem Nutzen der doppelten Protokollierung auch die Vorteile der Entlastung des Interviewers und der erleichterten Anregung zur Diskussion. Besonders gewinnbringend war die Nachbesprechung der Expertenbefragung. Diese beinhaltete die Diskussion zum Gesamteindruck des jeweiligen Interviews und zu festgestellten Auffälligkeiten der erhaltenen Informationen.

Alle Interviews konnten ohne Störungen konzentriert durchgeführt werden. Ihre Dauer variierte und lag zwischen einer Stunde und knapp zwei Stunden. Zur Einführung wurden die Teilnehmer einander vorgestellt und eine entspannte Atmosphäre geschaffen. Die Interviewpartner wurden über die Vertraulichkeit der Inhalte und die anonymisierte Verwendung im Rahmen der Dissertation informiert. Der Verzicht auf einen Mitschnitt wurde von allen begrüßt. Mit der Dokumentation zum Interview durch Protokollführung und den Beisitzer als Zeugen waren alle einverstanden.

Mit Beginn des Interviews wurden zunächst die wesentlichen Angaben zum Verteilnetzbetreiber und Interviewpartner erfasst. In diesem Zusammenhang wurde die angenommene Einordnung des Interviewpartners als Experte nochmals überprüft. Der dadurch hergestellte Bezug zur TELDAFAX ENERGY GMBH und FLEXSTROM AG leitete direkt in den zweiten Teil über. Die Fragen zur Gestaltung des Risikomanagements wurden so gestellt, dass die Befragten frei erzählen konnten. Daraus entwickelte sich eine Diskussion, in die Nachfragen durch den Interviewer und Beisitzer einfließen konnten ohne den Ablauf dadurch zu behindern. Da alle

[16] Vgl. ATTESLANDER, P. (2010), S. 295f.

Gesprächsteilnehmer aus dem gleichen Fachgebiet kommen, stellte auch der Interviewpartner Fragen und konnte somit ebenfalls von der Befragung profitieren. Die Methodenabfrage erfolgte fokussiert, zu den Methoden waren in allen Interviews wie erwartet Erläuterungen notwendig. Mit der Frage nach Hinweisen für eine erfolgreiche Integration des Risikomanagements in der Praxis schloss das Interview.

4.2.4 Nachbereitung Interviews

Zur Dokumentation der Interviews wurden die Protokolle von Interviewer und Beisitzer zusammengeführt. Hierzu wurden die erhaltenen Informationen den Fragen des Leitfadens zugeordnet. Dieses Dokument wurde vom Beisitzer zur Bestätigung der Richtigkeit der Interviewinhalte unterzeichnet. Aus den erhobenen Daten wurde in Excel eine Evaluationsmatrix erstellt, die eine Vergleichbarkeit der Interviewinhalte über alle fünf Verteilnetzbetreiber ermöglichte. Auf die Anwendung der Analysesoftware ATLAS.TI wurde verzichtet, da die Stichprobengröße auch mit Excel eine übersichtliche Bearbeitung gewährleistete. Darüber hinaus wurde eine detaillierte Ausarbeitung als auch eine Management Summary zu den einzelnen Interviews erstellt. Unplausibel erscheinende Inhalte wurden mit dem Beisitzer diskutiert und gegebenenfalls bei den Interviewpartnern nachgefragt.

4.3 Datenanalyse und Erkenntnisse

Die Analyse der empirischen Erhebung wurde in zwei Schritten vollzogen. Zunächst werden die grundsätzlichen Vorgehensweisen der Verteilnetzbetreiber zur Reduzierung des finanzwirtschaftlichen Risikos aus der Lieferantenbeziehung vorgestellt und der Entwicklungsstand der Risikomanagementausprägung in der Praxis ermittelt. In einem zweiten Analyseschritt werden die Gestaltungsfelder des Metamodells aus der Sicht der Verteilnetzbetreiber kritisch vorgestellt. Unter der Zielstellung eines von allen Verteilnetzbetreibern einheitlich anwendbaren Modells ist es zweckmäßig, die Teilergebnisse der befragten Verteilnetzbetreiber an geeigneter Stelle zu einem Gesamtergebnis zusammenzufassen. Damit wird eine einheitliche Bezugsgröße zur Modellgestaltung geschaffen, welche die Fähigkeiten und Erfahrung der Verteilnetzbetreiber angemessen berücksichtigen lassen. Die gewonnenen Erkenntnisse sind bei der Ableitung des Modells und Formulierung von Anwendungs- und Handlungsempfehlungen zu beachten.

4.3.1 Derzeitiges Vorgehen der Verteilnetzbetreiber

Zur Erfassung der durchschnittlichen Ausprägung des Risikomanagements in der Praxis der Verteilnetzbetreiber werden zunächst die individuellen Vorgehensweisen zur Reduzierung des finanzwirtschaftlichen Risikos vorgestellt.

4.3.1.1 Fallstudie VNB1

Die Insolvenzen der TELDAFAX ENERGY GMBH und FLEXSTROM AG haben VNB1 in Bezug auf das Risiko von Forderungsausfällen aus Lieferanteninsolvenzen und Anfechtungen sensibilisiert. Während es bei VNB1 vor dieser Zeit keinerlei Überlegungen zur Forderungsverfolgung aus der Netznutzung gab – „(...) keine Auswertung der fälligen Forderungen, gar nichts (...)" –, wurde nach einer Prüfung zur Versicherung der Forderungsausfälle entschieden, dass der Bereich Forderungsmanagement dem finanzwirtschaftlichen Risiko selbst durch interne Maßnahmen begegnen soll. Ein Risikomanagement ist nicht implementiert: „Bisher gibt es ja nichts". Zur Sicherung der Forderungen geht VNB1 wie folgt vor:

Die Rechnungsstellung erfolgt unter Anwendung der gültigen EDIFACT-Formate. Aktualisierungen der Datenformate werden an Wochenenden durchgeführt, um die Rechnungsstellung nicht zu beeinträchtigen. Alle zwei Wochen werden die fälligen Forderungen ausgewertet. Lieferanten mit Zahlungsverzug werden von dem zuständigen Mitarbeiter per E-Mail zur Zahlung aufgefordert. Bleibt dies ohne Erfolg, wird der Lieferant telefonisch kontaktiert. Dadurch sollen Fehler in der Rechnungsstellung und Reklamationen geklärt werden, da VNB1 infolge der Umstellung auf die elektronische Abrechnung im EDIFACT-Format[17] fehlerhafte Rechnungen nicht ausschließen kann. Elektronisch übermittelte Reklamationen kann VNB1 aufgrund von Ressourcenengpässen nur selten auswerten.

Werden auch nach der Klärung die Forderungen nicht beglichen, erstellt der Mitarbeiter eine schriftliche Mahnung. Ob eine zweite Mahnung folgt, entscheidet der zuständige Mitarbeiter in Abhängigkeit des Mahnbetrags. Ein Grenzwert ist nicht festgelegt. Werden auch nach der zweiten Mahnung keine Zahlungseingänge verzeichnet, erfolgt die Prüfung zur Forderung der Vorauszahlung. Hier entscheidet der Interviewpartner in seiner Rolle als Teamleiter, ob diese wegen des manuellen Abwicklungsaufwands aus Wirtschaftlichkeits- und Ressourcengründen, aber auch aus dem „Bauchgefühl" heraus umgesetzt wird. Würde auch diese nicht geleistet

[17] Anmerkung: Mit Einführung des EDIFACT-Formats wurde die Verbuchungssystematik verändert. Während Zahlungseingänge früher pauschal dem Lieferanten zugeordnet wurden, werden die Netzentgelte inzwischen direkt den Kunden des Lieferanten zugewiesen.

werden, stimmt er sich mit dem Leiter Rechnungswesen über eine Kündigung der Netznutzung ab.

Neben den Zahlungsverzügen sind die Mitarbeiter des Forderungsmanagements dazu angehalten, auf negative Marktinformationen über Lieferanten zu achten. Tritt eines dieser beiden Merkmale auf, so wird der Lieferant intern als „böser“ Lieferant bezeichnet und stärker beobachtet. Dies bedeutet eine außerturnusmäßige Auswertung der fälligen Forderungen, kann aber zugleich auch die Anforderung einer Bonitätsauskunft durch eine anerkannte Auskunftei auslösen. Als Prämisse zur Einleitung der Maßnahmen ist der wiederholte und trotz Aufforderung bestehende Zahlungsverzug definiert. Als mögliche Maßnahmen sieht VNB1 neben der manuellen Abwicklung bei Systemproblemen nur die Vorauszahlung und die Kündigung des Netznutzungsvertrags. Diese sind seiner Meinung nach aber an zu lange Fristen gebunden. Er sieht daher die BNetzA stärker in der Verantwortung, gegen risikobehaftete Lieferanten vorzugehen. Diese kontaktiert er auch selbst bei Unsicherheiten im Umgang mit risikobehaftet erscheinenden Lieferanten.

In Bezug auf das Anfechtungsrisiko erachtet VNB1 unter anderem aus der Erfahrung vergangener Anfechtungen und einer Teamschulung durch einen externen Fachanwalt die Faktoren Verhalten der Mitarbeiter/keine negativen Äußerungen zur wirtschaftlichen Lage, Einhaltung des Bargeschäfts, Einhaltung der Standardprozesse und keine Annahme Zahlungen Dritter als relevant. Bei neuen Anfechtungen würde auf weitere Risikofaktoren geprüft werden. Die Mitarbeiter des Forderungsmanagements sind mit zwei Ausnahmen zur Einhaltung angehalten: Zahlungen Dritter werden angenommen, jedoch wird der Lieferant zur zukünftig direkten Zahlung aufgefordert. Empfindet der Teamleiter eine hohe Insolvenzgefahr, wird vom Standard abgewichen und der Druck zur Zahlung erhöht: „Was man an Euro bekommt, ist schon mal da!“

In regelmäßigen Abständen wird der Forderungsbestand an die Geschäftsführung und den Leiter des Rechnungswesens gemeldet. Bei einer vermuteten Insolvenzgefahr eines Lieferanten erfolgt ein Sonderbericht. Dieser beinhaltet den Risikolieferanten unter Nennung des drohenden Forderungsausfalls. Unter der Annahme, dass einer Insolvenz auch eine Anfechtung folgt, setzt sich dieser aus den fälligen Forderungen und den insolvenzrechtlichen Rückzahlungen aller Zahlungseingänge der letzten drei Monate zusammen.

Der befragte Experte hat sein Wissen insbesondere durch die Erfahrung der Vergangenheit und den Besuch von Tagungen aufgebaut. Dieses gibt er in seiner Funktion als Teamleiter mündlich an seine Mitarbeiter weiter, die teilweise auch selbst kleinere Veranstaltungen besuchen. Eine Handlungsanweisung gibt es nicht. Auf die Einhaltung der Vorgaben wird aufgrund der räumlichen Nähe sowie des permanenten Austauschs zwischen Teamleiter und Mitarbeitern vertraut: „Abweichungen würde ich merken“. Gern würde der Teamleiter die fälligen Forderungen und Reklamationen häufiger auswerten. Dem stehen jedoch Ressourcenengpässe und fehlende Automatisierungen entgegen.

4.3.1.2 Fallstudie VNB2

Erhebliche Netzentgeltverluste aus den Fällen TELDAFAX ENERGY GMBH und FLEXSTROM AG haben VNB2 das finanzwirtschaftliche Risiko aus der Lieferantenbeziehung vor Augen geführt. Während es vor diesen Insolvenzen keine Maßnahmen gab, um derartigen Forderungsausfällen entgegenzuwirken, wurde inzwischen ein Dienstleister zur Forderungsverfolgung beauftragt. Ein Risikomanagement besteht bei VNB2 beziehungsweise dem Dienstleister nicht. Es wird als „(...) unterentwickeltes System der Verteilnetzbetreiber (...)“ beschrieben, das aber wegen des enormen Risikos als wichtiges Thema erachtet wird.

Der Dienstleister gewährleistet mit der Anwendung der stets aktuellen EDIFACT-Datenformate eine konsequente Rechnungsstellung. Fehler in der Abrechnung können durch die mit der elektronischen Rechnungsstellung geänderten Verbuchungssystematik jedoch nicht ausgeschlossen werden. Die fälligen Forderungen werden wöchentlich ausgewertet. Lieferanten mit Zahlungsverzug werden telefonisch kontaktiert, um fehlerhafte Rechnungen zu klären. Ein Mahnwesen ist nicht implementiert. Stattdessen sind Lieferanten mit nicht klärbaren Forderungen über 1.000 Euro vom Dienstleister an den Verteilnetzbetreiber zu melden.

Diese Lieferanten werden ebenso wie Lieferanten mit negativen Marktinformationen einer Einzelfallprüfung durch den VNB2 unterzogen. Diese beinhaltet die Bewertung des Zahlungsverhaltens und eine Recherche zur Stabilität des Lieferanten, die auch eine Bonitätsauskunft beinhalten kann. Ob Handlungsbedarf besteht, wird subjektiv und zur Vermeidung weiterer Forderungsausfälle durch den Leiter des Bereichs Netznutzung recht schnell entschieden. Als Maßnahme ist der Entzug der Netznutzung festgelegt. Die vertraglichen Vorgaben wie das Mahnwesen und die Vorauszahlung werden bewusst ignoriert. Diese empfindet er als zu kompliziert und hält die darin geregelten Fristen zur Einleitung von Maßnahmen als zu lang. Zudem ist VNB2 „(...) durch die erlittenen Verluste aus der Vergangenheit (...) sensibler und rigoroser geworden.“ Beschwerden der Lieferanten zum Entzug der Netznutzung können gegebenenfalls eine Änderung der Kündigung in die Vorauszahlung bewirken. Wegen des immensen Aufwands der manuellen Abwicklung wird jedoch versucht, diese zu vermeiden. Weitere Möglichkeiten zur Risikohandhabung sieht VNB2 nicht. Er hat sich „(...) mit der Situation abgefunden, dass man nichts tun kann.“ In diesem Zusammenhang stellt er sich auch die Frage, ob das von der BNetzA geplante System wirklich richtig ist. Insbesondere auch, ob die BNetzA ein „Unrechtsbewusstsein“ hat, dass ihr immer noch mangelndes Eingreifen bei risikobehafteten Lieferanten „(...) das Risiko auf die Verteilnetzbetreiber und auch auf die Letztverbraucher überträgt.“

Das Anfechtungsrisiko nimmt im Vergleich zum Lieferanteninsolvenzrisiko eine eher untergeordnete Rolle ein. So wird ohne Vorgabe von Anweisungen davon ausgegangen, dass der Dienstleister sich angemessen verhält und keine Anfechtungsgrundlage schafft. Zahlungen Dritter werden angenommen, wobei die Lieferanten aber zum zukünftig direkten Forderungsausgleich aufgefordert werden. Schulungen zum anfechtungssicheren Verhalten und eine Überprüfung des Anfechtungsrisikos gibt es nicht. So sollen die Juristen bei Anfechtungen die Vorwürfe des Insolvenzverwalters entkräften.

Hält VNB2 eine Insolvenz und Anfechtung für wahrscheinlich, dann muss zur Kündigung nicht unbedingt ein Zahlungsverzug vorliegen. Zur Abschätzung der möglichen Verluste werden unter der Annahme, dass der Insolvenz eine Anfechtung folgt, die fälligen Forderungen und die Zahlungen der letzten vier Jahre als maximaler Anfechtungszeitraum addiert. Sofern daran gedacht wird, wird die Mehr-/Mindermengenabrechnung mit einbezogen.

VNB2 hat ein Berichtswesen implementiert, mit dem die Geschäftsführung regelmäßig über die Forderungsbestände und weitere Informationen aus der Lieferantenbeziehung in Kenntnis gesetzt wird. Der Interviewpartner hat sein Wissen durch die Erfahrung der Vergangenheit aufgebaut. Tagungen besucht er selten.

4.3.1.3 Fallstudie VNB3

VNB3 hatte aus der Insolvenz der TELDAFAX ENERGY GMBH erhebliche Verluste aus nicht erlösten und zurückzubezahlenden Netzentgelten zu tragen. Dieser Schaden hat zu einem gesteigerten Risikobewusstsein in Bezug auf das finanzwirtschaftliche Risiko durch Lieferanteninsolvenzen und insbesondere durch Anfechtungen geführt. So ist der befragte Dienstleister inzwischen „(…) besser aufgestellt (…)“ und in der Verantwortung, Forderungen strenger zu verfolgen. Er soll „(…) den Hahn schneller zudrehen (…)“ und das Verhalten so anpassen, dass keine Grundlage für eine insolvenzrechtliche Anfechtung geschaffen wird.

Mit der Anwendung der stets aktuellen EDIFACT-Datenformate gewährleistet er eine konsequente Rechnungsstellung. Aktualisierungen der Datenformate beeinträchtigen die Rechnungsstellung nicht. In Abstimmung mit der Rechtsabteilung geht er zur Forderungssicherung wie folgt vor:

Lieferanten werden anhand ihres Jahresvolumens der Netzentgelte in zwei Gruppen unterschieden: Lieferanten mit einem Jahresvolumen unter 50.000 Euro werden einmal pro Jahr auf Zahlungsverzüge ausgewertet, Lieferanten mit einem Jahresvolumen ab 50.000 Euro werden wöchentlich überprüft. Die Differenzierung liegt zum einen darin begründet, dass Lieferanten mit einem hohen Jahresvolumen auch höhere Verluste verursachen können. Zum anderen stehen nur zwei Mitarbeiter zur Auswertung zur Verfügung. Lieferanten mit Zahlungsverzug erhalten eine E-Mail mit den fälligen Forderungen. Erfolgt kein Zahlungseingang, wird der Lieferant telefonisch kontaktiert. Dies soll Fehler in den Rechnungen ausschließen, die durch die Umstellung in die Verbuchungssystematik nach EDIFACT noch auftreten können.

Kann trotz Klärung kein Zahlungseingang verzeichnet werden, erfolgt eine weitere E-Mail, die die fälligen Forderungen unter Verrechnung eines Verzugsschadens und unter Androhung der Vorauszahlung und Kündigung anmahnt. Parallel dazu wird der Lieferant inklusive der Darstellung des Sachverhalts an die Rechtsabteilung des Mutterkonzerns gemeldet. Dort prüfen die Juristen den Lieferanten auf die Möglichkeit zur Forderung einer Vorauszahlung. Liegen die Voraussetzungen vor, fordern sie mit einem Schreiben an die Geschäftsführung des Lieferanten zur Zahlung der fälligen Forderungen auf. Bei fehlender Zahlung fordern sie den Dienstleister zur Umstellung auf Vorauszahlung auf. Der Dienstleister hält ein frühzeitiges Eingreifen für wichtig und bemängelt in diesem Zusammenhang den Netznutzungsvertrag, der seiner Ansicht nach keine klaren Fristen und keinen klaren Handlungsrahmen bei fehlenden Zahlungen vorgibt. Gegebenenfalls droht der Dienstleister daher die Vorauszahlung auch telefonisch an, um die Reaktion des Lieferanten zu testen und einen Anknüpfungspunkt zur Bezahlung der Forderungen zu haben. Generell ist er aber „(…) froh, wenn der Übertragungsnetzbetreiber den Bilanzkreisvertrag kündigt (…)“, da die Kündigung des Netznutzungsvertrags für den Verteilnetzbetreiber dann unstrittig ist.

Neben dem Zahlungsverzug nimmt auch das Bauchgefühl einen wichtigen Stellenwert zur Einleitung von Maßnahmen ein. Wird ein Lieferant auf Basis erlangter Marktinformationen als insolvenzgefährdet eingestuft, so kann nach Prüfung und Freigabe durch die Rechtsabteilung ebenfalls auf Vorauszahlung umgestellt werden. Gehen Lieferanten dagegen vor, kann diese immer noch zurückgenommen werden. Wird die Vorauszahlung nicht geleistet, wird nach Entscheidung durch die internen Juristen der Netzzugang entzogen und der Dienstleister zur Umsetzung des Ersatzversorgungsprozesses aufgefordert.

In Bezug auf das Anfechtungsrisiko wurden von der Rechtsabteilung die zugegangenen Anfechtungsschriften der TELDAFAX ENERGY GMBH und FLEXSTROM AG auf Risikofaktoren ausgewertet. Daraus wurden Verhaltensregeln ermittelt, die den Mitarbeitern des Dienstleisters im Rahmen einer Schulung ausgehändigt wurden. Auf die Einhaltung der Verhaltensregeln wird vertraut. Für Zahlungen Dritter ist sichergestellt, dass diese zurücküberwiesen werden und eine direkte Zahlung angefordert wird. Neue Anfechtungsschriften werden zu einer Prüfung hinsichtlich der Anpassung der Verhaltensregeln führen.

Bei drohender Insolvenz werden die potenziellen Verluste ermittelt. Unter der Annahme, dass einer Insolvenz immer eine Anfechtung folgt, werden zur Berechnung des möglichen Forderungsausfalls die fälligen Forderungen und alle Zahlungseingänge der letzten drei Monate addiert. Die Mehr-/Minderabrechnung wird wegen des zeitlichen Verzugs nicht berücksichtigt.

Während es früher ein Berichtswesen an die Geschäftsführung gab, das unter anderem die Auflistung der Top-10-Risikolieferanten beinhaltete, wird dieses inzwischen nicht mehr eingefordert und wegen begrenzter Ressourcen auch nicht mehr umgesetzt.

Der Interviewpartner hat sein Wissen durch seine langjährige Berufserfahrung, Tagungsbesuche und die Schulung der internen Rechtsabteilung aufgebaut.

4.3.1.4 Fallstudie VNB4

VNB4 arbeitet seit der Liberalisierung sehr eng mit einem Dienstleister zusammen, den er mit der Abwicklung der Rechnungsstellung und Sicherung der Forderungen beauftragt hat. Nach der Einführung der EDIFACT-Prozesse wurden gemeinsam die Konten der Lieferanten „bereinigt", um Fehler in der Rechnungsstellung durch die Änderung der Verbuchungssystematik auszuschießen. Aufgrund von Bedenken wegen möglicher Lieferanteninsolvenzen und dadurch unbeglichener Rechnungen wurde ein Mahnwesen implementiert. Parallel zu diesen Maßnahmen erfolgte die Insolvenz der TELDAFAX ENERGY GMBH, die insbesondere durch die bislang unbekannte Gefahr einer insolvenzrechtlichen Anfechtung überraschte. Die Insolvenz der FLEXSTROM AG führte durch die kontinuierliche Rechnungsstellung zwar zu geringen Forderungsausfällen unbeglichener Rechnungen, jedoch schärfte sie nochmals deutlich das Bewusstsein, dass Insolvenzen und Anfechtungen keine Einzelfälle mehr sind. VNB4 und der Dienstleister haben folgende Vorgehensweise implementiert:

VNB4 und der Dienstleister treffen sich wöchentlich zur Abstimmung möglicher Probleme bei der Abwicklung der Rechnungsstellung und der Forderungsverfolgung. Zur Umsetzung der Rechnungsstellung sorgt VNB4 für die erforderliche IT-Landschaft. Während die Aktualisierung der EDIFACT-Versionen keine Auswirkungen auf die Rechnungsstellung hat, wird beispielsweise bei BGH-Urteilen zur Unrechtmäßigkeit der Datenformate die Rechnungsstellung so lange gestoppt, bis konforme Datenformate hinterlegt sind.

Die fälligen Forderungen werden wöchentlich ausgewertet. Ebenso erfolgt eine regelmäßige Auswertung der Kundenentwicklung, des Bonitätsindexes einer Auskunftei und der Reklamationen. Lieferanten mit Zahlungsverzug durchlaufen zwei automatisierte Mahnstufen, mit denen die Vorauszahlung und Kündigung schriftlich angedroht wird. Erfolgt auch nach der zweiten Mahnung keine Reaktion durch die Lieferanten, so besprechen VNB4 und der Dienstleister in ihren regelmäßigen Terminen die weitere Vorgehensweise.

Parallel zum Zahlungsverzug werden immer die Risikofaktoren der Kundenentwicklung, des Bonitätsindexes und der Reklamationen einbezogen, ebenfalls auch weitere Informationen aus dem Marktgeschehen wie Umfirmierungen oder Kundenbeschwerden. Darauf basierend wird für jeden Einzelfall die Umstellung auf Vorauszahlung geprüft. Hierzu wird der Zahlungsverzug in das Verhältnis zur durchschnittlichen Rechnungshöhe und der aus den Risikofaktoren gebildeten subjektiv bewerteten Insolvenzgefahr von VNB4 gesetzt. Durch die manuell abzuwickelnde Vorauszahlung wird diese Maßnahme in Abstimmung von VNB4 und Dienstleister nur ergriffen, wenn sie wirtschaftlich erscheint. Aus diesem Grund wird derzeit auch die Möglichkeit zur automatisierten Abwicklung der Vorauszahlung geprüft. Ein Verzicht auf die Vorauszahlung ist aber auch dann denkbar, wenn das Insolvenzrisiko als sehr hoch eingeschätzt wird. Hintergrund ist die Befürchtung, dass sich dadurch das Anfechtungsrisiko erhöhen könnte. Wird eine Vorauszahlung gefordert und nicht geleistet, so entscheidet VNB4 nach Meldung durch den Dienstleister über die Kündigung des Netznutzungsvertrags. Die Kündigung ist von der Geschäftsführung freizugeben. Dabei wird angemerkt, dass eine Kündigung – sofern nicht der Bilanzkreisvertrag gekündigt wurde – immer an die Voraussetzung der Vorauszahlung geknüpft ist.

Hinsichtlich des Anfechtungsrisikos hat VNB4 die Anfechtungsschriften geprüft und daraus Regeln zur anfechtungssicheren Gestaltung der Lieferantenbeziehung erstellt. Diese umfassen unter anderem die strikte Ablehnung von Zahlungen Dritter und Verhaltensweisen im direkten Austausch. Die Regeln wurden mit dem Dienstleister besprochen und schriftlich fixiert. Neue Anfechtungen würden zu einer Prüfung und gegebenenfalls Anpassung der Risikofaktoren führen.

Wird eine akute Insolvenzgefahr vermutet, so bestimmt VNB4 die potenziellen Forderungsausfälle, die er unter Nennung des Lieferanten an die Geschäftsführung meldet. Unter der Annahme einer der Insolvenz folgenden Anfechtung setzen sich diese aus den offenen Forderungen, einem weiteren Monat der Netznutzung zur Berücksichtigung der nachschüssigen Abrechnung, einer Hochrechnung zur Mehr- und Mindermengenabrechnung und möglichen insolvenzrechtlichen Anfechtungen hinsichtlich der Zahlungseingänge der letzten drei Monate zusammen.

Zur Umsetzung der Aufgaben des Dienstleisters wurde eine Handlungsweisung erstellt, die für alle Mitarbeiter des Dienstleisters jederzeit elektronisch einsehbar ist und bei Bedarf an aktuelle Entwicklungen angepasst wird. Auf die Einhaltung der Vorgaben wird durch den regelmäßigen Austausch und die regelmäßigen Berichte des Dienstleisters an VNB4 vertraut. Das Risiko aus der Lieferantenbeziehung wird durch VNB4 in das konzernweite Risikomanagement integriert.

VNB4 als auch der Dienstleister haben ihr Wissen insbesondere durch die Erfahrung der Vergangenheit, den Austausch mit Kollegen und den Besuch von Tagungen aufgebaut.

4.3.1.5 Fallstudie VNB5

Seit den Insolvenzen der TELDAFAX ENERGY GMBH und der FLEXSTROM AG sind die Verteilnetzbetreiber nach Ansicht von VNB5 in Bezug auf das Lieferanteninsolvenzrisiko und insbesondere des Anfechtungsrisikos wachgerüttelt. Er selbst weist dem Anfechtungsrisiko inzwischen eine höhere Bedeutung zu als dem Lieferanteninsolvenzrisiko, da daraus größere Forderungsausfälle resultieren als aus den unbeglichenen Rechnungen. In diesem Zusammenhang weist er auf die Gefahr von Schriftverkehr an die Regulierungsbehörde mit der Mitteilung kritischer Lieferanten hin. So wurden durch das Einsichtsrecht der Insolvenzverwalter derartige Schreiben im Fall der TELDAFAX ENERGY GMBH zur Anfechtung verwendet.

VNB5 hat über eine Forderungsausfallversicherung nachgedacht, jedoch haben die Versicherungsgesellschaften hohe Anforderungen und fordern ein regelmäßiges Monitoring der Lieferanten durch den Verteilnetzbetreiber. VNB5 hat bislang kein Risikomanagement implementiert. Er empfindet es wegen des enormen Risikos an Forderungsausfällen aber als sehr wichtig. Derzeit wird zur Sicherung der Forderungen wie folgt vorgegangen:

Die Rechnungsstellung erfolgt auf Basis der gültigen EDIFACT-Formate, deren Aktualisierung so terminiert wird, dass eine störungsfreie Abrechnung gewährleistet ist. Alle zwei Wochen werden die fälligen Forderungen ausgewertet. Werden Lieferanten mit Zahlungsverzügen festgestellt, erfolgt nach zwei Mahnstufen eine telefonische Klärung der fälligen Forderungen. Diese soll Fehler in der Rechnungsstellung feststellen, die als Folge der EDIFACT-Umstellung noch nicht ausgeschlossen werden können. Wird auch nach dem Telefonat die Zahlung nicht geleistet, ist die Forderung der Vorauszahlung vorgesehen. Dieser folgt als nächster Eskalationsschritt die Kündigung des Netznutzungsvertrags. Aufgrund des Aufwands zur manuellen Abwicklung der Vorauszahlung wird die Entscheidung zur Umsetzung unter Wirtschaftlichkeitsaspekten getroffen. Hierzu setzt VNB5 die Höhe der fälligen Forderungen in Beziehung zur durchschnittlichen monatlichen Rechnungshöhe. Erscheint diese erfüllt, erfolgt der Einbezug weiterer Informationen zu dem jeweiligen Lieferanten. Neben Recherchen zu Informationen in Medien, dem Netzwerk oder anderen externen Daten wird in Einzelfällen eine Bonitätsabfrage bei einer anerkannten Auskunftei angefordert. Besteht der subjektive Eindruck einer drohenden Insolvenz wird gegebenenfalls auf die Vorauszahlung verzichtet. So bestehen Bedenken, dass die Vorauszahlung das Anfechtungsrisiko erhöhen könnte. VNB5 geht davon aus, dass außer reaktiven Maßnahmen keine Möglichkeiten bestehen, dem Lieferanteninsolvenzrisiko zu begegnen. Obgleich die Prämisse zur Forderung einer Vorauszahlung im Zahlungsverzug besteht, können auch negative Informationen dazu führen, dass der Lieferant beobachtet und somit außerturnusmäßig auf Zahlungsverzug geprüft wird. Die Entscheidung zur Umsetzung sowohl der Vorauszahlung als auch der Kündigung wird nach Empfehlung des interviewten Gruppenleiters durch den Bereichsleiter von VNB5 getroffen.

Hinsichtlich des Anfechtungsrisikos wurde ein Rechtsgutachten aus den erhaltenen Anfechtungen erstellt. Eine Checkliste ist hieraus nicht hervorgegangen, jedoch bewertet der Gruppenleiter aus den vergangenen Anfechtungen und Gesprächen mit Branchenvertretern die fehlende Einhaltung des Bargeschäfts und kritische Äußerungen gegenüber den Lieferanten als Faktoren, die zu vermeiden sind. Auch das Anlegen interner Listen zur Insolvenzgefahr von Lieferanten hält er für gefährlich, da diese bei Kenntnis des Insolvenzverwalters möglicherweise eine Anfechtung begünstigen könnten. Zahlungen Dritter hält er zwar ebenfalls für anfechtungsfördernd, „(…) solange Zahlungen verbucht werden können, werden sie aber auch angenommen".

In regelmäßigen Abständen werden Listen mit den lieferantenspezifischen fälligen Forderungen an die überlagerte Führungsebene per E-Mail versendet. Ferner wird ein Quartalsbericht zum Forderungsmanagement erstellt. Bei vermuteter Insolvenzgefahr eines Lieferanten wird der Bereichsleiter informiert, und die fälligen Forderungen werden als potenzielle Verluste ermittelt. In Bezug auf eine Anfechtung wird abgewartet. Eine Prüfung der Anfechtungsgrundlagen oder der potenziellen Anfechtungssumme wird nicht vorgenommen.

Die Unterteilung des Risikomanagements in unterschiedliche Phasen waren VNB5 zwar nicht bekannt, jedoch sieht er darin sein Vorgehen abgebildet. Die Mitarbeiter werden mündlich zur Einhaltung der dargestellten Vorgehensweise angehalten. Eine schriftliche Handlungsanweisung besteht nicht. Die Prüfung der Lieferanten obliegt dem Interviewpartner selbst, so dass seine Mitarbeiter hauptsächlich die Rechnungsstellung und das Mahnwesen abwickeln. Er würde die Forderungsverfolgung gern konsequenter umsetzen, jedoch fehlen dazu die erforderlichen Ressourcen. Um Forderungen zu sichern, wird derzeit die Integration eines Scoring-Systems geprüft. Es soll in Abhängigkeit der Zahlungsverzüge und Mahnstufen ein Schreiben zur Forderung der Vorauszahlung generieren und deren automatisierte Verbuchung ermöglichen.

4.3.2 Ableitung des Entwicklungsstands der Praxis

Zur Analyse des Entwicklungsniveaus der Risikomanagementansätze in der Praxis wird das RISK MATURITY MODEL von HILLSON (1997) verwendet.[18] Das in Abb. 4.2 dargestellte Bewertungsschema ermöglicht die Zuordnung der verteilnetzbetreiberspezifischen Risikomanagementansätze in die aufsteigenden Reifegrade *Naive*, *Novice*, *Normalised* und *Natural*.

Zwar gibt es in der Zwischenzeit zahlreiche weiterentwickelte Modelle zur Bewertung des unternehmerischen Risikomanagements, jedoch ist es gerade die Begrenzung auf die vier zentralen Attribute Risikobewusstsein, Risikomanagementprozess, Erfahrung und Anwendung, die das RISK MATURITY MODEL als besonders geeignet hervorheben. Um es für die Reifegradbewertung der Verteilnetzbetreiber zu spezifizieren, wurden darin enthaltene Bezüge auf Geschäftsbereiche durch die Geschäftsprozesse der Verteilnetzbetreiber-Lieferanten-Beziehung ersetzt sowie der Projektbezug in die Verteilnetzbetreiber-Lieferanten-Beziehung geändert. Ferner wurde auf eine Ressourcenbewertung verzichtet[19] und das in Reifegrad *Normalised* ausgewiesene Kriterium „Top-Down Commitment für das Risikomanagement" (Risikobewusstsein) den in Abschnitt 3.1.2 definierten Leitlinien *Bereitstellung aussagekräftiger Informationen, Schaffung von Transparenz zur Risikosituation der Lieferanten und Prozesse, Risikoorientierung durch klare Richtlinien, leichte Anwendbarkeit* gleichgestellt. Diese geringfügige Modifikation hat keinerlei Einfluss auf die Zweckmäßigkeit des Modells, sondern konkretisiert lediglich den zu bewertenden Untersuchungsbereich.[20]

[18] Vgl. HILLSON, D. A. (1997), S. 39.

[19] Diese können aus externer Sicht nicht beurteilt werden.

[20] Zur Nachvollziehbarkeit der Modifizierungen vgl. kursive Eintragungen in Abb. 4.2 und im Detail Anhang 4.

Reifegrad / Attribute	Reifegrad 1 Naive	Reifegrad 2 Novice	Reifegrad 3 Normalised	Reifegrad 4 Natural
Definition je Reifegrad	• Notwendigkeit eines Risikomanagements nicht erkannt. • Kein strukturierter Ansatz im Umgang mit Unsicherheit. • Wiederholende, rein reaktive Managementprozesse. • Kaum bis kein Versuch des Lernens aus der Vergangenheit oder Vorbereitung auf die Zukunft.	• Experimentieren im Risikomanagement durch wenige Mitarbeiter. • Kein allgemeingültiger, strukturierter Ansatz im Umgang mit Risiken. • Bewusstsein für die potenziellen Vorteile eines Risikomanagements, aber ineffiziente Umsetzung, fehlende Ausschöpfung des vollen Nutzens.	• Risikomanagement ist fester Bestandteil der Geschäftsprozesse *in der Lieferantenbeziehung.* • *Risikomanagement implementiert.* • Formaler allgemeingültiger Risikomanagement-prozess vorhanden. • Vorteile in allen Unternehmensebenen bewusst, jedoch nicht immer konsequent erreicht.	• Risikobewusste Unternehmenskultur mit proaktivem Ansatz für das Risikomanagement in allen *Geschäftsprozessen der Lieferantenbeziehung.* • Aktiver Gebrauch von Risikoinformationen zur Verbesserung der Geschäftsprozesse *in der Lieferantenbeziehung.*
Kultur/ Risikobewusstsein	• Kein Risikobewusstsein. • Starke Verharrungstendenz in bestehenden Prozessen.	• Risikomanagement-Prozess gilt als zusätzlicher Aufwand mit ungewissem Ergebnis. • Anwendung des Risikomanagements nur bei ausgewählten *Lieferanten.*	• Akzeptierte risikopolitische Grundsätze. • Nutzen wahrgenommen und erwartet.	• Top-down Commitment für das Risikomanagement (Leitlinien Metamodell). • Proaktives Risikomanagement gefördert und belohnt.
Risikomanagement-Prozess	Keine formalen Prozessabläufe.	• Keine allgemeingültigen formalen Risikomanagement-Prozesse, obwohl einige spezifische formale Methoden genutzt werden können. • Effizienz des Risikomanagement-Prozesses stark abhängig von den Fähigkeiten einzelner Mitarbeiter im internen Risikoteam und der Verfügbarkeit externer Unterstützung.	• Anwendung allgemeingültiger Prozesse *gegenüber den meisten Lieferanten.* • Formelle Prozesse als Bestandteil des Qualitätsmanagementsystems. • Geringer Bedarf an externer Unterstützung.	• Risikobewusste Geschäftsprozesse *der Lieferantenbeziehung.* • Regelmäßige Anpassung und Aktualisierung der Prozesse. • Routinemäßige Systemkontrolle mit Rückmeldung zur Verbesserung.
Erfahrung im Risikomanagement (Know-How)	Kein Grundkenntnisse der Prinzipien des Risikomanagements.	• Erfahrung im Risikomanagement auf wenige Mitarbeiter beschränkt. • Entsprechende Mitarbeiter ohne oder nur mit geringer formeller Ausbildung.	• Kernkompetenzen unternehmensintern vorhanden – formale Schulung der Grundkenntnisse. • Entwicklung spezifischer Prozesse und Instrumente.	• Risikobewusstsein aller Mitarbeiter und Anwendung der Grundkenntnisse. • Lernen aus der Erfahrung als Ziel des Prozesses. • Regelmäßige externe Schulungen zur Verbesserung der Fähigkeiten.
Anwendung des Risikomanagements	• Keine strukturierte Anwendung. • Keine Risikomanagement-Instrumente.	• Inkonsequente Anwendung. • Unterschiedliche Verfügbarkeit der Mitarbeiter. • Ad-hoc-Zusammenstellung der Instrumente und Methoden.	• Routinierte und konsequente Anwendung *gegenüber allen Lieferanten.* • Integrierter Baukasten mit Instrumenten/ Methoden.	• Routinierte Anwendung bei allen Aktivitäten. • Risikobezogenes Berichtswesen und Entscheidungsbildung. • Aktuellste Instrumente und Methoden.

Abb. 4.2 Bewertungsschema zur Reifegradbestimmung des Risikomanagements. (Quelle: In Anlehnung an HILLSON (1997), S. 39 (eigene Übersetzung))

Da HILLSON (1997) kein Punkteverfahren zur Bestimmung des Reifegrads vorgibt, wurde zur Nachvollziehbarkeit der Reifegradbestimmung eine Bewertungsskala eingeführt (vgl. Anhang 5). Diese diente dem verteilnetzbetreiberspezifischen Abgleich eines jeden Kriteriums und der transparenten Zusammenführung der Ergebnisse zum Reifegrad. Die Analyse zum Entwicklungsstand der fünf Verteilnetzbetreiber wurde von Interviewer und Beisitzer unabhängig voneinander durchgeführt, um durch die Forscher-Triangulation subjektive Einflüsse des Interviewers auszuschließen.[21] Die Bewertungen von Interviewer und Beisitzer führten zu identischen Reifegradzuordnungen,[22] die in Abb. 4.3 dargestellt sind. Dabei spiegelt die Größe der Kreise symbolisch[23] die Größe der Verteilnetzbetreiber nach der Anzahl der angeschlossenen Kunden wider. In Bezug auf die Reifegradzuordnung sei darauf hingewiesen, dass sich bei der Bewertung der einzelnen Kriterien geringfügige Abweichungen zwischen Interviewer und Beisitzer zeigten. Diese lassen sich aus beiden Perspektiven argumentativ vertreten und stellen keine Einschränkung für die Ableitung des Reifegrads dar. So weist HILLSON (1997) bei der Anwendungsbeschreibung seines Modells explizit auf mögliche Abweichungen innerhalb der Kriterienbewertung hin.[24] Zur Zuordnung zu den Reifegraden ist jedoch die Aggregation der Einzelkriterien entscheidend.

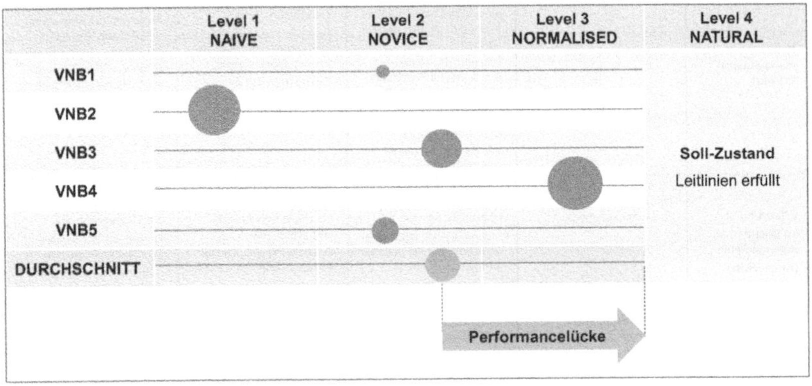

Abb. 4.3 Reifegrade und Performancelücke im Risikomanagement der Verteilnetzbetreiber. (Quelle: Eigene Darstellung)

Abb. 4.3 lässt deutlich die bestehende Variantenvielfalt der Verteilnetzbetreiber im Risikomanagement erkennen.[25] So sind die Verteilnetzbetreiber mit Ausnahme des maximalen Reifegrads über alle Stufen verteilt. Auch grenzt sich der als

[21] Vgl. hierzu auch FLICK, U. (2011), S. 519.

[22] Zur Bewertung von Interviewer und Beisitzer vgl. Anhang 5.

[23] Nicht maßstabsgetreu.

[24] Vgl. HILLSON, D. A. (1997), S. 38.

[25] Damit bestätigt sich auch die Zusammensetzung der Stichprobe, die die Erhebung der Variantenvielfalt anstrebte.

Branchenführer vermutete VNB4 mit dem am weitesten entwickelten Reifegrad *Normalised* von den anderen untersuchten Verteilnetzbetreibern ab. Auffällig ist, dass die beiden großen Verteilnetzbetreiber durch die Zuordnung zu *Naive* und *Normalised* die maximalen Unterschiede aufweisen, wohingegen sich die kleinen und der mittlere Verteilnetzbetreiber alle in der Reifegradstufe *Novice* bewegen. Die Ergebnisse überraschen nicht, sondern bilden die erwartete Realität des Interviewers ab und werden auch vom Beisitzer als plausibel erachtet. Dass Handlungsbedarf zum Risikomanagement besteht, lässt sich damit auch empirisch belegen. So kann kein Verteilnetzbetreiber die Kriterien des Reifegrads *Natural* erfüllen. Dies schließt den Forschungsansatz einer aus der Praxis ableitbaren Best-Practise-Lösung aus und unterstreicht die Vorgehensweise des aus der Metamodellierung zu generierenden Modells.

Da die Erhebung der Risikomanagementansätze wie erwartet keine Besonderheiten erkennen ließ, die der bereits betonten Zielsetzung eines einheitlich anzuwendenden Risikomanagements entgegenstehen, ist es zweckmäßig, zur Ableitung des praxisadäquaten Modells vom durchschnittlichen Entwicklungsstand der untersuchten Verteilnetzbetreiber auszugehen. Wie Abb. 4.3 zeigt, leitet sich dieser aus dem Durchschnitt der einzelnen Ist-Ausprägungen der Verteilnetzbetreiber ab und repräsentiert als Bezugsgröße Reifegrad *Novice*. Die Gegenüberstellung mit dem Sollzustand *Natural* verdeutlicht unter Hervorhebung die derzeit bestehende Performancelücke im Risikomanagement der Praxis. Diese lässt sich unter Bezugnahme auf die mangelnde Ausprägung der Attribute zum Reifegrad 4 (*Natural*) sowie der ergänzten Leitlinien wie folgt charakterisieren:

Die Verteilnetzbetreiber sind sich des Risikos von Forderungsausfällen aus Insolvenzen und Anfechtungen bewusst. Dennoch ist das Risikobewusstsein unvollständig ausgeprägt. Es sind keine Leitlinien für das Vorgehen zur Reduzierung des finanzwirtschaftlichen Risikos definiert. Mängel in der Rechnungsstellung und unzureichende Automatisierungen lassen Prozesse nicht in der gewünschten Form ausführen. Ferner wird das Anfechtungsrisiko trotz des höheren potenziellen Ausmaßes an Forderungsausfällen unzureichend integriert. Dem Risikomanagementprozess mangelt es an einer klaren Struktur mit abgegrenzten Prozessphasen. Das Risikomanagement-Know-how hat sich probleminduziert gebildet und beschränkt sich auf wenige Mitarbeiter (Erfahrung). Die Anwendung fokussiert das Lieferanteninsolvenzrisiko und beruht auf einer eher induktiven und inkonsequenten Vorgehensweise, in der Ad-hoc-Entscheidungen dominieren. Die fehlende Systematik und der Fokus auf reaktive Maßnahmen zur Risikohandhabung des Lieferanteninsolvenzrisikos führen zu dem Gefühl der Hilflosigkeit, die sich in Anrufen der BNetzA und Überreaktionen zeigen.

Um sowohl kritische Lieferanten als auch Prozesse mit Anfechtungspotenzial frühzeitig erkennen zu können und das finanzwirtschaftliche Risiko durch adäquate Maßnahmen zu reduzieren, ist die Performancelücke zwischen der Ist-Ausprägung der Praktiker und dem maximalen Reifegrad *Natural* mittels des Modells zu schließen. Dazu ist das Risikomanagement zu strukturieren und durch Vorgabe von Anwendungsempfehlungen das Risikobewusstsein zu stärken. Zur einheitlichen Umsetzung aller Verteilnetzbetreiber sind die zu betrachtenden Einflussgrößen vorzugeben und ein Methodenbaukasten für den Risikomanagementprozess bereitzustellen. Während das Metamodell bereits die Struktur und Gestaltungsvorschläge für das Risikomanagement vorgibt, sind zunächst noch die Anforderungen der zukünftigen Anwender sowie die bestehenden Risikomanagementkompetenzen zu erheben.

4.3.3 Bewertung der Elemente des Metamodells aus Sicht der Praxis

Zur Ableitung eines Konsensmodells aus Theorie und Praxis werden die aus den Experteninterviews gewonnenen Erkenntnisse hinsichtlich der Anforderungen, Kenntnisse und Erfahrung der Verteilnetzbetreiber den entsprechenden Elementen des Metamodells zugeordnet und erläutert.

4.3.3.1 Anforderungen der Verteilnetzbetreiber

Um das Risikomanagement an die Bedürfnisse der Praxis anpassen zu können, wurden die Verteilnetzbetreiber nach ihren Idealvorstellungen zum Risikomanagement befragt und zur Nennung möglicher Hindernisse bei der Implementierung aufgefordert.

Abb. 4.4 fasst die Anforderungen der Verteilnetzbetreiber zusammen, die sich in die Kriterien der zu integrierenden Risikofaktoren, der Risikobewertung, der Risikohandhabung sowie der Umsetzung/Integration gruppieren lassen.

	Nr.	Anforderungen der Verteilnetzbetreiber
Integrierte Risikofaktoren	1	Einbezug interner Informationen und externer Informationen (Markt)
	2	Wenige, aber schlagkräftige Risikofaktoren
	3	Externe Bonitätskennzahl einer Auskunftei getrennt ausweisen
Risikobe-wertung	4	Aktualität der Bewertung
	5	Risikoeinstufung der Lieferanten nach Ampelsystem mit klaren Grenzwerten
Hand-ha-bung	6	Vorgabe von Handlungsanweisungen bei Erreichen von Grenzwerten (optimal: automatische Generierung eines Schreibens zur Forderung Vorauszahlung)
Umsetzung und Integration	7	Einfache, nicht zu zeitintensive Anwendung (geringer Mitarbeitereinbezug)
	8	IT-Unterstützung • Weitgehendst standardisiert und automatisiert (wenig manuelle Eingriffe) • Automatische Warnmeldung des IT-Systems bei Erreichen von Grenzwerten (inklusive Handlungsanweisung) • Verständlichkeit und Einfachheit des Systems • Möglichkeit manueller Systemeingriffe zur Eingabe externer Marktinformationen • Alles in einem System • Sicherstellen der Systemkompatibilität
	9	Wirtschaftlich
	10	Direkt im Bereich des Forderungsmanagements, da maximale Verfügbarkeit relevanter Informationen einschließlich Kenntnissen aus lieferantenspezifischen „Kontenklärungen"

Abb. 4.4 Anforderungen der Verteilnetzbetreiber an das Risikomanagement. (Quelle: Eigene Darstellung)

Primär lässt sich aus den Angaben der Verteilnetzbetreiber der Wunsch nach einer Festlegung konkreter Risikofaktoren erkennen. Diese sollen zur Bewertung der Lieferanten sowohl interne Informationen wie Zahlungsverzüge, aber auch externe Marktinformationen umfassen.[26] Die Anzahl der zu beachtenden Risikofaktoren soll zur Sicherstellung eines angemessenen Analyseaufwands nicht zu hoch, aber dennoch aussagekräftig sein. Aufgrund des Vergangenheitsbezugs der Bonitätsindices von Auskunfteien wird diese Kennzahl nur als sinnvolle Vergleichsgröße angesehen, die nicht in die eigene Risikobewertung integriert werden soll. Das Risikomanagement soll die Funktion eines Frühwarnsystems erfüllen, indem es durch eine stets aktuelle Bewertung der Lieferanten und mittels definierter Grenzwerte risikobehaftete Lieferanten an die Mitarbeiter meldet. Mit der Meldung sollten Empfehlungen zu geeigneten Maßnahmen verbunden sein. Dabei wäre es für die

[26] Diese Aussage gilt mit Einschränkung eines Verteilnetzbetreibers, der nur die Integration des Zahlungsverhaltens für möglich hält.

Verteilnetzbetreiber ideal, wenn bei wiederholten Zahlungsverzügen die Schreiben zur Forderung einer Vorauszahlung automatisch und maschinell erstellt werden würden. Zur Interpretation der Bewertungsergebnisse wurde das Ampelsystem sowie das Schulnotensystem vorgeschlagen. Das wird zum einen mit der bereits bekannten Bedeutung der Dringlichkeitsstufen und zum anderen mit der bereits bestehenden Nutzung in anderen Prozessen begründet.

Die Anwendung des Risikomanagements soll leicht zu erlernen und unter der Begründung der Ressourcenknappheit möglichst automatisiert und wirtschaftlich sein. Das Risikomanagement soll in einem System abgebildet werden, weshalb zur Integration der relevanten Daten auf die Kompatibilität mit bestehenden IT-Systemen zu achten ist. Ein Verteilnetzbetreiber wies auf die Notwendigkeit manueller Eingaben hin, um die Lieferantenbewertung und Integration neuer Risikofaktoren umsetzen zu können.

Die organisatorische Verankerung sehen alle befragten Experten im Bereich des Forderungsmanagements, da dort zur Abrechnung der Netzentgelte und Mehr-/Mindermengen die meisten Informationen aus den einzelnen Geschäftsprozessen zusammenlaufen. Da die Mitarbeiter durch Kontenklärungen einen direkten Kontakt zu Lieferanten haben, verfügen sie über weitere Informationen zum Lieferanten. Als Beispiele wurden Verhaltensweisen und Erreichbarkeit der Lieferanten genannt, die nach Angabe der Experten die subjektiven Eindrücke mitbestimmen.

Besonders hervorzuheben ist, dass die Verteilnetzbetreiber bei ihren Antworten alle auf das Lieferanteninsolvenzrisiko fokussierten. Auch auf Nachfrage hielt kein Verteilnetzbetreiber die prozessuale Integration des Anfechtungsrisikos für erforderlich.

4.3.3.2 Betrachtete und geeignete Einflussgrößen

Zur Feststellung, welche Risikofaktoren zum Lieferanteninsolvenzrisiko und Anfechtungsrisiko die Verteilnetzbetreiber als bedeutsam erachten, wurde sie gebeten, den in der Branche verwendeten Begriff des „kritischen Lieferanten“ zu definieren. Damit wurde das Ziel verfolgt, die als negativ empfundenen Eigenschaften als Risikofaktoren des Lieferanteninsolvenzrisikos zu erfassen. Ferner wurden sie aufgefordert, Risikofaktoren einer Insolvenz und Anfechtung zu nennen, die sie direkt betrachten oder nur ergänzend mit einbeziehen. Auf die Bewertung der bereits erhobenen Risikofaktoren nach ihrer Bedeutung in der Praxis wurde bewusst verzichtet, um die Möglichkeit zur Identifikation ergänzender Risikofaktoren offenzuhalten.[27]

Die Ergebnisse zu den Risikofaktoren werden mit Abb. 4.5 für das Lieferanteninsolvenzrisiko und mit Abb. 4.6 für das Anfechtungsrisiko dargestellt.[28] Grundsätzlich lässt sich dazu feststellen, dass die von den Experten benannten Risikofaktoren im Verständnis dieser Arbeit Risikoindikatoren darstellen. Sie sind daher den in Abschnitt 3.2.2 identifizierten Risikofaktoren zugeordnet. Um einen Eindruck zur Priorisierung und Intensität zum Einbezug der Risikofaktoren zu vermitteln, wird die Anzahl der Verteilnetzbetreiber-Nennungen ausgewiesen.

- **Lieferanteninsolvenzrisiko**

Insgesamt wurden 19 Risikoindikatoren genannt. Dabei wird mit Abb. 4.5 deutlich, dass alle fünf Verteilnetzbetreiber die Risikoindikatoren *Zahlungsverzug*, *negative Marktinformation*, *Ermittlungsverfahren der BNetzA*, *Kündigung des Bilanzkreises* (das heißt des Bilanzkreisvertrags durch den Übertragungsnetzbetreiber) und das *Bauchgefühl* (subjektiver Eindruck) als besonders bedeutende Risikofaktoren der Einflussgröße des Lieferanteninsolvenzrisikos erachten.

---

[27] Vgl. Malti, T./Schwyzer, I. (2016), S. 209f, wonach die Methodentriangulation die Berücksichtigung unterschiedlicher Perspektiven sicherstellt und somit eine einseitige Sichtweise verhindert.

[28] Für die Auswertung der Risikofaktoren einer Insolvenz wurden die ergänzend einbezogenen Risikofaktoren (sekundäre Bedeutung) des Lieferanteninsolvenzrisikos den Charakteristika der „kritischen Lieferanten" gleichgestellt. Ihre Zusammenfassung war möglich, da die Erzählungen erkennen ließen, dass nach der Festlegung von Risikofaktoren zur primären Betrachtung eine gewisse Willkür in der Hinzunahme weiterer Risikofaktoren besteht. So nannte ein Verteilnetzbetreiber, dass er zur Lieferantenbewertung einbezieht, „(...) was man so kriegt."

Nr.	Risikoindikatoren Insolvenz	Primäre Beachtung [Anzahl VNB]	Sekundäre Beachtung/ „negativer Lieferant" [Anzahl VNB]	Zugeordneter Risikofaktor
1	Starke Kundenschwankungen	1	0	Auffälligkeiten in der Kundenentwicklung
2	Hohe Anzahl an Umfirmierungen	0	1	Auffälligkeiten in der Unternehmensführung
3	Hohe Anzahl an Unternehmens-verflechtungen	0	1	Auffälligkeiten zu verbundenen Unternehmen
4	Fehlende Einhaltung EDIFACT	1	1	Fehlende Einhaltung regulatorischer Vorschriften
5	Unseriöses Auftreten	1	2	Fragliches Geschäftsgebaren/ Subjektiver Eindruck des Mitarbeiters
6	Negative Bonität durch Auskunftei	1	4	Wirtschaftliche Lage
7	Geschäftsführer mit negativem Image	0	1	Negativmerkmale der Geschäftsführung
8	Zahlungsverzug	5	0	Negativmerkmale im Zahlungsverkehr
9	Reklamationen	0	4	Negativmerkmale im Zahlungsverkehr
10	Negative Marktinformation	5	0	Subjektiver Eindruck des Mitarbeiters
11	Bauchgefühl	5	0	Subjektiver Eindruck des Mitarbeiters
12	Wechselnde Ansprechpartner	0	1	Fragliches Geschäftsgebaren / Subjektiver Eindruck des Mitarbeiters
13	Reaktion bei Klärung	0	1	Fragliches Geschäftsgebaren/ Subjektiver Eindruck des Mitarbeiters
14	Keine Stadtwerke, Genossenschaften	0	2	Zweifelhaftes Geschäftsmodell / Subjektiver Eindruck des Mitarbeiters
15	Lieferanten als Teil eines kleinen Unternehmens	0	1	Zweifelhaftes Geschäftsmodell/ Subjektiver Eindruck des Mitarbeiters
16	Geschäftsmodell	0	2	Zweifelhaftes Geschäftsmodell/ Subjektiver Eindruck des Mitarbeiters
17	Viele Schlichtungsverfahren	0	1	Eskalationsmaßnahmen durch Nebenakteure der Supply Chain
18	Ermittlungsverfahren der BNetzA	5	0	Eskalationsmaßnahmen durch Hauptakteure der Supply Chain
19	Kündigung des Bilanzkreises	5	0	Eskalationsmaßnahmen durch Hauptakteure der Supply Chain

Abb. 4.5 Risikofaktoren einer Insolvenz aus Verteilnetzbetreiber-Sicht. (Quelle: Eigene Darstellung)

Die anderen 14 Risikoindikatoren variieren in ihrer Bedeutung. So werden sie von den befragten Verteilnetzbetreibern teilweise primär, teilweise aber auch nur sekundär oder gar nicht einbezogen. Neun der 19 Risikoindikatoren werden zwar primär betrachtet, jedoch ließ die Detailauswertung dazu erkennen, dass nur ein Verteilnetzbetreiber mehr als drei von den genannten Risikofaktoren einbezieht. Die primäre Begrenzung auf wenige Risikoindikatoren wird mit fehlenden Automatisierungen und Ressourcenengpässen begründet. Erst mit steigenden Bedenken zur Stabilität der Lieferanten wird nach weiteren Risikofaktoren recherchiert. Durch die spontane Auswahl der Risikofaktoren können mehr als die hier dargestellten Risikofaktoren Anwendung in der Praxis finden.

- **Anfechtungsrisiko**

Als mögliche Auslöser des Anfechtungsrisikos nannten die befragten Verteilnetzbetreiber die in Abb. 4.6 gezeigten fünf Risikoindikatoren.

Nr.	Risikoindikatoren Anfechtung	Generell möglich [Anzahl VNB]	Betrachtet [Anzahl VNB]	Risikofaktor
1	Verhalten der Mitarbeiter	4	4	Abweichen von der Norm
2	Bargeschäft	4	4	Fehlende Einhaltung Bargeschäft
3	Abweichungen vom Standard	5	1	Abweichen von der Norm
4	Schreiben an BNetzA	1	1	Meldung an BNetzA zur wirtschaftlichen Schieflage des Lieferanten
5	Zahlung Dritter	5	4	Zahlungen durch einen ebenfalls insolventen Dritten

Abb. 4.6 Risikofaktoren einer Anfechtung aus Verteilnetzbetreiber-Sicht. (Quelle: Eigene Darstellung)

Die Auswertung bestätigt den aus der Beschreibung zur allgemeinen Vorgehensweise gewonnenen Eindruck zur Relevanz des Risikofaktors *Zahlung Dritter*. Betrachtet wird der Risikofaktor jedoch nur von vier Verteilnetzbetreibern, der fünfte kann die Zahlungseingänge nicht mit dem Vertragspartner abgleichen. Auch der Risikofaktor *Abweichen von der Norm* ist allen Befragten bewusst, jedoch wird er nur von einem Verteilnetzbetreiber beachtet. Alle anderen erhöhen den Druck zur Zahlung, wenn Zweifel an der wirtschaftlichen Lage der Lieferanten bestehen.

Das *Verhalten der Mitarbeite*r und die *Einhaltung des Bargeschäfts* ist für vier Verteilnetzbetreiber wichtig und wird von diesen auch beachtet. Der fünfte Verteilnetzbetreiber konnte keine Auskunft geben, ob außer dem Risikofaktor *Zahlung Dritter* weitere Faktoren beachtet werden.

Der Risikofaktor *Meldung an die BNetzA* wurde von einem Verteilnetzbetreiber genannt. Bedingt durch die freie Nennung der Risikofaktoren ist davon auszugehen, dass dieser Risikofaktor (bezüglich der zur Meldung gewählten Kommunikationsart) auch von den anderen Verteilnetzbetreibern beachtet wird. So wird noch heute unter den Verteilnetzbetreibern das Unverständnis laut, dass durch ein Einsichtsrecht ihre Schreiben an die BNetzA in die Hände der Insolvenzverwalter der TELDAFAX ENERGY GMBH gelangten und zur Anfechtung verwendet wurden. Dass im Vergleich zu den empirisch erhobenen Risikofaktoren nur weniger als ein Drittel an Risikofaktoren genannt wurden, deutet auf die fehlende Aufarbeitung der vergangenen Anfechtungen hin.[29]

4.3.3.3 Beurteilung der Gestaltungsfelder

Die Gestaltungsfelder wurden im Metamodell aus den Prozessphasen des Risikomanagements sowie der Integration und organisatorischen Verankerung zusammengestellt. Um für die Ausgestaltung im Modell eine Empfehlung mit empirischer Relevanz vornehmen zu können, werden die Ergebnisse der quantitativen Erhebung zur Kenntnis, Anwendung und Eignung der im Metamodell zugeordneten Methoden vorgestellt. Dabei sei darauf hingewiesen, dass Angaben der Verteilnetzbetreiber ohne eindeutige Entscheidung im Rahmen der Analyse als „teilweise“ bewertet wurden. Zusätzlich zu den Ergebnissen der quantitativen Erhebung werden die Anmerkungen zur organisatorischen Einbindung des Risikomanagements aufgezeigt.

4.3.3.3.1 Risikoidentifikation auf Verteilnetzbetreiber-Ebene

Um das Bestehen von Risikofaktoren erkennen zu können, wurden den Verteilnetzbetreibern verschiedene Methoden genannt. Die Ergebnisse ihrer Bewertung zur Kenntnis, bestehenden Anwendung und zur grundsätzlichen Eignung zeigt Abb. 4.7:

[29] Da die analysierten Anfechtungsschriften zur TelDaFax ENERGY GmbH und FlexStrom AG inhaltlich stark ähnlich an die Verteilnetzbetreiber verschickt wurden, müssten alle Verteilnetzbetreiber Kenntnis über den Inhalt haben.

Risikoidentifikation auf Verteilnetzbetreiber-Ebene					
Nr.	Methoden	Kriterium	Ja	Teilweise	Nein
1	Analyse interner Daten	Kenntnis	5	0	0
		Anwendung	5	0	0
		Eignung	5	0	0
2	Austausch mit internen sachkundigen Mitarbeitern relevanter Geschäftsprozesse	Kenntnis	5	0	0
		Anwendung	5	0	0
		Eignung	5	0	0
3	Analyse externer Daten	Kenntnis	5	0	0
		Anwendung	5	0	0
		Eignung	5	0	0
4	Finanzanalysen des Lieferanten	Kenntnis	5	0	0
		Anwendung	0	3	2
		Eignung	1	3	1
5	Lieferantenaudit	Kenntnis	3	0	2
		Anwendung	0	0	3
		Eignung	0	1	2
6	Persönlicher Austausch mit den Lieferanten	Kenntnis	5	0	0
		Anwendung	1	4	0
		Eignung	2	3	0
7	Gemeinsame Workshops mit Lieferanten	Kenntnis	5	0	0
		Anwendung	0	0	5
		Eignung	0	1	4
8	Frühwarnsysteme/ eigene Kennzahlen	Kenntnis	5	0	0
		Anwendung	1	4	0
		Eignung	5	0	0
9	Standardisierte Checklisten	Kenntnis	5	0	0
		Anwendung	0	1	4
		Eignung	4	1	0
Zusatznennungen					
10	Juristischer Newsletter	Anzahl Nennungen	1		
11	Google Alert	Anzahl Nennungen	1		
12	Beschwerdeportale	Anzahl Nennungen	1		
13	Informationen aus dem Netzwerk	Anzahl Nennungen	1		
14	Bonitätsauskunft Auskunftei	Anzahl Nennungen	5		

Abb. 4.7 Risikoidentifikation auf Verteilnetzbetreiber-Ebene. (Quelle: Eigene Darstellung)

Bereits auf den ersten Blick fällt auf, dass die Methoden *Analyse der internen* und *Analyse der externen Daten* sowie der *Austausch mit internen sachkundigen Mitarbeitern relevanter Geschäftsprozesse* von allen Verteilnetzbetreibern als bekannt, genutzt und folglich auch als geeignet erachtet werden. Als bekannt und geeignet werden auch *Frühwarnsysteme/eigene Kennzahlen* und *standardisierte Checklisten* bewertet. *Frühwarnsysteme* werden zur lieferantenspezifischen Auswertung der Forderungen genutzt. Da die Verteilnetzbetreiber dies aber nicht als Frühwarnsystem verstehen, wurde die Anwendung als teilweise angegeben.

Der *persönliche Austausch mit den Lieferanten* ist den Verteilnetzbetreibern insbesondere durch die Kontenklärung bekannt und wird daher zur Abgrenzung des intensiveren Austauschs mit einer teilweisen Anwendung bewertet. In einem Fall findet der Austausch ausschließlich zur Abwicklung von Sonderthemen statt. Die Eignung wird auf die Klärungen begrenzt.

Die Methoden der *Finanzanalysen*, des *Lieferantenaudits*[30] und *gemeinsamer Workshops mit Lieferanten* sind mit Ausnahme der Lieferantenaudits allen Verteilnetzbetreibern bekannt. Drei der befragten Verteilnetzbetreiber haben *Finanzanalysen* in der Vergangenheit bei starken Unsicherheiten zu Lieferanten herangezogen. Da der Aufwand sehr hoch ist, werden *Finanzanalysen* nur als nachrangige Methode und deshalb überwiegend auch nur mit einer teilweisen Eignung bewertet. Die Methoden *Lieferantenaudit* und *gemeinsame Workshop* finden wenig Zuspruch. Sie werden bisher nicht angewendet und werden von der Mehrheit der Befragten grundsätzlich als ungeeignet eingestuft. Dies wird mit Ressourcenengpässen und einem hohen Aufwand begründet. So sehen es die Verteilnetzbetreiber im Sinne der Gleichbehandlung als notwendig an, dass diese Methoden allen Lieferanten angeboten werden. Ferner wird eine vertiefende Beziehung zu Lieferanten mit der Befürchtung abgelehnt, dass dadurch anfechtungsfördernde Informationen erlangt werden könnten. Auch wenn die Mehrheit davon ausgeht, dass diese Maßnahmen „eh nichts bringen“, steht ein Verteilnetzbetreiber dem *Lieferantenaudit* und *Workshops* aufgeschlossen gegenüber. Er sieht darin die Möglichkeit, eine gemeinsame Basis zu schaffen und gegenseitiges Verständnis für die jeweiligen Problemstellungen aufzubauen. Allerdings müssten es dann „ehrliche Lieferanten“ sein, woran Zweifel bestehen.

Als weitere Methoden wurde die Methoden 10 bis 14 genannt. Sie ergänzen die Analyse externer Daten um konkrete Informationsquellen.

4.3.3.3.2 Risikoanalyse/-bewertung

Abb. 4.8 zeigt die Ergebnisse zur Abfrage der Methodenunterstützung im Rahmen der Risikoanalyse/-bewertung:

[30] Da nur drei Verteilnetzbetreiber das Lieferantenaudit kennen, wurden nur diese zur Anwendung und Eignung befragt.

Risikoanalyse/-bewertung					
Nr.	**Methoden**	**Kriterium**	**Ja**	**Teilweise**	**Nein**
1	Risikoklassifizierung	Kenntnis	5	0	0
		Anwendung	0	5	0
		Eignung	3	2	0
2	Subjektive Einschätzung	Kenntnis	5	0	0
		Anwendung	5	0	0
		Eignung	5	0	0
3	Scoring-Modelle	Kenntnis	5	0	0
		Anwendung	0	0	5
		Eignung	5	0	0
4	Risikoprofile	Kenntnis	5	0	0
		Anwendung	0	0	5
		Eignung	4	0	1
5	Risikoportfolio	Kenntnis	4	1	0
		Anwendung	0	0	5
		Eignung	5	0	0

Abb. 4.8 Risikoanalyse/-bewertung der Verteilnetzbetreiber. (Quelle: Eigene Darstellung)

Aus der Darstellung geht hervor, dass die befragten Verteilnetzbetreiber alle fünf Methoden zur Risikoanalyse/-bewertung zumindest grundlegend kennen und sie trotz bislang fehlender Anwendung nicht-subjektiver Methoden für geeignet halten.

Wie der qualitative Teil bereits deutlich machte, dominiert in der Praxis die *subjektive Einschätzung*, die durch Bezeichnungen wie „böser Lieferant" in einer *Risikoklassifizierung* münden. Auf die *subjektive Einschätzung* soll auch weiterhin nicht verzichtet werden.

Scoring-Modelle, *Risikoprofile* und *Risikoportfolios* sind vom Grundverständnis her bekannt. Sie spielen in der Praxis bislang keine Rolle, werden aber mit Ausnahme eines Verteilnetzbetreibers bezüglich der Risikoprofile als geeignet erachtet. Die Ablehnung wurde mit Bedenken einer zu hohen Komplexität begründet.

4.3.3.3.3 Risikohandhabung

Die Bewertung nach der Kenntnis, Anwendung und Eignung verschiedener Methoden zur Risikohandhabung zeigt Abb. 4.9. Die ersten 14 der dargestellten Methoden wurden den Experten vorgegeben. Zwei Methoden wurden zusätzlich benannt.

Maßnahmen zur Risikohandhabung						
	Nr.	**Methoden**	**Kriterium**	**Ja**	**Teilweise**	**Nein**
Geschäftsprozesse	1	Sicherstellen funktionierender EDI-Prozesse als Basis der Abrechnung und Mahnung	Kenntnis	5	0	0
			Anwendung	5	0	0
			Eignung	5	0	0
	2	Standardisiertes Mahnwesen	Kenntnis	5	0	0
			Anwendung	4	0	1
			Eignung	5	0	0
	3	Manuelle Abwicklung bei (System-)Problemen	Kenntnis	5	0	0
			Anwendung	1	0	4
			Eignung	1	1	3
	4	Abwarten	Kenntnis	5	0	0
			Anwendung	3	0	2
			Eignung	1	0	4
	5	Risikobewusste Mitarbeiter	Kenntnis	5	0	0
			Anwendung	4	1	0
			Eignung	5	0	0
	6	Anfechtungssicheres Verhalten gegenüber Lieferanten	Kenntnis	5	0	0
			Anwendung	4	0	1
			Eignung	5	0	0
	7	Anfechtungssichere Geschäftsprozesse	Kenntnis	5	0	0
			Anwendung	3	1	1
			Eignung	5	0	0
	8	Keine Annahme Zahlungen Dritter	Kenntnis	5	0	0
			Anwendung	2	2	1
			Eignung	5	0	0
Netznutzungsvertrag	9	Nutzung der vertraglichen Möglichkeiten	Kenntnis	5	0	0
			Anwendung	5	0	0
			Eignung	5	0	0
	10	Individuelle Vertragsklauseln	Kenntnis	3	0	2
			Anwendung	0	0	5
			Eignung	0	0	5
Supply Chain Management	11	Austausch mit anderen Marktpartnern	Kenntnis	5	0	0
			Anwendung	5	0	0
			Eignung	5	0	0
	12	Nutzung vertrauensbildender Maßnahmen	Kenntnis	5	0	0
			Anwendung	0	0	5
			Eignung	1	0	4
	13	Lieferantenentwicklungs-/ -ertüchtigungsprogramme	Kenntnis	5	0	0
			Anwendung	0	0	5
			Eignung	1	0	4
	14	Anreiz-/Sanktionssysteme	Kenntnis	5	0	0
			Anwendung	1	0	4
			Eignung	2	3	0
	15	Druckaufbau zur Zahlung bei Insolvenzgefahr	Anzahl Nennungen	5		
	16	BNetzA auf Haftung verklagen?	Anzahl Nennungen	1		

Abb. 4.9 Risikohandhabung aus Verteilnetzbetreiber-Sicht. (Quelle: Eigene Darstellung)

Abb. 4.9 zeigt deutlich, dass allen befragten Verteilnetzbetreibern aus den Möglichkeiten der Geschäftsprozesse, des Netznutzungsvertrags und des Supply Chain Managements 13 der 14 vorgegebenen Maßnahmen zur Risikohandhabung bekannt sind. Lediglich die Möglichkeit der *individuellen Vertragsklauseln* war zwei Verteilnetzbetreibern bislang unbekannt. Mit den *funktionierenden EDI-Prozessen*, einem *standardisierten Mahnwesen*, *risikobewussten Mitarbeitern*, dem *anfechtungssicheren Verhalten* und *anfechtungssicheren Geschäftsprozessen* sowie mit der *Nutzung vertraglicher Möglichkeiten* und *dem Austausch mit anderen Marktpartnern* finden sieben Methoden von der Mehrheit bereits Anwendung und werden zur Senkung des finanzwirtschaftlichen Risikos aus der Lieferantenbeziehung von allen fünf Verteilnetzbetreibern als geeignet erachtet. *Individuelle Vertragsklauseln* werden von allen abgelehnt, da diese als nicht massengeschäftstauglich angesehen werden und im Falle einer rechtlichen Auseinandersetzung wohl der Standardvertrag herangezogen werden würde. Besonders auffällig ist die Bewertung zur *Ablehnung von Zahlungen Dritter*. Trotz der mehrfach erwähnten hohen Bedeutung finden sie nur teilweise Anwendung. Lediglich zwei der befragten Verteilnetzbetreiber lehnen derartige Zahlungseingänge konsequent ab, alle anderen nehmen die Zahlungen an und klären überwiegend die direkte Zahlung für die Zukunft.

Die *manuelle Abwicklung bei (System-)Problemen* findet nur bei einer Minderheit Anwendung. Die Eignung wird überwiegend abgelehnt, da „(...) die Lieferanten ihre Prozesse und Marktregeln auch beherrschen müssen, wenn sie am Markt aktiv sein wollen." Die Methode des *Abwartens* wird verschieden genutzt und dennoch als ungeeignet bewertet. So warten drei der befragten Verteilnetzbetreiber bei Vorliegen negativer Informationen solange auf die Einleitung von Maßnahmen, bis Unregelmäßigkeiten im Zahlungsverkehr auftreten. Zwei davon verzichten beim Gefühl einer baldigen Insolvenz zudem auch bewusst auf die Änderung in Vorauszahlung, um das Risiko einer Anfechtung nicht zu erhöhen. Dennoch wird das *Abwarten* nur von einem Verteilnetzbetreiber als geeignete Maßnahme erachtet, alle anderen wünschen sich Möglichkeiten, schneller zu handeln.

Wie erwartet, finden die Methoden der *vertrauensbildenden Maßnahmen* (wie Lieferantentage) und *Lieferantenentwicklungs-/-ertüchtigungsprogramme* weder Anwendung noch werden sie von der Mehrheit als geeignet angesehen. So wird von den Lieferanten die erforderliche Kompetenz erwartet und an der Wirksamkeit gezweifelt. Ein Verteilnetzbetreiber hingegen befürwortet diese Maßnahmen und sieht darin die Chance zum „(...) Kennenlernen, Austauschen und Vereinen der Perspektiven."

Anreizsysteme finden weder Anwendung noch werden sie unter der Argumentation der Wettbewerbsverzerrung als geeignet angesehen. *Sanktionssysteme*

Risikoidentifikation auf Marktebene					
Nr.	Methoden	Kriterium	Ja	Teilweise	Nein
1	Erfahrung aus vergangenen Insolvenzen	Kenntnis	5	0	0
		Anwendung	5	0	0
		Eignung	5	0	0
2	Erfahrung aus vergangenen Anfechtungen	Kenntnis	5	0	0
		Anwendung	5	0	0
		Eignung	5	0	0
3	Brainstorming o. a. Kreativitätstechniken	Kenntnis	5	0	0
		Anwendung	1	2	2
		Eignung	5	0	0
4	Standardisierte Checklisten	Kenntnis	5	0	0
		Anwendung	0	1	4
		Eignung	4	1	0
5	Direkter Austausch mit externen Experten	Kenntnis	5	0	0
		Anwendung	5	0	0
		Eignung	5	0	0
6	Veranstaltungen mit Insolvenzverwaltern/ Juristen	Kenntnis	4	0	1
		Anwendung	4	0	1
		Eignung	4	0	1
7	Lieferantenaudit	Kenntnis	3	0	2
		Anwendung	0	0	3
		Eignung	0	1	2
8	Persönlicher Austausch mit den Lieferanten	Kenntnis	5	0	0
		Anwendung	1	4	0
		Eignung	2	3	0
9	Gemeinsame Workshops mit Lieferanten	Kenntnis	5	0	0
		Anwendung	0	0	5
		Eignung	0	1	4
10	Veranstaltungen bei Verbänden	Kenntnis	5	0	0
		Anwendung	4	1	0
		Eignung	5	0	0

Abb. 4.11 Risikoüberwachung zur Aktualisierung der Risikofaktoren. (Quelle: Eigene Darstellung)

dass die Anfechtungen entweder von der Mehrheit der Verteilnetzbetreiber nicht systematisch ausgewertet wurden oder diese nicht mehr präsent beziehungsweise von geringer Relevanz sind.

Wie zu erwarten war, werden auch zur Risikoidentifikation auf Marktebene die Methoden des *Lieferantenaudits* und *gemeinsamer Workshops mit Lieferanten* aus bereits benannten Gründen abgelehnt. Der *persönliche Austausch mit Lieferanten* wird von allen Verteilnetzbetreibern im Rahmen von Klärungen als sinnvoll angesehen und auch genutzt. Aufgrund von Bedenken hinsichtlich des Anfechtungsrisikos soll dieser – mit Ausnahme eines Verteilnetzbetreibers – aber nicht weiter intensiviert werden.

Brainstorming/Kreativitätstechniken und *standardisierte Checklisten* sind bekannt und werden trotz der fehlenden Nutzung als geeignet angesehen. *Veranstaltungen bei Verbänden* sowie *Veranstaltungen mit Insolvenzverwaltern/Juristen* nehmen bereits einen sehr hohen Stellenwert ein.

Die Zusatznennungen konkretisieren mit den Angaben zur *Auswertung der Zahlungsverzüge*, *Zahlungen Dritter* und *neuer Anfechtungen* die Anwendungsbereiche im Rahmen der Maßnahmen- und Prämissenkontrolle.

4.3.3.3.5 Integration und organisatorische Verankerung

Zur Integration und organisatorischen Verankerung lässt sich feststellen, dass alle Verteilnetzbetreiber ihre Risikomanagementtätigkeiten in das Forderungsmanagement integriert haben. Dabei ließen sich zwei verschiedene Formen der Integration erkennen:

1. Strategische Verantwortung des Verteilnetzbetreibers, operative Verantwortung des Dienstleisters

In dieser Ausprägung beauftragt der Verteilnetzbetreiber einen Dienstleister mit der Abwicklung der Rechnungsstellung und der Forderungsverfolgung. Die Intensität der Zusammenarbeit hat in den Fallstudien die Variante der reinen Beauftragung bei VNB2 als auch die Variante der intensiven Zusammenarbeit bei VNB4 gezeigt. Genau diese beiden Verteilnetzbetreiber zeigen die größte Differenz der Reifegrade auf, wobei VNB4 zugleich auch den höchsten Reifegrad der befragten Verteilnetzbetreiber aufweist. Entscheidungen mit vertraglicher Relevanz liegen bei beiden in der Verantwortung der Verteilnetzbetreiber und werden dort entsprechend der bestehenden Handlungsrichtlinien freigegeben.

2. Verteilnetzbetreiber ohne Dienstleister oder Dienstleister in strategischer und operativer Verantwortung

In dieser Form erfolgt keine Trennung der strategischen und operativen Tätigkeiten. Vom Vertragsabschluss bis zu einer etwaigen Kündigung liegt alles in einer Hand.

Die Freigabe zur Umsetzung von vertraglich relevanten Maßnahmen entscheidet sich entsprechend der internen Handlungsrichtlinien.

4.4 Kritische Würdigung der empirischen Untersuchung

Abschließend zur empirischen Untersuchung der ausgewählten Verteilnetzbetreiber bleibt festzuhalten, dass diese durch die Sicherstellung der Intersubjektivität sowie der Nachvollziehbarkeit der Interviewinhalte und Analyseergebnisse die Gütekriterien qualitativer Forschung[32] erfüllt. MAYRING (2016) nennt in diesem Zusammenhang die Verfahrensdokumentation, die argumentative Interpretationsabsicherung und Regelgeleitetheit des Analysevorgangs. Ebenso wichtig ist die Nähe zum Forschungsfeld und die Anwendung verschiedener Methoden (Triangulation) zur Vergleichbarkeit der Ergebnisse.[33] Einer möglichen Kritik an der Repräsentativität der ausgewählten Befragten sei entgegengehalten, dass eine fehlende Repräsentativität durch das hohe Sachwissen der Experten kompensiert wird.[34] So gelten in der Literatur Expertenurteile als besonders aussagekräftig. In Analogie zu den Vorteilen bei der Verwendung von aufbereiteten Dokumenten[35] lassen Experteninterviews auch davon ausgehen, dass die Klarheit der Aussagen die Fehlerquellen der qualitativen Datenerhebung reduziert.

Insgesamt lässt sich feststellen, dass die Verteilnetzbetreiber die Notwendigkeit eines Risikomanagements erkannt haben und bereits Aktivitäten zur Reduzierung des finanzwirtschaftlichen Risikos bestehen. Neben einem grundsätzlichen Misstrauen in die Lieferanten hindern jedoch fehlende Ressourcen und ein fehlendes Risikomanagement-Know-how an einer systematischen Umsetzung. Besonders auffällig war, dass den Verteilnetzbetreibern im qualitativen Teil weit weniger methodische Unterstützung bewusst war, als sie dann in der quantitativen Abfrage angaben. Diese Methodeninkonsistenz deutet auf die fehlende Systematik und unterschiedliche Priorisierung der Methoden hin. Der Methodenbaukasten scheint damit nicht so eingeschränkt zu sein, wie er in der Praxis empfunden wird. Jedoch werden sowohl vertrauensbildende Maßnahmen als auch Maßnahmen mit hohem Aufwand und zwischenmenschlicher Beziehung abgelehnt, um sich vor dem Risiko einer Anfechtung zu schützen.

[32] Vgl. MAYRING, P. (2016), S. 140ff und die dort angegebenen Verweise.

[33] Vgl. ebenda, S. 144ff.

[34] Vgl. BROCKHOFF, K. (2011), S. 801.

[35] Vgl. MAYRING, P. (2016), S. 47.

Mit der theoretischen Ausarbeitung des Themas und den empirischen Untersuchungen kann nun das Modell zum Risikomanagement abgeleitet werden. Dies ist Inhalt des folgenden Kapitels, das sich in diesem Zuge auch der Formulierung von Anwendungsempfehlungen zur Umsetzung der Gestaltungsfelder in der Praxis widmet.

Modell des strategischen Risikomanagements zur Anwendung in der Praxis

5

Zur Abbildung eines Modells zum Risikomanagement der Verteilnetzbetreiber werden im Folgenden die durch die Metamodellierung gewonnenen Erkenntnisse mit den Erkenntnissen der empirischen Untersuchung der Verteilnetzbetreiber zusammengeführt.

Ein zentrales Ziel dieser Arbeit ist es, Handlungsempfehlungen zur Reduzierung des finanzwirtschaftlichen Risikos aufzuzeigen. Dabei kommt der Schließung der bestehenden Performancelücke im Risikomanagement der untersuchten Praxis eine große Bedeutung zu. Bei der zielgruppenspezifischen Ausprägung des Modells ist daher auf die Auswahl geeigneter Methoden, die Methodenkompetenz der Verteilnetzbetreiber und eine einheitliche methodische Umsetzbarkeit zu achten. Ferner ist die Integration und organisatorische Verankerung zu berücksichtigen. Dazu sind die Angaben der befragten Verteilnetzbetreiber zu plausibilisieren, bestehende Defizite zum Soll-Zustand des Modells mit dem Reifegrad vier (*Natural*) hervorzuheben und der Anpassungsbedarf der Verteilnetzbetreiber zur Anwendung in der Praxis aufzuzeigen. Zur Sicherstellung der praktischen Anwendbarkeit der Risikoanalyse/-bewertung bietet es sich an, VNB4 als Praktiker mit dem höchsten Reifegrad beratend mit einzubeziehen.

5.1 Rahmenbedingungen des Modells

Die Rahmenbedingungen umfassen die für die Gestaltung des Risikomanagements einzuhaltenden gesetzlichen und regulatorischen Vorgaben. Integraler Bestandteil sind zudem risikopolitische Grundsätze, die die Umsetzung des Risikomanagements durch die Risikostrategie mit entsprechenden Zielkriterien und Leitlinien spezifizieren.

K. R. Eiselbrecher, *Strategisches Risikomanagement für Verteilnetzbetreiber im liberalisierten Energiemarkt*, https://doi.org/10.1007/978-3-658-31614-3_5

5.1.1 Gesetzliche und regulatorische Vorgaben

Die gesetzlichen und regulatorischen Grundlagen finden sich in den jeweils gültigen Fassungen des ENERGIEWIRTSCHAFTSGESETZES, den Vorgaben zur Abwicklung der Netznutzung und der INSOLVENZORDNUNG. Sie geben das Bewegungsfeld und den Gestaltungsspielraum des Risikomanagements vor und lassen drei Grundregeln zur Beachtung im Risikomanagement formulieren:

1. Einheitliche Umsetzung der standardisierten Geschäftsprozesse:
   Anwendung der aktuellen EDIFACT-Datenformate und Vermeidung von Rechnungsstopps (Prozessexzellenz).
2. Diskriminierungsfreie Behandlung der Lieferanten:
   Gleiche Auffälligkeiten müssen zu gleichen Maßnahmen führen.
3. Einhaltung des informatorischen Unbundlings:
   Wahrung der Vertraulichkeit der aus der Lieferantenbeziehung erlangten wirtschaftlich sensiblen Informationen.[1]

5.1.2 Risikopolitische Grundsätze

Das strategische Ziel der Verteilnetzbetreiber besteht in der Vereinnahmung der genehmigten Erlösobergrenzen. Durch die wirtschaftlichen Besonderheiten der Verteilnetzbetreiber-Lieferanten-Beziehung unterliegen die Verteilnetzbetreiber einem finanzwirtschaftlichen Risiko, das durch Lieferanteninsolvenzen und insolvenzrechtliche Anfechtungen zu Forderungsausfällen führen kann. Wegen des Kontrahierungszwangs und der regulatorisch vorgegebenen nachschüssigen Abrechnung lassen sich derartige Forderungsausfälle nicht vermeiden. Die Risikostrategie und das zentrale Ziel des Risikomanagements liegt daher in der Verringerung des finanzwirtschaftlichen Risikos durch Lieferanteninsolvenzen und Anfechtungen.

Auch wenn die befragten Verteilnetzbetreiber nur das Lieferanteninsolvenzrisiko, aber nicht das Anfechtungsrisiko zur Integration in das Risikomanagement für erforderlich erachten, so ist es aus drei Gründen trotzdem zu integrieren:

- Forderungsausfälle aus insolvenzrechtlichen Anfechtungen können durch die Rückforderung aller Zahlungseingänge der letzten vier Jahre um ein Vielfaches höher sein, als die unbeglichenen Rechnungen aus dem Lieferanteninsolvenzrisiko.

---

[1] Diese Regelung nach § 6a EnWG gilt auch für Unternehmen, die unter die de-minimis-Regelung fallen.

- Das Anfechtungsrisiko kann durch Verhaltenssteuerungen der Verteilnetzbetreiber direkt beeinflusst werden.
- Die Interviews zeigten, dass die befragten Verteilnetzbetreiber das Anfechtungsrisiko entgegen ihrer eigenen Meinung nicht ausreichend betrachten. So sind ihnen zum einen nur sehr wenige Risikofaktoren einer Anfechtung präsent, zum anderen werden Maßnahmen zur Risikohandhabung trotz Kenntnis des Erfordernisses nicht getroffen oder bewusst ignoriert.[2]

Das Hauptziel des Risikomanagements besteht in der Verringerung von Forderungsausfällen aus Lieferanteninsolvenzen und Anfechtungen. Die Zielkriterien bestehen im frühzeitigen Erkennen risikobehafteter Lieferanten und Prozesse sowie der Verfügbarkeit von Maßnahmen zur Reduzierung des finanzwirtschaftlichen Risikos. Die Maßnahmen dienen der Senkung der Eintrittswahrscheinlichkeit einer Insolvenz beziehungsweise Anfechtung und/oder der damit verbundenen potenziellen Forderungsausfälle. Für das Risikomanagement gelten die in Abb. 5.1 aufgeführten fünf Leitlinien:

Leitlinien	1	Bereitstellung aussagekräftiger Informationen
	2	Schaffung von Transparenz zur Risikosituation der Lieferanten und Prozesse
	3	Risikoorientierung durch klare Richtlinien
	4	Leichte Anwendbarkeit
	5	Integration mit wenig Aufwand

Abb. 5.1 Leitlinien des strategischen Risikomanagements der Verteilnetzbetreiber. (Quelle: Eigene Darstellung)

Die Leitlinien dienen der Förderung des Risikobewusstseins und der Zielerreichung, indem durch das Risikomanagement aussagekräftige Informationen bereitzustellen sind, die Transparenz zum Lieferanteninsolvenzrisiko und Anfechtungsrisiko schaffen. Durch klare Richtlinien mit definierten Eingriffsgrenzen und Handlungsempfehlungen ist dem finanzwirtschaftlichen Risiko zielgerichtet zu

[2] So werden beispielsweise Zahlungen Dritter nicht geprüft beziehungsweise nicht konsequent abgelehnt. Ferner wird bei Insolvenzverdacht Druck zur Zahlung aufgebaut.

begegnen. Die Berücksichtigung der bereits bestehenden Risikomanagementkompetenzen schafft die Grundlage eines leicht anwendbaren Risikomanagements, das sich mit wenig Aufwand integrieren lässt.

5.2 Einflussgrößen des Modells

Die Einflussgrößen stellen mit dem Lieferanteninsolvenzrisiko sowie dem Anfechtungsrisiko und ihrer determinierenden Risikofaktoren die Quellen des finanzwirtschaftlichen Risikos der Verteilnetzbetreiber aus der Lieferantenbeziehung dar. Während das Ereignis einer Lieferanteninsolvenz nicht zwingend mit einer insolvenzrechtlichen Anfechtung verbunden ist, muss einer insolvenzrechtlichen Anfechtung immer eine Insolvenz vorausgehen. Dem Modell liegt die Annahme zugrunde, dass einer Lieferanteninsolvenz immer eine insolvenzrechtliche Anfechtung mit einer maximalen Rückforderung über vier Jahre folgt.

Um frühzeitig aussagekräftige Informationen zur Stabilität der Lieferanten und anfechtungsrelevanter Prozesse gewinnen zu können, sind die Abb. 5.2 in dargestellten und wissenschaftlich erhobenen Risikofaktoren als Eingangsgrößen des Risikomanagements zu beachten.

Wie Abb. 5.2 zeigt, setzt sich das Risikoinventar des Lieferanteninsolvenzrisikos aus zehn Risikofaktoren zusammen. Wie von den befragten Verteilnetzbetreibern gefordert, beinhalten sie sowohl intern auswertbare als auch extern zu erhebende Risikofaktoren. Ferner wird es der hohen Bedeutung der Verteilnetzbetreiber zur Berücksichtigung des subjektiven Eindrucks gerecht. Die Risikofaktoren 2, 3, 8 lassen sich automatisiert über die Daten der Geschäftsprozesse auswerten, wodurch keine allzu großen manuellen Ressourcen für den Bewertungsprozess gebunden werden.

Nr.	Risikofaktoren Insolvenz
1	Auffälligkeiten zu verbundenen Unternehmen
2	Fehlende Einhaltung regulatorischer Vorschriften
3	Auffälligkeiten in der Kundenentwicklung
4	Auffälligkeiten in der Unternehmensführung
5	Negativmerkmale der Geschäftsführung
6	Eskalationsmaßnahmen durch Hauptakteure der Supply Chain
7	Eskalationsmaßnahmen durch Nebenakteure der Supply Chain
8	Negative Merkmale im Zahlungsverkehr
9	Wirtschaftliche Lage
10	Subjektiver Eindruck des Mitarbeiters *Anzeigen/Rechtstreitigkeiten gegen Lieferanten* *Auffälligkeiten früherer Unternehmen* *Auffälligkeiten im Marketing* *Beschwerden bei der BNetzA* *Finanzierungs-/Verkaufsbestreben* *Eskalationsmaßnahmen durch Lieferant* *Fragliches Geschäftsgebaren* *Kundenunzufriedenheit* *Veröffentlichungen in Medien* *Zweifelhaftes Geschäftsmodell* *Unwirtschaftliche Tarifstruktur*

Nr.	Risikofaktoren Anfechtung
1	Abweichen von der Norm
2	Fehlende Einhaltung Bargeschäft
3	Fordern einer vertraglich an Zweifel gebundenen Sicherheit
4	Fremdantrag
5	Keine Durchsetzung angedrohter Sanktionen
6	Auffälligkeiten verbundener Unternehmen
7	Kenntnis instabiles Geschäftsmodell
8	Wissenstransfer aus verbundenem Verteilnetz-betreiber
9	Kenntnis negativer Medienberichte
10	Kenntnis Untersuchungsverfahren der BNetzA
11	Kenntnis der wirtschaftlichen Lage durch Auskunftei
12	Kenntnis fehlende Veröffentlichung Bilanz
13	Kenntnis durch Mitteilung des Lieferanten
14	Kenntnis aus negativem Zahlungsverhalten
15	Meldung des Lieferanten an BNetzA (Besorgnis)
16	Veröffentlichung Verteilnetzbetreiber mit Kenntnisbeleg
17	Zahlungen durch ebenfalls insolventen Dritten

Abb. 5.2 Risikofaktoren einer Insolvenz und Anfechtung. (Quelle: Eigene Darstellung)

Die Experteninterviews ließen erkennen, dass diese Risikofaktoren in der Praxis bereits präsent sind. Im Vergleich zum momentanen Vorgehen sind sie für das Risikomanagement aber in ihrer Gesamtheit zu betrachten und nicht mehr vereinzelt, in unterschiedlichen Konstellationen oder nur sekundär.

Das für das Metamodell definierte Risikoinventar des Anfechtungsrisikos (Abb. 5.2) umfasst 17 Risikofaktoren. Von diesen wurden in den Interviews nur vier als betrachtete Einflussgrößen benannt (Nr. 1, 2, 15, 17).[3] Damit sind im Vergleich zum momentanen Vorgehen zahlreiche weitere Risikofaktoren zu beachten.

[3] Vgl. Abschnitt 4.3.3.2.

5.3 Gestaltungsfelder des Modells

Die Gestaltungsfelder des Risikomanagements bilden den operativen Risikomanagementprozess einschließlich der Integration und organisatorischen Verankerung ab. Der Risikomanagementprozess umfasst die Phasen der Risikoidentifikation auf Verteilnetzbetreiber-Ebene, der Risikoanalyse/-bewertung, der Risikohandhabung und der Risikoüberwachung. Er ist zur Nachvollziehbarkeit des finanzwirtschaftlichen Risikos, der Transparenz zur Risikosituation sowie zur Deduktion unterschiedlicher Risikohandhabungsmaßnahmen für jede Risikoart getrennt zu durchlaufen und muss die Risikoarten zum gesamten finanzwirtschaftlichen Risiko aggregieren.

Besonders das Zielkriterium des frühzeitigen Erkennens risikobehafteter Lieferanten und die damit verbundene Anforderung der Verteilnetzbetreiber an ein Frühwarnsystem erfordert es vor dem Hintergrund der Volatilität der Risikofaktoren,[4] dass der Risikomanagementprozess kontinuierlich und als fester Bestandteil der Verteilnetzbetreiber-Lieferanten-Beziehung umgesetzt wird.

Zur Erreichung des von HILLSON (1997) definierten Reifegrads 4 (*Natural*) sind die in der Praxis bislang intuitiv abgewickelten Prozessschritte des Risikomanagements zu definieren und voneinander abzugrenzen. Zur effektiven Umsetzung sind die Phasen methodisch zu unterstützen und unter Berücksichtigung der bestehenden Risikomanagementkompetenzen die fachlichen Voraussetzungen und IT-technischen Anforderungen aufzuzeigen.

5.3.1 Risikoidentifikation auf Verteilnetzbetreiber-Ebene

Die Risikoidentifikation auf Verteilnetzbetreiber-Ebene dient der Feststellung, ob die definierten Risikofaktoren auf einen Lieferanten zutreffen. Hierzu sind Informationsquellen zu nutzen, die Risikofaktoren bereits in einem frühen Stadium ihres Entstehens erkennen lassen.

Die Heterogenität der festgelegten Risikofaktoren erfordert zur Erhebung aussagekräftiger Informationen und „schwacher Signale" den in Abb. 5.3 dargestellten breiten Methodenbaukasten. Dadurch lässt sich das Risikomanagement bereits gleich zu Beginn strukturieren, indem ungerichtete Ad-hoc–Recherchen durch eine gezielte Datenbeschaffung ersetzt werden. Der Methodenbaukasten kann für das Lieferanteninsolvenzrisiko und Anfechtungsrisiko gleichermaßen Anwendung finden.

---

[4] Als Beispiel sei die zweiwöchige Wechselfrist beim Anbieterwechsel genannt.

	Insolvenzrisiko	Anfechtungsrisiko
Risikoidentifikation auf VNB-Ebene	• Analyse interner Daten • Austausch mit internen sachkundigen Mitarbeitern relevanter Geschäftsprozesse • Analyse externer Daten • Persönlicher Austausch mit Lieferanten • Frühwarnsysteme/ eigene Kennzahlen	

Abb. 5.3 Methodenbaukasten Risikoidentifikation auf VNB-Ebene. (Quelle: Eigene Darstellung)

Die empirische Untersuchung der Verteilnetzbetreiber hat gezeigt, dass die Methoden der Analyse interner und externer Daten sowie der Austausch mit internen sachkundigen Mitarbeitern bereits erfolgreich Anwendung finden. Mit der Erweiterung des Fokus vom Lieferanteninsolvenzrisiko auf das additive Anfechtungsrisiko sind diese nun auch zur Erkennung der Risikofaktoren einer Anfechtung zu nutzen.

Um Vertrauen zwischen Verteilnetzbetreibern und Lieferanten aufzubauen, wird trotz Ablehnung in der Empirie der persönliche Austausch mit Lieferanten aufgenommen. Die Verteilnetzbetreiber gaben an, diesen nur für konkrete Problemstellungen wie den Ausschluss fehlerhafter Rechnungen bei Zahlungsverzug nutzen zu wollen. In diesen Fällen wird der Kontakt auch als wichtige Quelle zum subjektiven Eindruck des Lieferanteninsolvenzrisikos genutzt. Jedoch ist jedes Gespräch mit Bedenken verbunden, dass dadurch Informationen ausgetauscht werden, die eine Anfechtung rechtfertigen könnten. Weitere Kontakte wurde daher abgelehnt, um die Gefahr einer Anfechtung nicht zu vergrößern. Da der Austausch mit den Lieferanten erst bei Vorliegen eines Risikofaktors und unter Bezugnahme auf diesen erfolgt, verwundert die Befürchtung eine Anfechtungsgrundlage zu schaffen nicht. So kann sich der Lieferant durch den Verzug bereits in einer Krise befinden. Da durch das Risikomanagement aber bereits der Übergang in eine Krise erkannt werden soll und die Verteilnetzbetreiber selbst die Bedeutung des subjektiven Eindrucks hervorheben, wird der Austausch in der Umsetzungsform von Lieferantentagen aufgenommen. Diese sind in einem bestimmten Turnus anzubieten, so dass neue Lieferanten zeitnah kennengelernt werden können und mit einem steigenden Vertrauen (und einer moralischen Hürde zum Betrug) die Risikoidentifikation des Lieferanteninsolvenzrisikos gefördert wird. Das Risiko einer Anfechtung wird so nicht geschaffen, da auch eine gerade beginnende Krise noch keine Anfechtung rechtfertigt. Letztlich wird die Anfechtung auch nicht durch das Erkennen begründet, sondern wie die Risikofaktoren einer Anfechtung zeigten, durch falsches Handeln bei erlangter Kenntnis. In

Bezug auf die Umsetzbarkeit der Lieferantentage sei auf die regelmäßigen Informationsveranstaltungen einzelner Verteilnetzbetreiber für Installateure verwiesen. Hier werden aktuelle Themen zum Netzanschluss aufgezeigt,[5] die Installateure zu beachten haben. Besonders die zwanglosen Gespräche nach dem offiziellen Teil tragen dazu bei, individuelle Fragen zu klären und so Fehler der Installateure zu verringern. Da Installateure wohl eine ähnlich große Anzahl wie Lieferanten darstellen, zeigt sich die Veranstaltung als machbar.

Die von den befragten Praktikern abgelehnten Methoden des Lieferantenaudits und gemeinsamer Workshops mit den Lieferanten wurden nicht in den Methodenbaukasten aufgenommen. Das Argument der Verteilnetzbetreiber, diese Methoden entsprechend des gesetzlichen Gleichbehandlungsgrundsatzes mit allen Lieferanten durchführen zu müssen, lässt die fehlende Praktikabilität nachvollziehen. Auch Finanzanalysen werden nicht berücksichtigt, da die Verteilnetzbetreiber diese durch den hohen Analyseaufwand[6] und die Notwendigkeit zum Einbezug von Fachexperten als Basisinstrument als ungeeignet ansehen. Ferner sollte die Analyse immer mit der Veröffentlichung des Jahresabschlusses erfolgen, um die Entwicklung der Lieferanten im zeitlichen Verlauf bewerten zu können. Dies ist jedoch ebenfalls zu aufwendig. Frühwarnsysteme und eigene Kennzahlen finden momentan kaum Anwendung. Da die Verteilnetzbetreiber diese insbesondere für das Lieferanteninsolvenzrisiko als erforderlich ansehen, um risikobehaftete Lieferanten frühzeitig zu erkennen, werden sie in den Methodenbaukasten aufgenommen.

Die im Metamodell und auch von den Praktikern als sinnvoll erachteten standardisierten Checklisten werden nicht aufgenommen. Sie erscheinen durch die Art der Gestaltung der Risikoanalyse nicht mehr erforderlich.

5.3.2 Risikoanalyse/-bewertung

Im Rahmen der Risikoanalyse/-bewertung ist die lieferantenspezifische Ausprägung der Risikofaktoren transparent und nachvollziehbar für die beiden Risikoarten zu analysieren.[7] Die Zusammenführung der Analyseergebnisse erlaubt die Bewertung des Lieferanteninsolvenzrisikos und des Anfechtungsrisikos sowie die Aggregation zum lieferantenspezifischen, finanzwirtschaftlichen Risiko.

---

[5] Zu nennen sind beispielsweise die Technischen Mindestanforderungen für den Netzanschluss von Letztverbrauchern.

[6] So hat schon der kleinste befragte Verteilnetzbetreiber mehr als 200 Lieferanten in seinem Verteilnetz.

[7] Auf die Berücksichtigung von Interdependenzen muss zum momentanen Zeitpunkt verzichtet werden, da keine ausreichende Stichprobe zur Ermittlung von Algorithmen vorliegt.

Die Risikoanalyse/-bewertung soll von allen Verteilnetzbetreibern einheitlich angewendet werden. Die Ergebnisse entscheiden über die einzuleitenden Maßnahmen der Verteilnetzbetreiber. Dies setzt voraus, dass das Analyse-/Bewertungsverfahren verbindlich vorgegeben wird und von den Verteilnetzbetreibern umsetzbar ist. Um die praktische Machbarkeit sicherzustellen, wird VNB4 in die Gestaltung der Risikoanalyse/-bewertung beratend mit einbezogen. Er zeichnete sich in den Interviews als Verteilnetzbetreiber mit dem am besten entwickelten Risikomanagement aus und kennt somit die Schwierigkeiten und Grenzen beim Aufbau eines Risikomanagements.

Nachfolgend wird daher zunächst die Methodenauswahl begründet und VNB4 hinsichtlich der einbezogenen Auskunftspersonen vorgestellt. Dem schließt sich die Darlegung der methodischen Umsetzung dieser Risikomanagementphase an.

5.3.2.1 Methodenauswahl und Vorstellung der Auskunftspersonen

Aus den Zielkriterien zum Risikomanagement, den Leitlinien und auch aus den Anforderungen der Verteilnetzbetreiber ergibt sich der Bedarf zur Integration eines Frühwarnsystems, zur Unterscheidung der Lieferanten nach Risikotypen und zur Visualisierung der lieferantenspezifischen Risikosituation. Zudem gaben die befragten Verteilnetzbetreiber bei ihren Anforderungen an, dass das Frühwarnsystem bei Überschreiten von Grenzwerten den betroffenen Lieferanten mit einer Handlungsempfehlung an den Verteilnetzbetreiber melden soll.

Grundsätzlich ist das Frühwarnsystem an zwei Stellen zu integrieren: zum einen bei Überschreiten einer definierten Toleranzgrenze eines Risikofaktors und zum anderen bei Überschreiten einer definierten Toleranzgrenze zum Lieferanteninsolvenzrisiko und Anfechtungsrisiko, das heißt entsprechend der Ausprägung der einzelnen Risikofaktoren, aber auch nach ihrer Zusammensetzung zum Lieferanteninsolvenzrisiko, zum Anfechtungsrisiko und zum finanzwirtschaftlichen Risiko.

Methodenauswahl

Die Erfüllung der einleitend genannten Ansprüche lassen sich durch den in Abb. 5.4 dargestellten Methodenbaukasten umsetzen. Die darin integrierten Methoden werden von der Mehrheit der befragten Verteilnetzbetreiber als geeignet erachtet. In der Praxis finden die Methoden bis auf die subjektive Klassifizierung der Lieferanten unter der Bezeichnung „guter/böser Lieferant" und „kritischer Lieferant" bisher kaum Anwendung.

Risikoanalyse/ -bewertung	Insolvenzrisiko	Anfechtungsrisiko
	• Risikoklassifizierung • Subjektive Einschätzung • Scoring-Modelle/ Risikoprofile • Risikoportfolio	

Abb. 5.4 Methodenbaukasten zur Risikoanalyse/-bewertung. (Quelle: Eigene Darstellung)

Alle dargestellten Methoden lassen sich sowohl für das Lieferanteninsolvenzrisiko als auch für das Anfechtungsrisiko nutzen. Damit müssen die Verteilnetzbetreiber auch keine unterschiedlichen Methoden je Einflussgröße anwenden und die Anwendungskompetenz dazu erlernen.

Vorstellung der Auskunftspersonen

Damit eine von den eigenen Interviewinhalten unabhängige Gestaltung gewährleistet werden konnte,[8] wurde als VNB4 nicht der Interviewpartner einbezogen, sondern die ehemals für die Integration des Forderungsmanagements verantwortliche Führungskraft (tätig beim Verteilnetzbetreiber) und die Leiterin des operativen Forderungsmanagements (tätig beim Dienstleister).

Beide Auskunftspersonen erfüllen durch die Abwicklung der TELDAFAX ENERGY GMBH und FLEXSTROM AG den im Interview geforderten Expertenstatus und bieten in ihrer Kombination den Vorteil zum Einbezug der strategischen und operativen Perspektive. Abb. 5.5 fasst die Charakteristika der beiden Auskunftspersonen zusammen:

[8] So war bei einem Einbezug des gleichen Experten zu befürchten, dass dieser durch seine bereits gemachten Angaben nicht mehr neutral ist und seine Angaben untermauern möchte.

	Auskunftsperson 1	Auskunftsperson 2
Position	Ehemaliger Verantwortlicher für die Integration und Umsetzung des Forderungsmanagements	Leiterin operatives Forderungsmanagement
Tätig bei	Verteilnetzbetreiber	Dienstleister
Experte	X	X

Abb. 5.5 Auskunftspersonen VNB4 zur Gestaltung des Risikomanagements. (Quelle: Eigene Darstellung)

Mit VNB4 wurden insgesamt drei Workshops durchgeführt. Im ersten Workshop nahmen beide Auskunftspersonen teil. Hier wurden die ausgewählten Risikofaktoren vorgestellt und grundsätzliche Gestaltungsmöglichkeiten in Bezug auf die ausgewählten Methoden diskutiert. Die zwei darauf aufbauenden Workshops erfolgten nur mit Auskunftsperson 1 und dienten der Abstimmung der Profile, der Diskussion zur Gewichtung der Risikofaktoren und der Darstellungsart der Portfolios.

Nachfolgend werden die Ergebnisse aus den Workshops aufgezeigt und die Anwendung definiert.

5.3.2.2 Risikoprofil und Risikoportfolio zum Lieferanteninsolvenzrisiko

Bevor das Risikoportfolio erstellt werden kann, muss die Risikoanalyse/-bewertung der Lieferanten erfolgen. Unter Berücksichtigung der Anforderungen der Verteilnetzbetreiber ließ sich das in Abb. 5.6 dargestellte Risikoprofil für die praktische Anwendung entwickeln.

Nr.	Risikofaktoren einer Insolvenz	Gewichtung [Punkte]	Klassifikation						Berechneter LuZ-Index
			1	2	3	4	5	6	
1	**Auffälligkeiten zu verbundenen Unternehmen**	4							
2	**Fehlende Einhaltung regulatorischer Vorschriften**	15							
3	**Auffälligkeiten in der Kundenentwicklung**	10							
4	**Auffälligkeiten in der Unternehmensführung**	4							
5	**Negative Merkmale der Geschäftsführung**	4							
6	**Eskalationsmaßnahmen durch Hauptakteure der Supply Chain**	20							
7	**Eskalationsmaßnahmen durch Nebenakteure der Supply Chain**	4							
8	**Negative Merkmale im Zahlungsverkehr**	15							
9	**Wirtschaftliche Lage**	20							
10	**Subjektiver Eindruck des zuständigen Mitarbeiters**	4							
	Anzeigen und Rechtstreitigkeiten gegen Lieferant								
	Auffälligkeiten früherer Unternehmen								
	Auffälligkeiten im Marketing								
	Beschwerden bei der BNetzA								
	Finanzierungs-/ Verkaufsbestreben								
	Eskalationsmaßnahmen durch Lieferant								
	Fragliches Geschäftsgebaren								
	Kundenunzufriedenheit								
	Veröffentlichungen in Medien								
	Zweifelhaftes Geschäftsmodell								
	Unwirtschaftliche Tarifstruktur								
		$\sum$ 100							

Abb. 5.6 Risikoprofil Insolvenzrisiko. (Quelle: Eigene Darstellung)

Das Profil integriert die Risikofaktoren in der gleichen Form, wie sie für das Metamodell selektiert wurden. So kann die Abgrenzung objektiv und subjektiv analysierbarer Risikofaktoren beibehalten werden. Ferner erfüllt es den Anspruch eines hohen Automatisierungsgrads in der Analyse und der Bewertung zum Lieferanteninsolvenzrisiko, wodurch weniger Ressourcen gebunden werden als bei einer manuellen Umsetzung. Zur Analyse der lieferantenspezifischen Ausprägung der einzelnen Risikofaktoren wurde das Schulnotensystem in Kombination mit den Ampelfarben entschieden. Eine Unterteilung von 1 bis 3, die das klassische Ampelsystem abbilden würde, erschien zu ungenau und würde zu viele Lieferanten als kritisch bewerten. Die Ausprägung der Risikofaktoren von 1 bis 6 wird daher zum einen wegen der Bekanntheit des Schulnotensystems und zum anderen wegen der breiteren Verteilung der Lieferanten auf Risikotypen als sinnvoll erachtet. Durch die gerade Anzahl an Klassen ist zudem keine neutrale Analyse der Lieferanten möglich, was vor allem für die nicht quantifizierbaren Risikofaktoren wie dem *subjektiven Eindruck* von Bedeutung ist. So muss sich der Mitarbeiter hier zumindest für eine Tendenz entscheiden.

Mit Bestehen der Grundstruktur wurde die Gewichtung der Risikofaktoren vorgenommen. Wie Abb. 5.6 erkennen lässt, wurden insgesamt 100 Gewichtungspunkte entsprechend des empfundenen Risikoeinflusses auf die Risikofaktoren verteilt. Die Multiplikation der Gewichtungsfaktoren mit der Klassifizierung und Addition über alle Risikofaktoren führen zum „LuZ-Index". Dieser steht für die „Leistungsfähigkeit und Zuverlässigkeit" des Lieferanten, die auch mit § 5 EnWG von den Lieferanten gefordert wird. So ist den Verteilnetzbetreibern mit den ausgewählten Risikofaktoren keine Berechnung der Eintrittswahrscheinlichkeit einer Lieferanteninsolvenz möglich. Der LuZ-Index kann Werte von 100 (kein Risikofaktor liegt vor) bis 600 (alle Risikofaktoren liegen in voller Ausprägung vor) erreichen und damit eine Krise der Lieferanten erkennbar machen. Zur Sicherstellung der konsistenten Risikoanalyse mit der Anforderung nach Transparenz, Nachvollziehbarkeit und einer homogenen Anwendung über alle Lieferanten[9] sind Bewertungsmuster vorzugeben. Dabei kann beispielsweise für den Risikofaktor Nr. 3 *Auffälligkeiten in der Kundenentwicklung* eine prozentuale Differenzierung gelten. Das Risikoprofil bildet somit das für das Lieferanteninsolvenzrisiko spezifische Frühwarnsystem ab. Die Umsetzung der Warnmeldung bei Überschreiten von Toleranzgrenzen ist IT-technisch zu lösen.

Zur Visualisierung der Lieferanten nach dem Risikotyp ist das in Abb. 5.7 dargestellte Risikoportfolio empfohlen:

[9] Vgl. HOFBAUER, G. et al. (2016), S. 58.

Nr.	Risikofaktoren Anfechtung	Klassifikation	
		Ja	Nein
1	Abweichen von der Norm		
2	Fehlende Einhaltung Bargeschäft		
3	Fordern einer vertraglich an Zweifel gebundenen Sicherheit		
4	Fremdantrag		
5	Keine Durchsetzung angedrohter Sanktionen		
6	Auffälligkeiten verbundener Unternehmen		
7	Kenntnis instabiles Geschäftsmodell		
8	Wissenstransfer aus verbundenem Verteilnetzbetreiber		
9	Kenntnis negativer Medienberichte		
10	Kenntnis Untersuchungsverfahren der BNetzA		
11	Kenntnis der wirtschaftlichen Lage durch Auskunftei		
12	Kenntnis fehlende Veröffentlichung Bilanz		
13	Kenntnis durch Mitteilung des Lieferanten		
14	Kenntnis aus negativem Zahlungsverhalten		
15	Meldung des Lieferanten an BNetzA (Besorgnis)		
16	Veröffentlichung Verteilnetzbetreiber mit Kenntnis-Beleg		
17	Zahlungen durch ebenfalls insolventen Dritten		
Anfechtungswahrscheinlichkeit [%]			

Abb. 5.8 Risikoprofil Anfechtungsrisiko. (Quelle: Eigene Darstellung)

Anstelle der Gewichtung der Risikofaktoren einer Anfechtung wird die Nominalskala ja/nein verwendet. Ab einem „Ja" ergibt sich automatisch ein Wert von 100 Prozent für das Anfechtungsrisiko. Dadurch werden anfechtungsgefährdete Prozesse bei adäquater Analyse der Risikofaktoren schnell transparent.

Ableitend aus dem Risikoprofil ergibt sich folgendes Risikoportfolio zur Darstellung der lieferantenspezifischen Ausprägung zum Anfechtungsrisiko (Abb. 5.9):

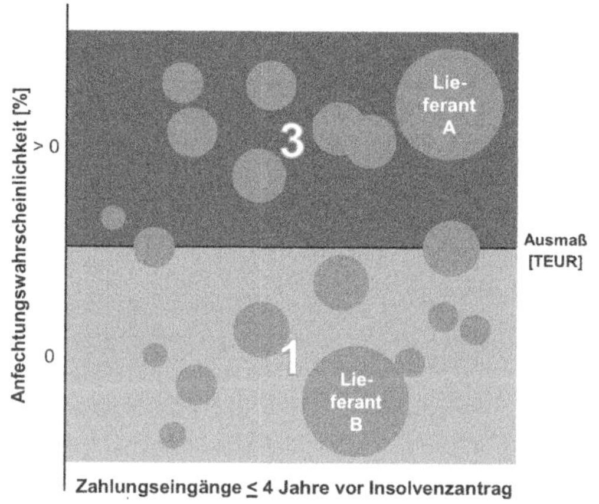

Abb. 5.9 Risikoportfolio Anfechtungsrisiko. (Quelle: Eigene Darstellung)

Durch die Annahme, dass schon bei Vorliegen eines einzelnen Risikofaktors eine Anfechtung erfolgt, gibt es mit Risikotyp 1 und Risikotyp 3 nur zwei Risikotypen. Die Bezeichnung Risikotyp 2 wurde bewusst nicht gewählt, um so in der Klassifizierung des Lieferanteninsolvenzrisikos zu bleiben. Als Ausmaß wird unter Bezugnahme auf den Anfechtungszeitraum der TELDAFAX ENERGY GMBH und FLEXSTROM AG der Worst Case der vierjährigen Anfechtung empfohlen. Zwar betrachten die Praktiker überwiegend den Dreimonatszeitraum, jedoch scheint dieser zu gering zu sein, da Insolvenzverwalter immer versuchen werden, das Maximum zurückzufordern.

5.3.2.4 Zusammenführung zum Risikoportfolio des finanzwirtschaftlichen Risikos

Um das finanzwirtschaftliche Risiko aus dem Lieferanteninsolvenzrisiko und Anfechtungsrisiko gesamtheitlich zu visualisieren, sind die beiden Risikoportfolios zusammenzuführen. Abb. 5.10 zeigt die Erstellung des Risikoportfolios zum finanzwirtschaftlichen Risiko abschließend auf:

Nr.	Risikofaktoren einer Insolvenz	Gewichtung [Punkte]	Klassifikation						Berechneter LuZ-Index
			1	2	3	4	5	6	
1	Auffälligkeiten zu verbundenen Unternehmen	4							
2	Fehlende Einhaltung regulatorischer Vorschriften	15							
3	Auffälligkeiten in der Kundenentwicklung	10							
4	Auffälligkeiten in der Unternehmensführung	4							
5	Negative Merkmale der Geschäftsführung	4							
6	Eskalationsmaßnahmen durch Hauptakteure der Supply Chain	20							
7	Eskalationsmaßnahmen durch Nebenakteure der Supply Chain	4							
8	Negative Merkmale im Zahlungsverkehr	15							
9	Wirtschaftliche Lage	20							
10	Subjektiver Eindruck des zuständigen Mitarbeiters	4							
	Anzeigen und Rechtstreitigkeiten gegen Lieferant								
	Auffälligkeiten früherer Unternehmen								
	Auffälligkeiten im Marketing								
	Beschwerden bei der BNetzA								
	Finanzierungs-/ Verkaufsbestreben								
	Eskalationsmaßnahmen durch Lieferant								
	Fragliches Geschäftsgebaren								
	Kundenunzufriedenheit								
	Veröffentlichungen in Medien								
	Zweifelhaftes Geschäftsmodell								
	Unwirtschaftliche Tarifstruktur								
		∑ 100							

Nr.	Risikofaktoren Anfechtung	Klassifikation	
		Ja	Nein
1	Abweichen von der Norm		
2	Fehlende Einhaltung Bargeschäft		
3	Fordern einer vertraglich an Zweifel gebundenen Sicherheit		
4	Fremdantrag		
5	Keine Durchsetzung angedrohter Sanktionen		
6	Auffälligkeiten verbundener Unternehmen		
7	Kenntnis instabiles Geschäftsmodell		
8	Wissenstransfer aus verbundenem Verteilnetzbetreiber		
9	Kenntnis negativer Medienberichte		
10	Kenntnis Untersuchungsverfahren der BNetzA		
11	Kenntnis der wirtschaftlichen Lage durch Auskunftei		
12	Kenntnis fehlende Veröffentlichung Bilanz		
13	Kenntnis durch Mitteilung des Lieferanten		
14	Kenntnis aus negativem Zahlungsverhalten		
15	Meldung des Lieferanten an BNetzA (Besorgnis)		
16	Veröffentlichung Verteilnetzbetreiber mit Kenntnis-Beleg		
17	Zahlungen durch ebenfalls insolventen Dritten		
	Anfechtungswahrscheinlichkeit [%]		

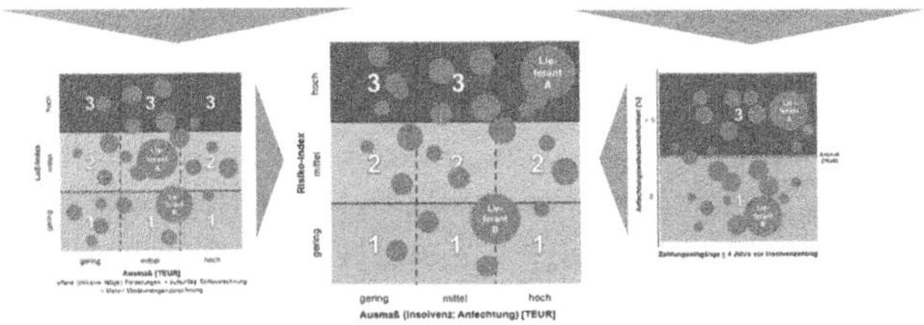

Abb. 5.10 Zusammenführung der Risikoportfolios. (Quelle: Eigene Darstellung)

Durch die Annahme, dass einer Insolvenz immer eine Anfechtung folgt, sind zur Darstellung des Ausmaßes auf der x-Achse die potenziellen Forderungsausfälle zu addieren. Die y-Achse klassifiziert den Risikoindex, der sich aus dem LuZ-Index und der Wahrscheinlichkeit einer Anfechtung zusammensetzt. Damit ist bei der Zusammenführung der Risikoportfolios zu beachten, dass sich die Risikotypen im Gesamtportfolio bei Vorliegen von bereits einem Risikofaktor einer Anfechtung alle in Risikotyp 3 verändern. Dies ist sinnvoll, da so die maximale Gefahr des steuerbaren Anfechtungsrisikos offensichtlich wird. Die Unterscheidung der Bewertung nach Nominalzahlen und Wahrscheinlichkeiten wurde bewusst gewählt, da sich so Fehler bei der Aggregation aber auch der Kommunikation über die beiden Portfolios vermeiden lassen. So kann zum einen eine Addition der Eintrittswahrscheinlichkeit bei der Zusammenführung ausgeschlossen werden, zum anderen ist immer klar, von welcher Risikoart gesprochen wird.

Es ist empfohlen, die Portfolios für die tägliche Arbeit getrennt zu verwenden und das kombinierte Portfolio für das Berichtswesen zu nutzen. Die Risikoportfolios bieten den Vorteil, dass sie den verantwortlichen Mitarbeitern im Risikomanagement transparent machen, welche Lieferanten besonders risikobehaftet sind und somit entsprechend der zugeordneten Maßnahmen je Risikoart mit einer höheren Priorität zu behandeln sind. Lieferanten mit Risikotyp 3 sollte somit ein höherer Stellenwert in der Risikohandhabung beigemessen werden als Lieferanten mit Risikotyp 1.

5.3.3 Risikohandhabung

Die Aufgabe der Risikohandhabung ist es, die ermittelten Risiken zu beeinflussen.[11] Dies erfolgt in der Verteilnetzbetreiber-Lieferanten-Beziehung gemäß der festgelegten Strategie der Risikoverringerung durch die Reduzierung des LuZ-Index oder der Eintrittswahrscheinlichkeit und/oder der Forderungsausfälle einer Insolvenz beziehungsweise Anfechtung.

Zur Erfüllung der sowohl in der Leitlinie als auch in den Angaben der Verteilnetzbetreiber verankerten Anforderung nach klar definierten, risikostufen-/klassifizierungsabhängigen Handlungsanweisungen sind zur Reduzierung des finanzwirtschaftlichen Risikos zwei Grundstrategien zu befolgen:

- Risikotypspezifische Normstrategien, die eine grundlegende Vorgabe zur Risikohandhabung geben
- Lieferantenspezifische Maßnahmen entsprechend der zutreffenden Risikofaktoren

Während die Normstrategien klare übergeordnete Handlungsanweisungen geben, sind die Reaktionen in Bezug auf die lieferantenspezifischen Maßnahmen differenziert vorzunehmen.[12] Unter Bezugnahme auf die ursachen- und wirkungsbezogene Perspektive von Risiken[13] lassen sich auch ursachenbezogene und wirkungsbezogene Maßnahmen unterscheiden.[14]

Wie bereits im Rahmen der Modellierung erläutert, greifen die ursachenbezogenen Maßnahmen „(...) **ex ante** [Hervorhebung im Original] in das Ursachensystem, das Zielabweichungen bewirkt (...)“[15] ein und setzen somit bei den Gründen (Risikofaktoren) an. Die wirkungsbezogenen Maßnahmen beziehen sich auf die möglichen Risikoereignisse und wirken ex post (das heißt bei Eintreten des Risikos)

[11] Vgl. Dörner, D./Doleczik, G. (2000), S. 203.

[12] In Anlehnung an Kaluza, C. (2010), S. 268.

[13] Vgl. Abschnitt 2.2.1.

[14] Vgl. Kupsch, P. (1995), S. 536.

[15] Helten, E. et al. (2000), S. 170.

durch eine Verringerung der potenziellen Schadenshöhe.[16] Als Faustregel hat sich für beeinflussbare Risikofaktoren die Anwendung ursachenbezogener Maßnahmen und für nicht beeinflussbare Risikofaktoren die Anwendung wirkungsbezogener Maßnahmen etabliert.[17]

Die praktische Umsetzung wird für das Lieferanteninsolvenzrisiko und Anfechtungsrisiko zur Hervorhebung der Maßnahmenkombination getrennt aufgezeigt.

- **Lieferanteninsolvenzrisiko**

Die Normstrategien sind den Risikotypen des Portfolios zugeordnet. Die für die Praxis empfohlene Zuordnung zeigt Abb. 5.11:

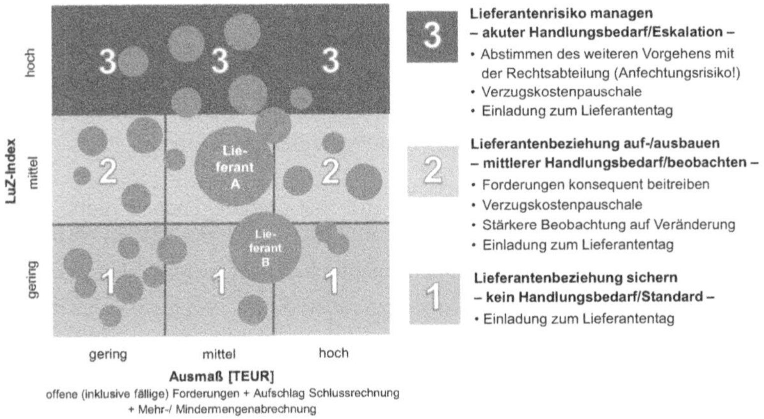

Abb. 5.11 Normstrategien Lieferanteninsolvenzrisiko. (Quelle: Eigene Darstellung)

Die Normstrategien lassen sich wie folgt aus der Risikopriorisierung ableiten:

- Risikotyp 3:
  Akuter Handlungsbedarf: Lieferantenrisiko managen
- Risikotyp 2:
  Mittlerer Handlungsbedarf: Lieferantenbeziehung auf-/ausbauen
- Risikotyp 1:
  Kein Handlungsbedarf: Lieferantenbeziehung sichern

---

[16] Vgl. HELTEN, E. et al. (2000), S. 170.

[17] Vgl. KUPSCH, P. (1995), S. 537f; vgl. HECK, M. (2003), S. 232.

Jeder Normstrategie sind zusätzlich konkrete Einzelmaßnahmen zugeteilt (Abb. 5.11). Im Sinne der Prävention und damit auch zur Verbesserung des Risikotyps sollten grundsätzlich bei allen Risikotypen vertrauensbildende Maßnahmen als Instrumente des Supply Chain Managements Anwendung finden. Sie zeichnen sich durch die Verbesserung der Beziehung zwischen Supply Chain Partnern aus und erhöhen mit wachsendem Vertrauen deren Bereitschaft zum Informationsaustausch.[18] In Analogie zu den bereits erwähnten Informationsveranstaltungen für Elektroinstallateure kann der Lieferantentag für die Stromanbieter sowohl Erläuterungen zu neuen Datenformaten und Prozessen als auch die Vermittlung von Vorgehensweise bei Prozessfehlern umfassen. Da damit nicht die Erlaubnis zur Liefertätigkeit verbunden werden kann, könnten Teilnahmezertifikate oder Preisverleihungen für Lieferanten mit den wenigsten Prozessfehlern einen Anreiz zur Teilnahme schaffen.[19] Diese Auszeichnungen könnten Lieferanten als Marketinginstrument nutzen, um das Vertrauen von Verbrauchern zu gewinnen.

In Bezug auf den einzelnen Lieferanten sind die Normstrategien um konkrete lieferantenspezifische Einzelmaßnahmen zu ergänzen. Dazu sind die Risikofaktoren zu betrachten, die für die Zuordnung zum Risikotyp verantwortlich sind.

Betrachtet man die definierten Risikofaktoren des Lieferanteninsolvenzrisikos, so lässt sich ableiten, dass diese (wie zum Beispiel die Kundenentwicklung) überwiegend nicht beeinflussbar sind. Für den Lieferanten sind daher wirkungsbezogene Maßnahmen einzusetzen.[20] Geeignete Maßnahmen, um das Ausmaß bei Risikoeintritt zu senken, wären neben der Prozessexzellenz der EDIFACT-Prozesse auch eine hohe Qualität der zu Grunde liegenden Daten. Sie wären beispielsweise durch häufigere Zählerablesungen oder zumindest Zwischenablesung der Kunden risikobehaftet erscheinender Lieferanten zu erreichen. Dadurch liegen bei einem tatsächlichen Insolvenzeintritt recht genaue Zählerstände zur Abrechnung vor, wodurch sich Nachverrechnungen in Grenzen halten dürften.

Von individuellen Verkürzungen der Mahnfristen oder anderen Maßnahmen, die Druck zur Zahlung ausüben und in der Praxis derzeit überwiegend Anwendung finden, ist abzuraten. Sie erhöhen durch den Risikofaktor *Abweichen von der Norm* das Anfechtungsrisiko.

---

[18]Vgl. WÖHNER, H./WIMMER, T. (2010), S. 30.

[19]Vgl. HELMOLD, M./TERRY, B. (2016), S. 19, die mit Verweis auf Preisverleihungen durch Siemens und Porsche an die besten Lieferanten (Kriterien Qualität, Flexibilität oder Nachhaltigkeit) die Bedeutung der Lieferantentage hervorheben.

[20]In Anlehnung an KUPSCH, P. (1995), S. 537 und HECK, M. (2003), S. 232.

- **Anfechtungsrisiko**

Die Normstrategien zum Anfechtungsrisiko leitet sich ebenfalls aus den Risikotypen des Portfolios ab. Abb. 5.12 zeigt die Normstrategien und Handlungsempfehlungen nach Lieferanten-Risikotypen der Anfechtung auf:

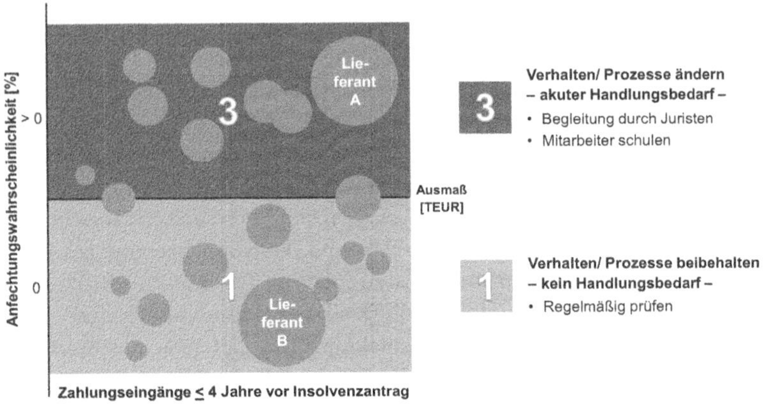

Abb. 5.12 Normstrategien Anfechtungsrisiko. (Quelle: Eigene Darstellung)

Die Normstrategien sind hier mit zwei Risikotypen sehr eindeutig:

- Risikotyp 3:
  Akuter Handlungsbedarf: Verhalten/Prozesse ändern
- Risikotyp 1:
  Kein Handlungsbedarf: Verhalten/Prozesse beibehalten

Den Normstrategien ist als einzuleitende Maßnahme die Mitarbeiterschulung (Risikotyp 3) beziehungsweise die weiterhin regelmäßige Prüfung auf Einhaltung der Vorgaben (Risikotyp 1) zugeordnet. Die Risikofaktoren einer Anfechtung stellen für die Verteilnetzbetreiber vornehmlich intern entstehende und bedingt bis vollständig beeinflussbare Risikofaktoren dar. Sie erfordern zur Risikohandhabung ursachenbezogene Maßnahmen,[21] die in der Steuerung des Verhaltens und der Prozesse bestehen. Grundsätzlich gilt als Maßnahme die aus den Risikofaktoren direkt ableitbare Gegenmaßnahme.

[21] Vgl. KUPSCH, P. (1995), S. 537; vgl. HECK, M. (2003), S. 232.

Nach Insolvenzeintritt kann das Ausmaß nur in Form eines Vergleichs mit dem Insolvenzverwalter gesenkt werden. Damit wird offensichtlich, dass wirksame Maßnahmen des Anfechtungsrisikos ausschließlich in der Prävention bestehen. Dies bestätigt das Erfordernis zur Integration des Anfechtungsrisikos in das Risikomanagement entgegen der Angaben der befragten Verteilnetzbetreiber.

Abschließend zur Risikohandhabung ist folgender Methodenbaukasten empfohlen (Abb. 5.13):

Risikohandhabung

Insolvenzrisiko | **Anfechtungsrisiko**

- Sicherstellen funktionierender EDI-Prozesse
- Standardisiertes Mahnwesen
- Risikobewusste Mitarbeiter
    - Anfechtungssicheres Verhalten
    - Anfechtungssichere Geschäftsprozesse
    - Keine Annahme Zahlungen Dritter
- Nutzung der vertraglichen Möglichkeiten
- Austausch mit anderen Marktpartnern
- Vertrauensbildende Maßnahmen

Abb. 5.13 Methodenbaukasten zur Risikohandhabung. (Quelle: Eigene Darstellung)

Bei acht der neun Maßnahmen im Methodenbaukasten stimmen Theorie und Praxis überein. Eine Maßnahme – die vertrauensbildende Maßnahme – wurde von der Praxis abgelehnt. Die Analyse zeigte sie neben den wirkungsbezogenen Maßnahmen als wichtige ursachenbezogene Maßnahme, um dem Lieferanteninsolvenzrisiko zu begegnen. Auf sie kann daher nicht verzichtet werden.

Die Nennungen *anfechtungssicheres Verhalten*, *anfechtungssichere Geschäftsprozesse* und *keine Annahme Zahlungen Dritter* sind im Gegensatz zu den anderen Maßnahmen des Lieferanteninsolvenzrisikos und Anfechtungsrisikos auf das Anfechtungsrisiko beschränkt. Hier ließ die Praxis erkennen, dass Zahlungen Dritter als sehr wichtiger Risikofaktor bekannt sind, aber unzureichend beachtet werden. Speziell hier lässt sich die Implementierung der Zahlungseingangsprüfung und der Abweis dieser Zahlungen als Präventionsmaßnahme zur Anfechtung nennen. Zur anfechtungssicheren Gestaltung der Geschäftsbeziehung sind die Mitarbeiter zu schulen.

5.3.4 Risikoüberwachung

Die Risikoüberwachung ist ein wichtiger Bestandteil zur Verbesserung der Risikosituation. Die ganzheitliche Überwachung des Risikomanagements dient dazu, die „(…) Wirksamkeit, Angemessenheit und Effizienz der ergriffenen Risikomanagement-Maßnahmen einschließlich der entwickelten (Kontroll-)Strukturen (…)“ zu überprüfen.[22] Damit lassen sich als Überwachungsarten die Maßnahmen-, Prämissen- und Systemkontrolle voneinander unterscheiden. Ihnen lassen sich zur Umsetzung der Kontrollfunktion verschiedene Methoden zuordnen. Unter Berücksichtigung der von den befragten Verteilnetzbetreibern als geeignet erscheinenden Methoden ergibt sich der in Abb. 5.14 dargelegte Methodenbaukasten. Die einzelnen Methoden eignen sich sowohl für den Prozessablauf des Lieferanteninsolvenzrisikos als auch für den Prozessablauf des Anfechtungsrisikos.

Abb. 5.14 Methodenbaukasten zur Risikoüberwachung. (Quelle: In Anlehnung an WILDEMANN (2006), S. 159)

Bislang finden sie bis auf Kennzahlensysteme in der Praxis kaum Anwendung. Da noch kein Risikomanagement implementiert ist, sondern das Risikomanagement überwiegend nach subjektivem Ermessen umgesetzt wird, verwundert dies nicht.

Wünschenswert wäre es, das Risikomanagement in die Obhut beispielsweise der Verbände zu legen. Diese wären dann im Rahmen von Konsultationsverfahren für die Aktualisierung der Risikofaktoren und Toleranzgrenzen sowie auch die Maßnahmen zur Risikohandhabung verantwortlich. In diesem Zusammenhang soll in Abb. 5.15 an dieser Stelle nur aufgezeigt werden, wodurch die Verteilnetzbetreiber – beispielsweise für das Konsultationsverfahren – neue Risikofaktoren erkennen könnten:

Ursprünglich als zielführend erachtete Lieferantenaudits werden nach den Interviews mit den Verteilnetzbetreibern als ungeeignet betrachtet und sind somit nicht

[22] WILDEMANN, H. (2006), S. 159.

	Insolvenzrisiko	Anfechtungsrisiko
Risikoidentifikation auf Marktebene	• Erfahrung vergangener Insolvenzen • Erfahrung vergangener Anfechtungen • Brainstorming/ Kreativitätstechniken • Standardisierte Checklisten • Direkter Austausch mit externen Experten • Veranstaltungen mit Insolvenzverwaltern/ Juristen • Veranstaltungen bei Verbänden	

Abb. 5.15 Methodenbaukasten zur Risikoidentifikation auf Marktebene. (Quelle: Eigene Darstellung)

Teil des Methodenbaukastens. Die Gründe liegen neben dem Gleichbehandlungsgrundsatz, der die Durchführung der Audits bei allen Lieferanten impliziert, auch in der weiten Auslegung des Anfechtungsrechts. So kann durch die Dokumentation der auditierten Inhalte, Ergebnisse und Vereinbarungen nicht ausgeschlossen werden, dass dadurch eine Anfechtungsgrundlage geschaffen wird.

5.3.5 Integration und organisatorische Verankerung

Die Einführung des Risikomanagements setzt eine adäquate Integration in die Organisationsstruktur der Verteilnetzbetreiber voraus und verlangt die Erfüllung grundlegender fachlicher sowie IT-technischer Anforderungen. Unter Berücksichtigung bestehender Strukturen der Verteilnetzbetreiber lassen sich verschiedene Empfehlungen aufzeigen.

5.3.5.1 Integration in die Organisationsstruktur

Zur Integration und organisatorischen Verankerung zeigte sich sowohl aus der theoretischen Herleitung im Rahmen der Metamodellierung als auch durch die Einblicke in die Organisationsstrukturen der Praxis die klare Präferenz, das Risikomanagement nicht als zentrale Stelle, sondern als parallelen Prozess des Forderungsmanagements der Netznutzung auszuprägen.

Als zuständiger Fachbereich für die Netznutzungsabrechnung hat das Forderungsmanagement die größte Nähe zu den risikorelevanten Informationen. Hier laufen nicht nur die zur Rechnungsstellung erforderlichen Informationen wie die Kundenzuordnung und Verbrauchswerte zusammen, sondern es werden auch durch das Zahlungsverhalten und die Gespräche mit Lieferanten Informationen gewonnen, die für den von den Interviewpartnern als enorm wichtig erachteten Risikofaktor des subjektiven Eindrucks von Bedeutung sind. Darüber hinaus ist das Risikomanagement der Verteilnetzbetreiber-Lieferanten-Beziehung sehr speziell und erfordert fachspezifisches Detailwissen der einzelnen Geschäftsprozesse und ihrer Zusammenhänge, um beispielsweise Rechnungsreklamationen nachvollziehen zu können (vgl. zu den Geschäftsprozessen Abschnitt 2.1.3).

Die Interviews zeigten hinsichtlich der Gestaltung und Umsetzung des Forderungsmanagements unterschiedliche organisatorische Ausprägungen zur strategischen und operativen Aufteilung. Zur Einführung des Risikomanagements ist der jeweils bestehenden Aufteilung zu folgen. So zeigte sich zum einen, dass sich diese bereits in der Prozessabwicklung zur Netznutzung bewährt hat. Zum anderen lassen sich dadurch die bereits bestehenden strategischen und operativen Perspektiven am besten nutzen und miteinander verknüpfen. Damit wird auch DIEDERICHS (2018) Rechnung getragen, der aus BRAUN (1984) ableitet, dass das Risikomanagement trotz seiner hohen Bedeutung keinen Anspruch hat, etablierte Strukturen aufzubrechen.[23]

Da die operative Umsetzung nicht im Fokus dieser Arbeit ist, sei nur stichpunktartig und mit Abb. 5.16 eine kurze Empfehlung für die Aufteilung des Risikomanagements in der Praxis gegeben:

- Der für das strategische Forderungsmanagement Verantwortliche ist auch für das strategische Risikomanagement verantwortlich.
- Der für die operative Umsetzung des Forderungsmanagements Verantwortliche ist auch für die operative Umsetzung des Risikomanagements verantwortlich. Dies beinhaltet auch die Erstellung von Risikomanagementberichten für die Verantwortlichen des strategischen Risikomanagements.
- Ein Austausch beider Bereiche ist zur Transparenz der aktuellen Gegebenheiten und zur Identifikation möglicher Unterstützungsleistungen/Klärungsbedarfe empfohlen (vgl. hierzu Interview und Reifegrad von VNB4).
- Es gelten die Grundprinzipien der Literatur „(…) Einheit von Entscheidung und Verantwortung“ sowie „(…) Trennung von Entscheidung und Kontrolle“.[24]

[23]Vgl. DIEDERICHS, M. (2018), S. 188; Die Interpretation aus der Originalquelle BRAUN, H. (1984), S. 278ff erscheint plausibel, weshalb die Aussage aufgenommen wird.

[24]BURGER, A./BUCHHART, A. (2002), S. 264.

Strategisches Risikomanagement und Umsetzung	1. Fall: Trennung Strategie und Umsetzung		2. Fall: Ganzheitliche Verantwortung
Forderungsmanagement im Bereich	**VNB**	**Dienstleister**	**VNB/ Dienstleister**
Strategische Verantwortung Sicherstellen der Aktualität der • Rahmenbedingungen • Einflussgrößen • Gestaltungsfelder hinsichtlich Methoden, Analyse-/Bewertungsvorgaben Zusätzlich: • Schulungsangebot • Meldungen an das übergeordnete Risikomanagement	X		X
Operative Umsetzung		X	X
Entscheidungsbefugnis	Nach bestehenden Regelungen		Nach bestehenden Regelungen
Systemkontrolle	Interne Revision		Interne Revision

Abb. 5.16 Integration und organisatorische Verankerung in der Praxis. (Quelle: Eigene Darstellung)

5.3.5.2 Handlungsempfehlungen zur Implementierung

Die Umsetzung des Risikomanagements in der Praxis der Verteilnetzbetreiber bedingt Handlungsempfehlungen, die bei der Implementierung unterstützen. Die Handlungsempfehlungen umfassen zum einen die zu schaffenden fachlichen Voraussetzungen und zum anderen Hinweise zur Bereitstellung der erforderlichen IT-Systeme. Sie lassen sich wie folgt formulieren:

- **Schaffen der fachlichen Voraussetzungen**

Die Integration des Risikomanagements stellt eine neue Herausforderung für die Verteilnetzbetreiber dar. Die Untersuchung der Praxis zeigte, dass das bestehende Risikomanagementwissen aus der Erfahrung heraus gewonnen wurde und Ressourcenengpässe Optimierungen entgegenstehen. Zur Integration des Risikomanagements ist es daher von herausragender Bedeutung, dass das Management bereits vor der Integrationsphase Ressourcen zur Verfügung stellt. So ist zum einen die für das Risikomanagement erforderliche Datengrundlage bereitzustellen, zum anderen sind die Mitarbeiter auf ihre neue Aufgabe durch Schulungen vorzubereiten.

In den Interviews war es auffallend, dass vier der fünf Verteilnetzbetreiber von noch bestehenden Verbuchungsfehlern aus der Zeit vor EDIFACT berichten. Diese führen zu fehlerhaften Rechnungen und telefonischen Klärungen zwischen Verteilnetzbetreibern und Lieferanten. Dabei verursachen die Telefonate nicht nur Angst vor einer Anfechtung, sondern binden Ressourcen, die für ein präventives Risikomanagement fehlen. Ferner ließen sich auch Defizite im Mahnwesen erkennen, die von keinem Mahnwesen bis zu einem manuellen Mahnwesen reichten. Um aussagekräftige Informationen durch das Risikomanagement bereitstellen zu können, sind daher die Verbuchungsfehler zu bereinigen und ein automatisiertes Mahnwesen zu integrieren. Erst mit einer entsprechenden Datenqualität kann das Risikomanagement seine Funktion erfüllen.

Zur Befähigung der Mitarbeiter des Risikomanagements sind im Rahmen von Schulungen sowohl die grundlegenden Risikomanagementkompetenzen als auch die insolvenzrechtlichen Inhalte zu lehren. Zudem müssen die Risikofaktoren in ihrer Bedeutung und Relevanz verstanden werden und der Bewertungsleitfaden zum Lieferanteninsolvenzrisiko und Anfechtungsrisiko beherrscht werden. Die Unbundlingvorschriften mit der Gleichbehandlung der Lieferanten dürften den Mitarbeitern des Forderungsmanagements bekannt sein, dennoch ist in den Unbundlingschulungen auf das Risikomanagement einzugehen.

- **Bereitstellen der erforderlichen IT-Systeme**

Die Umsetzung des Risikomanagements erfordert die Ertüchtigung der IT-Systeme. Die Experteninterviews ließen hierzu das Erfordernis der Kompatibilität mit Systemen anderer Bereiche erkennen. So stellt zum Beispiel die Verknüpfung zu den Daten der Lieferantenwechsel die Auswertbarkeit der Kundenentwicklung sicher.

Die Daten für das Risikomanagement müssen in einem System zusammengeführt werden und stets aktuell sein. Dabei ist das IT-System zur Risikoanalyse und Risikobewertung aufzubereiten. Hierzu zählen neben der automatisierten Analyse einzelner Risikofaktoren wie der Kundenentwicklung auch die Eingabemöglichkeiten manueller Analysen beispielsweise zum subjektiven Eindruck. Im Rahmen der IT-unterstützten Bewertung des Lieferanteninsolvenzrisikos, Anfechtungsrisikos und aggregierten finanzwirtschaftlichen Risikos ist die Umsetzung der Frühwarnfunktion sicherzustellen. Dazu sind sowohl für die Risikofaktoren als auch für die beiden Risikoarten Toleranzgrenzen zur Auslösung systemischer Warnfunktionen zu nutzen, die den Handlungsbedarf mit adäquaten Maßnahmen an den Bearbeiter melden. Ferner ist die grafische Darstellung der Risikotypen in den Risikoportfolios zum Lieferanteninsolvenzrisiko, Anfechtungsrisiko und dem aggregierten finanzwirtschaftlichen Risiko zu gewährleisten. Da die hohe Anzahl von Lieferanten eine Visualisierung möglicherweise unübersichtlich macht, sind Ein-/Ausblendeoptionen von Risikotypen nach zu definierenden Kriterien zu ermöglichen.

Abschließend zur Integration und organisatorischen Verankerung ist festzuhalten, dass die Festlegung von Verantwortlichen von grundlegender Bedeutung für die Umsetzung des Risikomanagements ist.[25] Möglich und auch empfohlen ist die Benennung eines Risikomanagers, der die Verantwortung dafür trägt, dass der Risikomanagementprozess kontinuierlich für das Lieferanteninsolvenzrisiko, aber auch für das Anfechtungsrisiko durchlaufen wird und ein Risikobericht erstellt wird. Es bietet sich zudem an, dass der Risikomanager an Teambesprechungen der mit dem Risikomanagement verbundenen Fachbereiche wie dem Lieferantenwechsel teilnimmt, um frühzeitig über Unzulänglichkeiten im Prozessablauf mit den Lieferanten informiert zu sein. Die hierdurch erlangten Informationen sind an das Team des Risikomanagements weiterzugeben, um den subjektiven Eindruck in der Lieferantenbewertung durch möglichst viele Faktoren zu untermauern.

5.4 Zusammenfassung und Bewertung des Modells

Das Modell zum Risikomanagement findet seinen Ursprung im Metamodell, das die energiewirtschaftliche Problemstellung der Verteilnetzbetreiber in das betriebswirtschaftliche Konzept des Risikomanagements einbettete. Zur Abbildung eines theoretisch fundierten und praktisch anwendbaren Modells, das Handlungsempfehlungen zur Reduzierung des finanzwirtschaftlichen Risikos aufzeigt, wurde das Metamodell mit den Erkenntnissen der empirischen Untersuchung der Verteilnetzbetreiber zusammengeführt.

Zur Schließung der festgestellten Performancelücke zwischen der derzeitigen Ausprägung und dem Reifegrad 4 nach HILLSON wurden das Risikomanagement strukturiert sowie die einzelnen Modellelemente der Rahmenbedingungen, Einflussgrößen und Gestaltungsfelder definiert und ausgeprägt. Die Plausibilisierung der Angaben der Verteilnetzbetreiber unterstützte die Auswahl geeigneter Methoden für den operativen Risikomanagementprozess und ließ unter Berücksichtigung der bestehenden Kompetenzen Empfehlungen zur Umsetzung dieser Gestaltungsfelder geben. In diesem Zusammenhang erfolgten Hinweise zur Änderung der momentanen Vorgehensweise. Zur Sicherstellung der verteilnetzbetreibereinheitlichen

[25] Vgl. DIEDERICHS, M. (2018), S. 300.

Anwendbarkeit der Risikoanalyse/-bewertung, welche die Ableitung der Risikohandhabungsmaßnahmen entscheidet, konnte die praktische Umsetzung gemeinsam mit VNB4 und unter Rückgriff auf die Erkenntnisse aus den Gesprächen mit Insolvenzrechtsspezialisten festgelegt und detailliert erläutert werden. Ferner ließen sich Optionen zur Integration und organisatorischen Verankerung des Risikomanagements aus der Praxis ableiten. Unter Berücksichtigung der gewonnenen Einblicke in die Praxis der Verteilnetzbetreiber wurden die fachlichen Voraussetzungen und IT-technischen Anforderungen aufgezeigt.

Abschließend ist das Modell nun auf die praktische Eignung zu bewerten. Hierzu werden die Anforderungen der befragten Verteilnetzbetreiber und die im Metamodell definierten Leitlinien in Abb. 5.17 gegenübergestellt und ihr Erfüllungsgrad im generierten Modell überprüft.

Mit dieser Darstellung lässt sich deutlich erkennen, dass die Anforderungen der Verteilnetzbetreiber die Leitlinien aus operativer Sicht konkretisieren. Grundsätzlich können alle Anforderungen und Leitlinien durch das Modell erfüllt werden. Die IT-technische Umsetzung ist möglich und liegt wie die Integration des Risikomanagements in der Verantwortung der Verteilnetzbetreiber.

Anforderungen der Praxis	Erfüllungsgrad	Leitlinien
Einbezug interner und externer Informationen	✓	**Bereitstellung aussagekräftiger Informationen**
Wenige, aber schlagkräftige Risikofaktoren		
Externe Bonitätskennzahl einer Auskunftei getrennt ausweisen		
Aktualität der Bewertung	✓	**Schaffung von Transparenz zur Risikosituation**
Risikoeinstufung der Lieferanten nach Ampelsystem mit klaren Grenzwerten		
Vorgabe von Handlungsanweisungen bei Erreichen von Grenzwerten (optimal: automatische Generierung eines Schreibens zur Forderung der Vorauszahlung)	✓	**Risikoorientierung durch klare Richtlinien**
Einfache, nicht zu zeitintensive Anwendung (geringer Mitarbeitereinbezug)	✓	**Leichte Anwendbarkeit**
IT-Unterstützung • Weitgehendst standardisiert und automatisiert (wenig manuelle Eingriffe) • Automatische Warnmeldung des IT-Systems bei Erreichen von Grenzwerten (mit Handlungsanweisung) • Verständlichkeit und Einfachheit des Systems • Möglichkeit manueller Systemeingriffe zur Eingabe externer Marktinformationen • Alles in einem System • Sicherstellen der Systemkompatibilität	IT-technische Umsetzung möglich Verantwortung der Verteilnetzbetreiber	**Integration mit wenig Aufwand**
Wirtschaftlich	✓	
Direkt im Bereich des Forderungsmanagements, da maximale Verfügbarkeit relevanter Informationen einschließlich Kenntnisse aus lieferantenspezifischen „Kontenklärungen"	Verantwortung der Verteilnetzbetreiber	

Abb. 5.17 Erfüllungsgrad des Modells hinsichtlich der Anforderungen und Leitlinien. (Quelle: Eigene Darstellung)

In Bezug auf die konkreten Anforderungen der Praxis lässt sich festhalten, dass die im Modell definierten Einflussgrößen und Eingriffsgrenzen den Anforderungen der Praxis entsprechen und dadurch das Risikobewusstsein und klare Richtlinien schaffen. Der Risikomanagementprozess ist klar strukturiert. Die einzelnen Phasen sind inhaltlich definiert, praxisorientiert gestaltet und zur Anwendung aufbereitet. Die Machbarkeit der Risikoanalyse/-bewertung ist durch den Einbezug des Verteilnetzbetreibers mit dem ausgeprägtesten Reifegrad der befragten Verteilnetzbetreiber sichergestellt. Ferner wurden die bestehenden Fähigkeiten der befragten Verteilnetzbetreiber sowie ihre Erfahrungen genutzt und auf die IT-technische Unterstützbarkeit geachtet. Mit Integration des Risikomanagements im Bereich des Forderungsmanagements lassen sich die Zielkriterien bei konsequenter Anwendung erfüllen und mit dem Aufbau der Erfahrungen die in Abschnitt 4.3.2 identifizierte Performancelücke schließen.

Zur Wirtschaftlichkeit ist festzuhalten, dass die Integration des Risikomanagements eine Erstinvestition und Aufwand erfordert. Die Vorgabe klarer Regeln und leicht umsetzbarer methodischer Unterstützung wird den Arbeitsaufwand durch Standardisierung, Automatisierung und Lerneffekte recht schnell reduzieren.[26] Die daraus resultierenden Prozessoptimierungen im Umgang mit Lieferanten, ein steigender Informationsstand und steigende Transparenz über die Risikosituation tragen mit schnelleren Reaktionszeiten und klaren Entscheidungshilfen zur Optimierung der Arbeitsabläufe bei und reduzieren die Kosten aus Ineffizienzen. Unter Bezugnahme auf die immense Höhe der Forderungsausfälle lässt sich aber auch behaupten, dass bereits eine größere Insolvenz im Jahr die Kosten für das Risikomanagement rechtfertigen.

Zusammenfassend bleibt anzumerken, dass das Modell zum Risikomanagement bewusst einfach gestaltet wurde. Dies ist dadurch begründet, dass die Mitarbeiter des Forderungsmanagements keine ausgebildeten Risikomanager sind, bestehende Kompetenzen noch vertiefen und das Risikomanagement unter bereits bestehender Ressourcenknappheit zusätzlich zu ihrer eigentlichen Tätigkeit durchführen müssen. Es war daher wichtig, das Risikomanagement zur Vermeidung ressourcenbindender, unsystematischer Recherchen und Ad-hoc-Maßnahmen zu strukturieren und so zu gestalten, dass anstelle komplexer Verfahren einfache und transparente Methoden treten. Schulungen zum Aufbau der fachlichen Voraussetzungen sowie die Ertüchtigung der IT-Systeme stellen wichtige Voraussetzungen zur effizienten Umsetzung des Risikomanagements dar. Automatisierungen dienen dabei zum einen der Entlastung der Mitarbeiter, zum anderen aber auch der Integration einer objektiven, aktuellen Risikobewertung mit aussagekräftigen und nicht zu vielen Risikofaktoren aus internen und externen Quellen. Mittels definierter Toleranzgrenzen lassen sich systemische Aufforderungen zum Handeln generieren und das Risikomanagement mit wenig Ressourcenaufwand umsetzen.

[26] Vgl. Gleißner, W./Romeike, F. (2005), S. 39f.

6 Zusammenfassung der Ergebnisse und Ausblick

Mit der Liberalisierung des deutschen Strom- und Gasmarkts wurden die Netzbetreiber dazu verpflichtet, ihre Netze Dritten diskriminierungsfrei zur Verfügung zu stellen. Die hohe Anzahl an Energieanbietern und die geringen Margen am Strompreis führen jedoch dazu, dass nicht alle Lieferanten dem Wettbewerb standhalten. Mit einem in den Medien aufgezeigten volkswirtschaftlichen Schaden von mehr als 1,2 Milliarden Euro führten die Fälle der TELDAFAX ENERGY GMBH und FLEXSTROM AG besonders deutlich vor Augen, mit welch hohem finanzwirtschaftlichen Risiko der freie Netzzugang für die Marktakteure verbunden ist.

Innerhalb der Supply Chain der Stromversorgung weisen die Verteilnetzbetreiber durch ihre zentrale Position der Netzbereitstellung das Potenzial auf, durch eine risikobewusste Gestaltung der Lieferantenbeziehung das finanzwirtschaftliche Risiko durch wirtschaftlich instabile Lieferanten für sich und in der Konsequenz auch für die Marktpartner zu reduzieren. Die Verteilnetzbetreiber sind selbst erheblich von dem Risiko betroffen, da sie sich durch die Netzzugangsregulierung nur unter strengen Voraussetzungen aus dem Vertragsverhältnis lösen können und die INSOLVENZORDNUNG keine Ausnahmeregelung für kontrahierungspflichtige Gläubiger beinhaltet. Durch die Vorgaben der Regulierung haben Forderungsausfälle die Konsequenz, dass die Verteilnetzbetreiber die genehmigten Erlösobergrenzen nicht vollständig vereinnahmen können. Die Verluste sind bei insolvenzbedingten Lieferantenausfällen immens, da sie neben unbeglichenen Rechnungen aus der Netznutzung auch Rückforderungen aus insolvenzrechtlichen Anfechtungen beinhalten können. Entsprechend der derzeit gültigen INSOLVENZORDNUNG kann dies alle vom Lieferanten vereinnahmten Forderungen der letzten vier Jahre vor Insolvenzantrag betreffen.

K. R. Eiselbrecher, *Strategisches Risikomanagement für Verteilnetzbetreiber im liberalisierten Energiemarkt*, https://doi.org/10.1007/978-3-658-31614-3_6

In der vorliegenden Arbeit wurde daher die Zielsetzung verfolgt, ein Modell zum strategischen Risikomanagement zu entwickeln, das der praktischen Relevanz Rechnung trägt und den Verteilnetzbetreibern Empfehlungen zur Reduzierung des finanzwirtschaftlichen Risikos aus Lieferanteninsolvenzen und insolvenzrechtlichen Anfechtungen bereitstellt. Neben der Unterstützung der Verteilnetzbetreiber zur Vereinnahmung der Erlösobergrenze wurde damit auch der Anspruch verfolgt, einen Beitrag zur Optimierung des liberalisierten Energiemarkts zu leisten, indem Maßnahmen der Verteilnetzbetreiber auch das Risiko der mit den Lieferanten verbundenen Marktpartner reduzieren und das Vertrauen der Kunden in den Anbieterwechsel stärken können. Zur Bearbeitung der Problemstellung wurde ein mehrstufiges Verfahren gewählt, das sich durch eine kombinierte theoretische und empirische Forschungskonzeption auszeichnet. Dadurch konnten theoretisch fundierte und gleichzeitig auch praktisch relevante Inhalte in den Forschungsverlauf integriert werden.

Ausgangsbasis war die aus der Literaturanalyse gewonnene Erkenntnis, dass wissenschaftliche Arbeiten zwar interessante Lösungsansätze bieten, aber den Fokus auf die Privatwirtschaft richten. Eine Verknüpfung mit energiewirtschaftlichen Inhalten zeigte sich als nahezu unbearbeitetes Themenfeld. Dieses Defizit, das zur Entwicklung eines Modells zum strategischen Risikomanagement der Verteilnetzbetreiber zu beseitigen war, erforderte die Schaffung einer wissenschaftsinterdisziplinären Basis, wofür die energiewirtschaftlichen Besonderheiten aufzuarbeiten und mit den bestehenden Lösungsansätzen der Betriebswirtschaft zu verknüpfen waren. Zur Generierung des Modells wurde zunächst ein Metamodell entwickelt, das basierend auf den energiewirtschaftlichen Rahmenbedingungen und empirisch erhobenen Risikofaktoren eine systematische Modellierung gewährleistete und Gestaltungsvorschläge zum Risikomanagement entwickeln ließ. Das Metamodell schaffte eine Explikations- und Argumentationsbasis zur diskursiven Auseinandersetzung mit der Praxis und unterstützte die Abbildung eines theoretisch fundierten und praxisadäquaten Modells, das die Anforderungen und Kenntnisstände der Praxis berücksichtigt.

Zunächst wurde ein theoretischer Bezugsrahmen geschaffen, in dem mit Aufarbeitung der Liberalisierung des Energiemarkts die energiewirtschaftlichen Grundlagen geschaffen wurden und das energiewirtschaftliche Bewegungsfeld expliziert wurde. Die Darstellung der Historie vom ursprünglichen Monopolmarkt zum Wettbewerb in Netzindustrien vermittelte ein Verständnis der europäisch motivierten Änderungen in der Wertschöpfungskette der deutschen Stromversorgung. Die Gegenüberstellung mit dem klassischen betriebswirtschaftlichen Verständnis einer Supply Chain ließ die Wertschöpfungskette der Stromversorgung als Supply Chain charakterisieren und ihre Spezifika, insbesondere die Regulierung der natürlichen Monopole der Netzbetreiber, darstellen. Darauf aufbauend konnten das Supply Chain Management und die Rollen der Marktakteure definiert werden. Im Rahmen dieser Aufarbeitung ließ sich erkennen, dass Gestaltungsempfehlungen aus der Forschung zum Supply Chain Management trotz potenzieller Eignung kaum Anwendung in der Supply Chain der Stromversorgung finden.

Die Charakterisierung der im Mittelpunkt dieser Arbeit stehenden Verteilnetzbetreiber-Lieferanten-Beziehung erfolgte durch die Untersuchung ihres Beitrags zum Supply Chain Management. Die wirtschaftlichen Besonderheiten, die sich in Form des Kontrahierungszwangs, standardisierter Lieferantenrahmenverträge, definierter Geschäftsprozesse und genehmigter Erlösobergrenzen der Netzentgelte zeigen, begrenzen den Gestaltungsspielraum der Verteilnetzbetreiber im Risikomanagement auf die Phase der Netznutzung. Die Analyse der Geschäftsprozesse ließ eine Vielzahl an geeigneten, teilweise auch zukunftsbezogenen Daten zur Risikobewertung feststellen. Ferner konnte herausgearbeitet werden, dass die klassischen Instrumente der freien Geschäftspartnerwahl oder der freien Vertrags- und Prozessgestaltung für die Verteilnetzbetreiber keine Gültigkeit haben. Es ließ sich zudem ein konträres Bild zur klassischen, beziehungsorientierten Abnehmer-Lieferanten-Beziehung erkennen, das die Verteilnetzbetreiber-Lieferanten-Beziehung als transaktionsorientiert mit der Tendenz eines opportunistischen Verhaltens von Verteilnetzbetreibern und Lieferanten zeigt. Daraus leitete sich aus der Forschung zum Supply Chain Management die Relevanz von Maßnahmen des Beziehungsmanagements und der Prozessexzellenz ab.

Das Risiko aus dem freien Netzzugang erforderte die Schaffung eines einheitlichen Verständnisses zum Risikobegriff und der Risikosystematisierung. Durch die insolvenzrechtliche Grundlegung und die Abgrenzung der Begrifflichkeiten Krise und Insolvenz wurde deutlich, dass bis zum Insolvenzeintritt Handlungsspielraum zur Abwendung einer Krise besteht. Zur Nachvollziehbarkeit des Risikos aus den insolvenzbedingten Lieferantenausfällen wurde dieses in den Kontext der Supply Chain der Stromversorgung eingeordnet. Dadurch wurde offensichtlich, dass das mit einer Insolvenz entstehende leistungswirtschaftliche Risiko der Supply Chain durch den gesetzlichen Ersatzversorgungsprozess abgewendet wird. Es mündet jedoch in einem finanzwirtschaftlichen Risiko aller mit dem insolventen Lieferanten verbundenen Supply Chain-Partner. Die Entstehung des Risikos durch ein Mitglied in der Supply Chain und seine Wirkung auf alle Supply Chain-Akteure konkretisiert das Risiko des insolvenzbedingten Lieferantenausfalls als Supply Chain-Risiko. Zur Ableitung von Orientierungspunkten für das Risikomanagement der Verteilnetzbetreiber wurde eine weitere Präzisierung vorgenommen und das finanzwirtschaftliche Risiko zur Kennzeichnung der Risikoquelle der Insolvenz oder Anfechtung in die zwei Risikoarten Lieferanteninsolvenzrisiko und Anfechtungsrisiko unterteilt. Dazu ließ sich feststellen, dass das Lieferanteninsolvenzrisiko seinen Ursprung im leistungswirtschaftlichen Bereich des Lieferanten hat, wohingegen die Ursachen einer Anfechtung überwiegend durch interne Prozesse der Verteilnetzbetreiber begründet sind. Die Deduktion jeweils angepasster Risikohandhabungsmaßnahmen machte das Erfordernis zur getrennten Betrachtung der beiden Risikoarten im Risikomanagement und ihrer Zusammenführung zur Darlegung des gesamten finanzwirtschaftlichen Risikos offensichtlich.

Das in der Betriebswirtschaft etablierte Konzept des Risikomanagements lieferte einen geeigneten Rahmen für den Umgang mit dem finanzwirtschaftlichen Risiko. Als adäquater Ansatz für die Verteilnetzbetreiber-Lieferanten-Beziehung wurde aus verschiedenen Risikomanagementkonzepten das Risikomanagement mit Supply Chain-Orientierung identifiziert. Darauf aufbauend wurde das Metamodell zum Risikomanagement der Verteilnetzbetreiber entwickelt, in dem die energiewirtschaftlichen und betriebswirtschaftlichen Elemente miteinander verknüpft wurden. Die Struktur des Metamodells wurde aus der Literatur zum Risikomanagement abgeleitet und besteht aus den Elementen Rahmenbedingungen, Einflussgrößen und Gestaltungsfelder. Hinzugefügt wurde für das Metamodell das Element der Bewertungsgrößen zur späteren Beurteilung der praktischen Eignung. Zur Definition und Gestaltung der Modellelemente wurden zunächst die beiden Modellelemente der Rahmenbedingungen und Einflussgrößen definiert. Die Rahmenbedingungen leiten sich aus den gesetzlichen und regulatorischen Vorgaben ab und beinhalten risikopolitische Grundsätze. Die Einflussgrößen setzen sich aus dem Lieferanteninsolvenzrisiko und Anfechtungsrisiko zusammen. Ihre determinierenden Risikofaktoren wurden mittels einer empirischen Untersuchung vergangener Insolvenzen und Anfechtungen erhoben und hinsichtlich ihrer Eignung zur Erkennbarkeit durch die Verteilnetzbetreiber und Frühwarnfunktion selektiert. Als Datengrundlage der empirischen Erhebung wurden Publikationen und Dokumente zu den Insolvenzen und Anfechtungen der TELDAFAX ENERGY GMBH und FLEXSTROM AG sowie ein Workshop der Insolvenzverwaltung WHITE & CASE und ein Untersuchungsverfahren der BNetzA gegen den inzwischen insolventen Energieanbieter CARE-ENERGY AG verwendet. Die Analyse ließ 21 Risikofaktoren einer Insolvenz und 18 Risikofaktoren einer Anfechtung erkennen, die nach einer vertiefenden Analyse zur Eignung für die Verteilnetzbetreiber hinsichtlich der Kriterien Erkennbarkeit und Messbarkeit/Bewertbarkeit auf zehn Risikofaktoren einer Insolvenz beziehungsweise 17 Risikofaktoren einer Anfechtung reduziert wurden. Eine vermutete Reihenfolge im Auftreten der Risikofaktoren einer Insolvenz ließ sich nicht bestätigen. Zusammen mit den Rahmenbedingungen bildeten die Risikofaktoren die Grundlage zur Ableitung der methodischen Gestaltung des operativen Risikomanagementprozesses (Gestaltungsfelder). Die Methoden wurden aus der Forschung zum Supply Chain Management und Risikomanagement adaptiert, aber auch aus der Logik und induktiv abgeleitet. Ferner wurde die Integration und organisatorische Verankerung bei den Verteilnetzbetreibern betrachtet.

Zur Feststellung der Zielgruppeneignung des Metamodells und Erhebung der Performancelücke im Risikomanagement der Praxis wurden Experteninterviews mit fünf Verteilnetzbetreibern geführt und deren Erfahrung, Risikomanagementaktivitäten, Anforderungen und Methodenkompetenz untersucht. Unter Anwendung des RISK MATURITY MODELS von HILLSON (1997)[1] konnten die Reifegrade zum Risikomanagement der befragten Verteilnetzbetreiber ermittelt werden. Die Verteilnetzbetreiber wiesen unterschiedliche Reifegrade auf, deren durchschnittliche Ausprägung als Bezugsgröße zur Definition der mit dem Modell zu schließenden Performancelücke zum maximalen Reifegrad nach HILLSON (1997)[2] verwendet wurde. Die Defizite im Risikomanagement ließen sich durch die Bewertungskriterien des RISK MATURITY MODELS Kultur/Risikobewusstsein, Risikomanagementprozess, Erfahrung und Anwendung des Risikomanagements spezifizieren. Bei der Beschreibung der Risikomanagementaktivitäten war für die Verteilnetzbetreiber eine unterschiedliche Bedeutung der Risikofaktoren nach Art, Anzahl und Zusammensetzung und ein deutlicher Fokus auf das Lieferanteninsolvenzrisiko feststellen. Die Nennung nur weniger Risikofaktoren einer Anfechtung ließ eine entgegen der eigenen Auffassung der Verteilnetzbetreiber untergeordnete Rolle des Anfechtungsrisikos erkennen. Auch wurde es von den Verteilnetzbetreibern nicht für erforderlich gehalten, das Anfechtungsrisiko in das Risikomanagement zu integrieren. Das Vorgehen der Verteilnetzbetreiber zeigte eine fehlende Systematik in der Risikoidentifikation und eine deutliche Subjektivität der Risikoanalyse/-bewertung. Die Risikohandhabung zum Lieferanteninsolvenzrisiko wird im Moment überwiegend ad hoc entschieden. Deutlich wurde die Ablehnung von aufwendigen Verfahren und insbesondere des Beziehungsmanagements. Bevorzugt wurde – auch aus Bedenken zur Auslösung einer Anfechtungsgrundlage – die Eskalationsmaßnahme der Vertragskündigung bei Auffälligkeiten. Maßnahmen zur Risikohandhabung des Anfechtungsrisikos sind nur rudimentär ausgeprägt und werden kaum überprüft. Zur Risikoüberwachung bestehen nur wenige Kompetenzen, allerdings zeigte sich ebenso wie bei der Risikoanalyse/-bewertung eine große Aufgeschlossenheit für Lösungen. Hinsichtlich der Integration und organisatorischen Verankerung des Risikomanagements sprachen sich alle Verteilnetzbetreiber unter der Begründung der Prozessnähe und Bedeutung des subjektiven Eindrucks aus Lieferantenkontakten für eine Implementierung im Forderungsmanagement aus.

[1] Vgl. HILLSON, D. A. (1997).

[2] Vgl. ebenda, S. 39.

Aus der Synthese von Theorie und Praxis unter Plausibilisierung der Angaben der Verteilnetzbetreiber konnte als zentrales Forschungsergebnis das in Abb. 6.1 dargestellte Modell zur Reduzierung des finanzwirtschaftlichen Risikos der Verteilnetzbetreiber aus der Lieferantenbeziehung generiert werden. Durch die Kenntnis der Performancelücke konnten gezielte Empfehlungen zur Umsetzung in der Praxis gegeben werden.

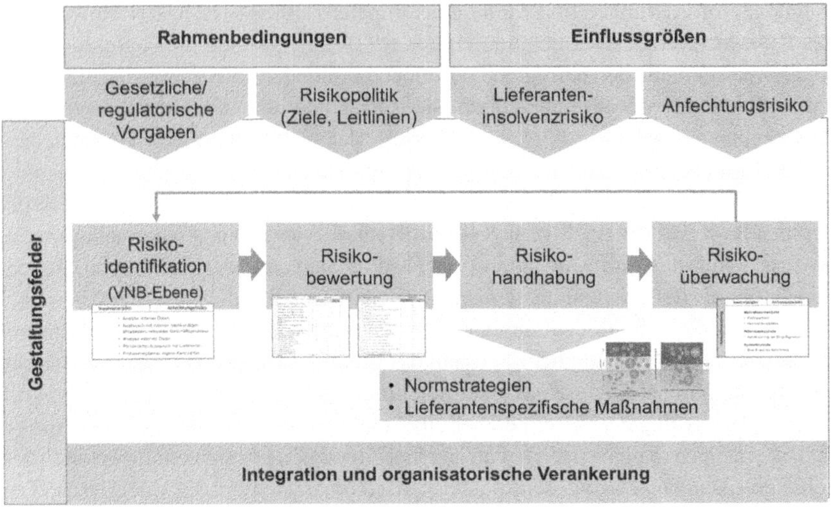

Abb. 6.1 Modell zum strategischen Risikomanagement für Verteilnetzbetreiber. (Quelle: Eigene Darstellung)

Die Modellstruktur wird durch die Elemente der Rahmenbedingungen, Einflussgrößen und Gestaltungsfelder strukturiert. Die Rahmenbedingungen des Modells beinhalten die energiewirtschaftlichen Vorgaben und die Risikopolitik. Die energiewirtschaftlichen Vorgaben begrenzen den Gestaltungsspielraum der Verteilnetzbetreiber durch die Vorgaben zur einheitlichen Anwendung der Geschäftsprozesse, der Gleichbehandlung der Lieferanten und die Wahrung der Vertraulichkeit von wirtschaftlich sensiblen Daten der Lieferanten. Die risikopolitischen Grundsätze beinhalten unter dem strategischen Ziel der Verteilnetzbetreiber zur Vereinnahmung der Erlösobergrenze die Zielkriterien des frühzeitigen Erkennens risikobehafteter Lieferanten und anfechtungsgefährdeter Prozesse sowie des rechtzeitigen Handelns mittels adäquater Risikohandhabungsmaßnahmen. Ferner sind Leitlinien zur Zielerreichung definiert.

Die Einflussgrößen unterteilen sich in das Lieferanteninsolvenzrisiko und – trotz Ablehnung der Verteilnetzbetreiber, aber aufgrund der zu geringen Beachtung in der Praxis – auch in das Anfechtungsrisiko. Die von den Verteilnetzbetreibern benannten Risikofaktoren waren durch die empirische Untersuchung der Einflussgrößen bereits bekannt, weshalb sich keine Änderungen zur Definition der Risikofaktoren ergaben. Somit wird das Lieferanteninsolvenzrisiko durch die zehn Risikofaktoren definiert: Auffälligkeiten zu verbundenen Unternehmen, fehlende Einhaltung regulatorischer Vorschriften, Auffälligkeiten in der Kundenentwicklung, Auffälligkeiten in der Unternehmensführung, Negativmerkmale der Geschäftsführung, Eskalationsmaßnahmen durch Haupakteure der Supply Chain, Eskalationsmaßnahmen durch Nebenakteure der Supply Chain, negative Merkmale im Zahlungsverkehr, wirtschaftliche Lage und subjektiver Eindruck des Mitarbeiters. Dem Anfechtungsrisiko liegen 17 identifizierte Risikofaktoren zugrunde: Abweichen von der Norm, fehlende Einhaltung Bargeschäft, Fordern einer vertraglich an Zweifel gebundenen Sicherheit, Fremdantrag, keine Durchsetzung angedrohter Sanktionen, Auffälligkeiten verbundener Unternehmen, Kenntnis instabiles Geschäftsmodell, Wissenstransfer aus verbundenem Verteilnetzbetreiber, Kenntnis negativer Medienberichte, Kenntnis Untersuchungsverfahren der BNetzA, Kenntnis der wirtschaftlichen Lage durch Auskunftei, Kenntnis fehlende Veröffentlichung Bilanz, Kenntnis durch Mitteilung des Lieferanten, Kenntnis aus negativem Zahlungsverhalten, Meldung an BNetzA zur wirtschaftlichen Schieflage des Lieferanten, Veröffentlichung des Verteilnetzbetreibers mit Kenntnisbeleg, Zahlungen durch ebenfalls insolventen Dritten.

Die Gestaltungsfelder stellen den operativen Risikomanagementprozess aus den Phasen der Risikoidentifikation, Risikoanalyse/-bewertung, Risikohandhabung und Risikoüberwachung dar. Sie beinhalten auch die Integration und organisatorische Verankerung des Risikomanagements. Die Risikoidentifikation dient der Feststellung, ob die definierten Risikofaktoren auf einen Lieferanten zutreffen. Hierzu wurden als zu nutzende Informationsquellen die Analyse interner Daten, der Austausch mit internen sachkundigen Mitarbeitern relevanter Geschäftsprozesse, der Analyse externer Daten, der persönliche Austausch mit Lieferanten und Frühwarnsysteme/eigene Kennzahlen zugeordnet. Die Risikoanalyse/-bewertung beinhaltet die Analyse der lieferantenspezifischen Ausprägung der Risikofaktoren je Einflussgröße und die Bewertung des Lieferanteninsolvenzrisikos, Anfechtungsrisikos und des aggregierten lieferantenspezifischen, finanzwirtschaftlichen Risikos. Zur Sicherstellung der homogenen Anwendbarkeit durch alle Verteilnetzbetreiber wurde VNB4 einbezogen, der sich im Interview durch den am weitesten entwickelten Risikograd auszeichnete. Als Instrumente der Risikoanalyse/-bewertung dienen eine Kombination aus der Risikoklassifizierung, subjektiven Einschätzung, Scoring-Modelle/Risikoprofile und Risikoportfolios. Die Risikoportfolios visualisieren das aus der lieferantenspezifischen Analyse und Bewertung resultierende Gefahrenpotenzial je Lieferant nach ihrem Risikograd und potenziellem Schadensausmaß. Entsprechend der ermittelten Toleranzgrenzen lassen sich die Lieferanten in Risikotypen clustern.[3] Das Ausmaß des Lieferanteninsolvenzrisikos besteht aus den offenen Forderungen des insolventen Lieferanten zuzüglich eines Aufschlags der Schlussrechnung und Mehr-/Mindermengenabrechnung. Da die ermittelten Risikofaktoren einer Insolvenz durch die fehlenden Einblicke in die Interna der Lieferanten keine Bestimmung der Wahrscheinlichkeit eines Insolvenzeintritts ermöglichen, wurde anstelle der Eintrittswahrscheinlichkeit der LuZ-Index zugeordnet. Dieser steht für die Leistungsfähigkeit und Zuverlässigkeit der Lieferanten und resultiert aus der Analyse der Lieferanten entsprechend der Ausprägung der gewichteten Risikofaktoren einer Insolvenz. Das Anfechtungsrisiko wird durch die Wahrscheinlichkeit einer Anfechtung und das Ausmaß aus einer Rückforderung aller Zahlungseingänge vier Jahre vor Insolvenzantrag bestimmt. Dabei gilt, dass ab Zutreffen eines Risikofaktors einer Anfechtung eine Eintrittswahrscheinlichkeit von 100 Prozent bei einem Insolvenzeintritt besteht. Das finanzwirtschaftliche Risiko setzt sich aus dem Risiko einer Insolvenz und einer Anfechtung zusammen.

Die Aufgabe der Risikohandhabung besteht in der Reduzierung des finanzwirtschaftlichen Risikos durch Senken des LuZ-Index beziehungsweise der Eintrittswahrscheinlichkeit und/oder des Ausmaßes einer Insolvenz beziehungsweise insolvenzrechtlichen Anfechtung. Hierzu wurden risikotypspezifische Normstrategien und lieferantenspezifische Maßnahmen je Einflussgröße ermittelt. Als Normstrategie des Lieferanteninsolvenzrisikos sind vertrauensbildende Maßnahmen zu nutzen, um die Beziehung zu stärken und Informationsasymmetrien abzubauen. Das Beziehungsmanagement fand trotz der Ablehnung der Verteilnetzbetreiber Eingang in das Modell, da im Vergleich zu dem Nutzen die Argumente der Ressourcenengpässe und ein bloßes „Das nützt nichts“ keine ausreichende Begründung zur Aussortierung darstellten. Hinsichtlich der risikofaktorenspezifischen Maßnahmen war festzustellen, dass die Risikofaktoren des Lieferanteninsolvenzrisikos überwiegend nicht beeinflussbar sind. Zur Steuerung sind daher wirkungsbezogene Maßnahmen empfohlen, wie sie beispielsweise Zwischenablesungen bei Kunden instabil erscheinender Lieferanten zeigen. Die Risikofaktoren einer Anfechtung hingegen sind überwiegend von den Verteilnetzbetreibern beeinflussbar. Für sie wurden ursachenbezogene Maßnahmen in Form der Steuerung des Verhaltens und der Prozesse definiert. In Summe konnten zahlreiche Möglichkeiten zur Risikohandhabung

[3] Vgl. hierzu auch DIEDERICHS, M. (2018), S. 177.

ermittelt werden, die bereits präventiv auf das finanzwirtschaftliche Risiko wirken. Eskalationsmaßnahmen zählen ebenfalls zu den risikosteuernden Maßnahmen des Lieferanteninsolvenzrisikos, sollten aber nur das letzte Mittel sein.

Die Risikoüberwachung dient der Maßnahmen-, Prämissen- und Systemkontrolle. Als adäquate Methoden werden Risikoportfolios zur Visualisierung der Veränderung der Risikosituation, die Aktualisierung der Eingriffsgrenzen bei neuen Erkenntnissen sowie der Best Practise Benchmark in der Umsetzung zwischen den Verteilnetzbetreibern empfohlen. Integriert ist hier auch die Risikoidentifikation auf Marktebene. Dies bedeutet, dass neue Risikofaktoren außerhalb des bestehenden Risikomanagements zu identifizieren sind. Geeignete Methoden dazu sind Erfahrungen aus vergangenen Insolvenzen und Anfechtungen, Brainstorming, standardisierte Checklisten, Austausch mit externen Experten, Veranstaltungen bei Insolvenzverwaltern und Verbänden.

Zur Integration und organisatorischen Verankerung ließ sich feststellen, dass das Risikomanagement aufgrund der Nähe zu den relevanten Prozessen im Bereich des Forderungsmanagements erfolgen muss. Dabei ist die bestehende Integrationsform des Forderungsmanagements auch für das Risikomanagement zu übernehmen.

Abschließend erfolgte die Bewertung des Modells durch den Abgleich der von den befragten Verteilnetzbetreibern an das Risikomanagement gestellten Anforderungen und den im Metamodell definierten Leitlinien zur Risikostrategie. Dabei zeigte sich, dass das Modell die Anforderungen der befragten Praktiker erfüllt.

Damit leistet die vorliegende Arbeit mit dem Modell zum strategischen Risikomanagement einen Beitrag, das finanzwirtschaftliche Risiko der Verteilnetzbetreiber durch Lieferanteninsolvenzen und insolvenzrechtliche Anfechtungen zur reduzieren und die genehmigten Erlöse zu vereinnahmen. Das Modell ermöglicht durch die Vorgabe definierter Risikofaktoren und zugeordneter Maßnahmen zur Risikohandhabung eine homogene Anwendung aller Verteilnetzbetreiber. Es berücksichtigt die Hinweise, Kenntnisstände und Erfahrungen der Praktiker und lässt die eingangs angeführten Praxistipps der Energiewirtschaftsverbände in das Teilelement der Risikohandhabung integrieren. Es zeigt, dass Maßnahmen zur Risikoreduzierung bereits präventiv möglich sind und es auch ohne Sonderregelungen im ENERGIEWIRTSCHAFTSGESETZ und der INSOLVENZORDNUNG Möglichkeiten gibt, dem finanzwirtschaftlichen Risiko zu begegnen. Während die Maßnahmen zum Anfechtungsrisiko nur auf die Verteilnetzbetreiber wirken, trägt eine konsequente Anwendung zum Lieferanteninsolvenzrisiko dazu bei, auch das Risiko der Marktpartner zu senken. Durch eine Stabilisierung der Lieferantenbeziehung und weniger Negativmeldungen zu Lieferanten kann auch das Vertrauen der Kunden in den Lieferantenwechsel gestärkt werden.

Das Modell wurde bewusst einfach gestaltet, um eine Implementierung nicht durch Komplexität zu behindern und eine Anwendung auch ohne immensen Schulungsaufwand zu gewährleisten. Das Risikomanagement lässt sich mit wenig Ressourcenaufwand zügig einführen und gibt mehr Sicherheit im Umgang mit risikobehaftet erscheinenden Lieferanten und insolvenzrechtlichen Anfechtungen. Insbesondere für das Anfechtungsrisiko, das einen vielfach höheren Schaden verursacht als das Lieferanteninsolvenzrisiko, liefert es klare Vorgehensweisen, um die Wahrscheinlichkeit einer insolvenzrechtlichen Anfechtung zu reduzieren.

Bis zur Erreichung des höchsten Reifegrads 4 (*Natural*) nach HILLSON sind allerdings Kenntnisse und Erfahrungen im Risikomanagement zu sammeln, so dass dazu noch ein Entwicklungsprozess der Verteilnetzbetreiber zu durchlaufen ist. Mit dem Modell werden zwar das Risikobewusstsein durch Einflussgrößen und Eingriffsgrenzen gesteuert sowie der Risikomanagementprozess strukturiert, dennoch ist es in der Verantwortung der Verteilnetzbetreiber, das Risikomanagement konsequent umzusetzen und darauf zu achten, dass Know-how aufgebaut wird und Kopfmonopole abgebaut werden. Damit das Risikomanagement auch seinen Zweck erfüllen kann ist es erforderlich, dass die Verteilnetzbetreiber ihre Verbuchungsfehler bereinigen und ein automatisiertes Mahnwesen implementieren. Nur mit einer richtigen Datengrundlage kann dem Risiko angemessen und ohne großen Aufwand entgegengewirkt werden. Ressourcen, die jetzt für telefonische Klärungen und manuelle Mahnungen verbraucht werden, können so in das Risikomanagement übergehen.

Bei der Beurteilung des Modells sind jedoch auch limitierende Faktoren durch die empirischen Untersuchungen zu benennen. So ist darauf hinzuweisen, dass bei der Erhebung der Risikofaktoren wegen der fehlenden Intercoder Reliability nicht gewährleistet werden kann, dass alle in den Dokumenten enthaltenen Risikofaktoren erkannt und erhoben wurden. Zudem ist nicht sichergestellt, dass alle Risikofaktoren in den Dokumenten auch benannt wurden. Der fehlenden Intercoder Reliability wurde durch das Verfahren der analytischen Induktion und der Methodentriangulation in Form der Abfrage von Risikofaktoren bei den Verteilnetzbetreibern bestmöglich begegnet. Ebenso wurden durch den Workshop als Bestandteil der ausgewerteten Daten Risikofaktoren identifiziert, die nicht in den Dokumenten enthalten waren. Dennoch kann eine Vollständigkeit – auch bedingt durch die kleine Stichprobe, sich ändernde Geschäftsmodelle sowie die Relevanz des Einzelfalls bei Anfechtungen – nie garantiert werden. Aus diesem Grund wurden die Risikofaktoren im Risikoprofil auch nicht zu 100 Prozent addiert, sondern zu 100 (Punkten). Weiterhin ist anzumerken, dass die Risikofaktoren keine Interdependenzen berücksichtigen. Diese werden zweifelsohne vorhanden sein, lassen sich bedingt durch die geringe Stichprobe als weiteren Kritikpunkt aber nicht feststellen. Hieraus ergibt sich auch der weitere Forschungsbedarf:

Bei Eintreten neuer Insolvenzen und Anfechtungen sind diese auf zusätzliche Risikofaktoren zu prüfen. Ferner sind bei einer ausreichend großer Stichprobe Algorithmen zu programmieren, um Interdependenzen ermitteln und berücksichtigen zu können. Ergeben sich Neuerungen, so ist das Metamodell zur Abbildung eines neuen Modells heranzuziehen. In Bezug auf das Verfahren der Risikoanalyse/-bewertung ist darauf hinzuweisen, dass die Gewichtungen und Toleranzgrenzen eine erste Näherung darstellen und zur Risikoanalyse ein risikofaktorenspezifischer Bewertungskatalog zu erstellen ist. Mit steigender Erfahrung in der Anwendung des Risikomanagements sind diese zu überprüfen und gegebenenfalls anzupassen. Gleiches gilt auch für die Maßnahmen zur Risikohandhabung, sobald sich der Gestaltungsspielraum der Verteilnetzbetreiber beispielsweise durch eine Änderung des regulatorischen Rahmens verändert.

Es ist zudem auf die geringe Anzahl der befragten Verteilnetzbetreiber einzugehen, deren durchschnittlicher Reifegrad die Performancelücke zum maximalen Reifegrad *Natural* definierte. Hier ließe sich zwar auch die geringe Stichprobe infrage stellen, dennoch scheint das Ergebnis durch Einbezug eines Energiewirtschaftsexperten zur Einschätzung der Realitätsnähe die momentane Praxis abzubilden. Von besonderer Relevanz ist eine Erhebung der in dieser Arbeit befragten Verteilnetzbetreiber zu einem späteren Zeitpunkt, um Fortschritte zu erkennen und gegebenenfalls erforderliche Anpassungen und Handlungsempfehlungen für das Risikomanagement ableiten zu können.

Um die Ergebnisse dieser Forschungsarbeit tatsächlich auch in der Praxis umsetzen zu können, bedarf es der Unterstützung der Verbände und der BNetzA. So ist ihre Akzeptanz zu gewinnen und das Modell im Rahmen eines Konsultationsverfahrens zu bewerten. Bei einer möglichen Integration des Risikomanagements als Marktregel ist die Anwendung mit dem Bewertungskatalog zur Risikoanalyse vorzugeben. Für eine Nutzung der Bewertungsergebnisse zum Lieferanteninsolvenzrisiko – auch durch die BNetzA im Fall von Untersuchungsverfahren gegen Lieferanten – wäre es erforderlich, einen Verantwortlichen für das Modell zu benennen. Dieser wäre unter anderem im Rahmen regelmäßiger Konsultationsverfahren beziehungsweise nach Insolvenzen und Anfechtungen für eine Aktualisierung des Modells zuständig.

Das Risikomanagement an sich ist keine eigenständige Lösung, sondern fordert auch einen Paradigmenwechsel in der Verteilnetzbetreiber-Lieferanten-Beziehung. Dabei sollte der Weg von der transaktionsorientierten Beziehung zu einem partnerschaftlichen Miteinander führen und neben dem Austausch risikorelevanter Informationen auch Vertrauen aufgebaut werden. Anfechtungen werden erst dann herbeigeführt, wenn bei Verdacht die falschen Handlungen abgeleitet werden und beispielsweise ein verstärktes Mahnwesen ein Abweichen von der Norm nachweisbar macht.

Gesamthaft betrachtet wurden das statuierte Defizit der mangelnden Interdisziplinarität von Energiewirtschaft und Betriebswirtschaft hinsichtlich des Forschungsparadigmas beseitigt. Unterstützt durch die in der Problemstellung (vgl. Abschnitt 1.1) formulierten Fragen wurde das Modell zum strategischen Risikomanagement der Verteilnetzbetreiber im liberalisierten Strommarkt entwickelt. Dadurch wurde ein Beitrag zur Reduzierung des finanzwirtschaftlichen Risikos und zur Sicherung der Erlöse geleistet. Ferner wurde ein Lösungsbeitrag zur Behebung des im liberalisierten Energiemarkt bestehenden Defizits hoher volkswirtschaftlicher Schäden durch wirtschaftlich instabile Lieferanten aufgezeigt.

Das Modell basiert auf dem Ansatz des Risikomanagements mit Supply Chain-Orientierung. Dieser Ansatz legt den Grundstein für das Supply Chain Risikomanagement und bietet die Möglichkeit das Risikomanagement durch eine partnerschaftliche Zusammenarbeit über die Supply Chain auszuweiten. Dies trägt zu einer Verbesserung der Identifikation und Steuerung des Risikos bei allen Supply Chain-Akteuren bei und entspricht der Zielsetzung der ganzheitlichen Optimierung aus der Supply Chain Management-Forschung. Die gemeinsame Umsetzung risikoreduzierender Maßnahmen kann dabei auch zur Stabilisierung der Lieferanten führen, wodurch sich negative Effekte auf die Endkunden und auch auf weitere Marktpartner der Lieferanten weiter verringern lassen.

Es bleibt abzuwarten, ob die Branche das Modell aufnimmt und es als Marktregel integriert. Es wäre wünschenswert, dass diese Möglichkeit zur Reduzierung des finanzwirtschaftlichen Risikos Anwendung findet und zu einer sukzessiven Weiterentwicklung zum Supply Chain Risikomanagement im liberalisierten Strommarkt führt. Die vorliegende Arbeit bietet hierzu eine geeignete Grundlage.

Literaturverzeichnis

AICHELE, C. (2012): Smart Energy. Von der reaktiven Kundenverwaltung zum proaktiven Kundenmanagement, Wiesbaden 2012.

AMTSGERICHT BONN (Hrsg.) (2011): Eröffnung Insolvenzverfahren TelDaFax ENERGY GmbH: Beschluss über das Vermögen der TelDaFax ENERGY GmbH vom 01.09.2011 (98 IN 163/11), Bonn 01.09.2011, elektronisch veröffentlicht: URL: https://inso.whitecase.com/sites/default/files/2017-06/Beschluss-TelDaFax-ENERGY-GmbH.PDF [Stand 01.12.2019].

AMTSGERICHT CHARLOTTENBURG (Hrsg.) (2013a): Eröffnung Insolvenzverfahren FlexGas GmbH: Beschluss in dem Insolvenzverfahren über das Vermögen der FlexGas GmbH vom 01.07.2013 (Az. 36f IN 1753/13), Berlin 01.07.2013, elektronisch veröffentlicht: URL: https://inso.whitecase.com/sites/default/files/2017-06/Beschluss-Eroffnung-01-07-13-FlexGas.pdf [Stand 01.12.2019].

AMTSGERICHT CHARLOTTENBURG (Hrsg.) (2013b): Eröffnung Insolvenzverfahren FlexStrom AG: Beschluss in dem Insolvenzverfahren über das Vermögen der FlexStrom AG vom 01.07.2013 (Az. 36f IN 1569/13), Berlin 01.07.2013, elektronisch veröffentlicht: URL: https://inso.whitecase.com/sites/default/files/2017-06/Beschluss-Eroffnung-1.pdf [Stand 01.12.2019].

AMTSGERICHT CHARLOTTENBURG (Hrsg.) (2013c): Eröffnung Insolvenzverfahren Löwenzahn Energie GmbH: Beschluss in dem Insolvenzverfahren über das Vermögen der Löwenzahn Energie GmbH vom 01.07.2013 (Az. 36I IN 1572/13), Berlin 01.07.2013, elektronisch veröffentlicht: URL: https://inso.whitecase.com/sites/default/files/2017-06/Beschluss-Eroffnung-2.pdf [Stand 01.12.2019].

AMTSGERICHT CHARLOTTENBURG (Hrsg.) (2013d): Eröffnung Insolvenzverfahren OptimalGrün GmbH: Beschluss in dem Insolvenzverfahren über das Vermögen der OptimalGrün GmbH vom 01.07.2013 (Az. 36o IN 1577/13), Berlin 01.07.2013, elektronisch veröffentlicht: URL: https://inso.whitecase.com/sites/default/files/2017-06/Beschluss-Eroffnung-3.pdf [Stand 01.12.2019].

ANDERS, U./VAN DEN BRINK, G. J. (2004): Betrachtung operativer Risiken in Transaktionsbanken, in: LAMBERTI, H.-J./MARLIÈRE, A./PÖHLER, A. (Hrsg.): Management von Transaktionsbanken, Berlin u. a. 2004, S. 241–262.

K. R. Eiselbrecher, *Strategisches Risikomanagement für Verteilnetzbetreiber im liberalisierten Energiemarkt*, https://doi.org/10.1007/978-3-658-31614-3

ANSOFF, H. I. (1975): Managing Strategic Surprise by Response to Weak Signals, veröffentlicht in: California Management Review, 1975, Vol. XVIII, No. 2, S. 21–33, elektronisch veröffentlicht: URL: http://www3.uma.pt/filipejmsousa/ge/Ansoff,%201975.pdf [Stand 06.06.2019].

APPELFELLER, W./BUCHHOLZ, W. (2011): Supplier Relationship Management. Strategie, Organisation und IT des modernen Beschaffungsmanagements, 2., vollständig überarbeitete und erweiterte Auflage, Wiesbaden 2011.

ARNDT, H. (2013): Supply Chain Management. Optimierung logistischer Prozesse, 6., aktualisierte und überarbeitet Auflage, Wiesbaden 2013.

ATTESLANDER, P. (2010): Methoden der empirischen Sozialforschung, 13., neu bearbeitete und erweiterte Auflage, Berlin 2010.

BAYER, F./BIOLY, S. (2014): Supply Chain Risk Management in der Industrie – am Beispiel der Metall- und Elektroindustrie, Arbeitspapiere der FOM, ild Schriftenreihe Logistikforschung, Band 41, FOM UNIVERSITY OF APPLIED SCIENCE, Essen 2014.

BDEW BUNDESVERBAND DER ENERGIE- UND WASSERWIRTSCHAFT E. V. et al. (Hrsg.) (2014): Energie-Info: Anwendungshilfe zur Einführung der Prozesse zur Ermittlung und Abrechnung von Mehr-/Mindermengen Strom und Gas, Berlin 19.12.2014, elektronisch veröffentlicht: URL: https://www.bdew.de/media/documents/Awh_20141219_Mehr-Mindermengenabrechnung.pdf [Stand 10.12.2019].

BDEW BUNDESVERBAND DER ENERGIE- UND WASSERWIRTSCHAFT E. V. (Hrsg.) (2015): BDEW-Stellungnahme zum Referentenentwurf eines Gesetzes zur Verbesserung der Rechtssicherheit bei Anfechtungen nach der Insolvenzordnung und nach dem Anfechtungsgesetz vom 16. März 2015, Berlin 08.06.2015, elektronisch veröffentlicht: URL: http://www.bmjv.de/SharedDocs/Gesetzgebungsverfahren/Stellungnahmen/2015/Downloads/06082015_Stellungnahme_bdew_RefE_Anfechtungsgesetz.pdf?__blob=publicationFile&v=1 [Stand 07.12.2019].

BDEW BUNDESVERBAND DER ENERGIE- UND WASSERWIRTSCHAFT E. V. (Hrsg.) (2019a): Berechnung der Preise zur Mehr- und Mindermengenabrechnung, elektronisch veröffentlicht: URL: https://www.bdew.de/energie/mehr-mindermengenabrechnung-strom/ [Stand 29.11.2019].

BDEW BUNDESVERBAND DER ENERGIE- UND WASSERWIRTSCHAFT E. V. (Hrsg.) (2019b): Entwicklung der Strompreise, elektronisch veröffentlicht: URL: https://www.bdew.de/presse/pressemappen/entwicklung-der-strompreise/#WarumsteigenStrompreise [Stand 29.11.2019].

BDEW BUNDESVERBAND DER ENERGIE- UND WASSERWIRTSCHAFT E. V. (Hrsg.) (2019c): Vielfalt im Energiemarkt, elektronisch veröffentlicht: URL: https://www.bdew.de/media/documents/Marktteilnehmer_Energie_aktuell_online_o_halbjaehrlich_Ki_22032019.pdf [Stand 29.11.2019].

BECHTEL, C./JAYARAM, J. (1997): Supply Chain Management: A Strategic Perspective, veröffentlicht in: The International Journal of Logistics Management, 1997, Vol. 8, No. 1, S. 15–34.

BERGENER, R. F. (2006): Gestaltung des leistungswirtschaftlichen Risikocontrollings. Eine theoretische und empirische Untersuchung (gebundene DIN A4 Fassung), Dissertation, TECHNISCHE UNIVERSITÄT MÜNCHEN, München 2006.

BOECK, B. (2010): Kollaborationsqualität im Supply Chain Management. Eine theoretische und empirische Analyse, Dissertation, TECHNISCHE UNIVERSITÄT MÜNCHEN, München 2010.

BOZEM, K. (2007): Liberalisierung der Energiewirtschaft. Unternehmensstrategien im Umbruch, Herrsching 2007.

BRAKE, A. (2005): Schriftliche Befragung, in: KÜHL, S./STRODTHOLZ, P./TAFFERTSHOFER, A. (Hrsg.): Quantitative Methoden der Organisationsforschung. Ein Handbuch, Wiesbaden 2005, S. 33–58.

BRAUN, H. (1984): Risikomanagement. Eine spezifische Controllingaufgabe, Dissertation, UNIVERSITÄT STUTTGART, Darmstadt 1984.

BRAUWEILER, H.-C. (2015): Risikomanagement in Unternehmen. Ein grundlegender Überblick für die Management-Praxis, Wiesbaden 2015.

BROCKHOFF, K. (2011): Prognosen, in: BEA, F. X./SCHWEITZER, M. (Hrsg.): Allgemeine Betriebswirtschaftslehre, Band 2: Führung, 10., überarbeitete und erweiterte Auflage, Stuttgart 2011, S. 785–825.

BUDERATH, H./AMLING, T. (2000): Das Interne Überwachungssystem als Teil des Risikomanagementsystems, in: DÖRNER, D./HORVÁTH, P./KAGERMANN, H. (Hrsg.): Praxis des Risikomanagements. Grundlagen, Kategorien, branchenspezifische und strukturelle Aspekte, Stuttgart 2000, S. 127–152.

BÜHLER-NIEDERBERGER, D. (1985): Analytische Induktion als Verfahren qualitativer Methodologie, veröffentlicht in: Zeitschrift für Soziologie, 14. Jg., Dezember 1985, Nr. 6, S. 475–485.

BUNDESNETZAGENTUR FÜR ELEKTRIZITÄT, GAS, TELEKOMMUNIKATION, POST UND EISENBAHNEN (Hrsg.) (2006): Beschluss Az: BK6-06-009 wegen der Festlegung einheitlicher Geschäftsprozesse und Datenformate zur Abwicklung der Belieferung von Kunden mit Elektrizität, Bonn 2006, elektronisch veröffentlicht: URL: https://www.bundesnetzagentur.de/DE/Service-Funktionen/Beschlusskammern/1_GZ/BK6-GZ/2006/2006_0001bis0999/2006_001bis099/BK6-06-009/Entscheidung%20vom%2011_07_06.pdf?__blob=publicationFile&v=5 [Stand 29.11.2019].

BUNDESNETZAGENTUR FÜR ELEKTRIZITÄT, GAS, TELEKOMMUNIKATION, POST UND EISENBAHNEN (Hrsg.) (2009): Beschluss Az.: BK6-07-002 wegen der Festlegung von Marktregeln für die Durchführung der Bilanzkreisabrechnung Strom, Bonn 2009, elektronisch veröffentlicht: URL: https://www.bundesnetzagentur.de/DE/Service-Funktionen/Beschlusskammern/1_GZ/BK6-GZ/2007/2007_0001bis0999/2007_001bis099/BK6-07-002/BK6-07-002_Beschluss10062009_bf.pdf?__blob=publicationFile&v=6 [Stand 29.11.2019].

BUNDESNETZAGENTUR FÜR ELEKTRIZITÄT, GAS, TELEKOMMUNIKATION, POST UND EISENBAHNEN (Hrsg.) (2011): Anlage 1 zum Beschluss BK6-07-002: Marktregeln für die Durchführung der Bilanzkreisabrechnung Strom (MaBiS); Konsolidierte Lesefassung; gültig ab 01.04.2012, Bonn 2011, elektronisch veröffentlicht: URL: https://www.bundesnetzagentur.de/DE/Service-Funktionen/Beschlusskammern/BK06/BK6_83_Zug_Mess/833_mabis/bk6_11_150_konsolidierte_Lesefassung_MaBiS.pdf?__blob=publicationFile&v=2 [Stand 29.11.2019].

BUNDESNETZAGENTUR FÜR ELEKTRIZITÄT, GAS, TELEKOMMUNIKATION, POST UND EISENBAHNEN (Hrsg.) (2015): Beschluss Az. BK6-13-042 in dem Verwaltungsverfahren zur Festlegung eines Netznutzungs- und Lieferantenrahmenvertrages (Strom) vom 16.04.2015, Bonn 2015, elektronisch veröffentlicht: URL: https://www.bundesnetzagentur.de/DE/Service-Funktionen/Beschlusskammern/1_GZ/BK6-GZ/2013/BK6-13-042/BK6-13-042_Beschluss_2015_04_16.pdf?__blob=publicationFile&v=2 [Stand 07.12.2019].

Bundesnetzagentur für Elektrizität, Gas, Telekommunikation, Post und Eisenbahnen (Hrsg.) (2016): Beschluss Az.: BK6-16-058 – Aufsichtsverfahren gemäß §§ 65, 5 Energiewirtschaftsgesetz (EnWG) gegen die Care-Energy AG vom 28.06.2016, Bonn 2016, elektronisch veröffentlicht: URL: https://www.bundesnetzagentur.de/DE/Service-Funktionen/Beschlusskammern/1_GZ/BK6-GZ/2016/2016_0001bis0999/BK6-16-058/BK6-16-058_Auskunftsbeschluss.pdf?__blob=publicationFile&v=5 [Stand 29.11.2019].

Bundesnetzagentur für Elektrizität, Gas, Telekommunikation, Post und Eisenbahnen (Hrsg.) (2017a): Beschluss Az. BK6-17-168 in dem Verwaltungsverfahren zur Anpassung des Netznutzungs- und Lieferantenrahmenvertrages (Strom) an die Erfordernisse des Gesetzes zur Digitalisierung der Energiewende vom 20.12.2017, Bonn 2017, elektronisch veröffentlicht: URL: https://www.bundesnetzagentur.de/DE/Service-Funktionen/Beschlusskammern/1_GZ/BK6-GZ/2017/BK6-17-168/BK6-17-168_beschluss_20171220.pdf?__blob=publicationFile&v=1 [Stand 07.12.2019].

Bundesnetzagentur für Elektrizität, Gas, Telekommunikation, Post und Eisenbahnen (Hrsg.) (2017b): Netznutzungsvertrag (Entnahme), Bonn 2017, elektronisch veröffentlicht: URL: https://www.bundesnetzagentur.de/DE/Service-Funktionen/Beschlusskammern/BK06/BK6_77_LiRaVer/Mitteilungen_zu_BK6_17_168/Mitteilung_Nr_01/Vertrag_lesefassung.pdf?__blob=publicationFile&v=2 [Stand 07.12.2019].

Bundesnetzagentur für Elektrizität, Gas, Telekommunikation, Post und Eisenbahnen (Hrsg.) (2018): Aufgaben und Struktur, elektronisch veröffentlicht: URL: https://www.bundesnetzagentur.de/DE/Allgemeines/DieBundesnetzagentur/UeberdieAgentur/Aufgaben/aufgaben-node.html [Stand 29.11.2019].

Bundesnetzagentur für Elektrizität, Gas, Telekommunikation, Post und Eisenbahnen (Hrsg.) (2019a): Anlage 1 zum Beschluss BK6-18-032: Geschäftsprozesse zur Kundenbelieferung mit Elektrizität (GPKE) (konsolidierte Lesefassung; gültig ab 01.04.2020) in der Fassung gemäß Festlegung BK6-19-218 (Beschluss vom 11.12.2019), Bonn 2019, elektronisch veröffentlicht: URL: https://www.bundesnetzagentur.de/DE/Service-Funktionen/Beschlusskammern/BK06/BK6_83_Zug_Mess/831_gpke/20200527_Anlage1_GPKE.pdf?__blob=publicationFile&v=3 [Stand 04.07.2020].

Bundesnetzagentur für Elektrizität, Gas, Telekommunikation, Post und Eisenbahnen (Hrsg.) (2019b): Anlage 2 zum Beschluss BK6-18-032: Wechselprozesse im Messwesen Strom (WiM Strom) (konsolidierte Lesefassung; gültig ab 01.04.2020) in der Fassung gemäß Festlegung BK6-19-218 (Beschluss vom 11.12.2019), Bonn 2019, elektronisch veröffentlicht: URL: https://www.bundesnetzagentur.de/DE/Service-Funktionen/Beschlusskammern/BK06/BK6_83_Zug_Mess/834_wim/BK6_WiM_20200527.pdf?__blob=publicationFile&v=2 [Stand 04.07.2020].

Bundesnetzagentur für Elektrizität, Gas, Telekommunikation, Post und Eisenbahnen (Hrsg.) (2019c): Anlage 4 zum Beschluss BK6-18-032: Marktregeln für die Durchführung der Bilanzkreisabrechnung Strom (MaBiS) (konsolidierte Lesefassung; gültig ab 01.04.2020) in der Fassung gemäß Festlegung BK6-19-218 (Beschluss vom 11.12.2019), Bonn 2019, elektronisch veröffentlicht: URL: https://www.bundesnetzagentur.de/DE/Service-Funktionen/Beschlusskammern/BK06/BK6_83_Zug_Mess/833_mabis/BK6_MaBiS_27052020.pdf?__blob=publicationFile&v=3 [Stand 04.07.2020].

BUNDESNETZAGENTUR FÜR ELEKTRIZITÄT, GAS, TELEKOMMUNIKATION, POST UND EISENBAHNEN (Hrsg.) (2019d): Anreizregulierung von Strom- und Gasnetzbetreibern, elektronisch veröffentlicht: URL: https://www.bundesnetzagentur.de/DE/Sachgebiete/ElektrizitaetundGas/Unternehmen_Institutionen/Netzentgelte/Anreizregulierung/anreizregulierung-node.html [Stand 29.11.2019].

BUNDESNETZAGENTUR FÜR ELEKTRIZITÄT, GAS, TELEKOMMUNIKATION, POST UND EISENBAHNEN (Hrsg.) (2019e): BK6-19-006: Aufsichtsverfahren gegen die BEV Bayerische Energieversorgungsgesellschaft mbH Aufsichtsverfahren gemäß § 65 EnWG – Verstoß gegen die Anforderungen nach § 40 Energiewirtschaftsgesetz (EnWG) an Rechnungen für Energielieferungen, elektronisch veröffentlicht: URL: https://www.bundesnetzagentur.de/DE/Service-Funktionen/Beschlusskammern/1_GZ/BK6-GZ/2019/BK6-19-006/BK6-19-006_verfahrenseröffnung.html [Stand 29.11.2019].

BUNDESNETZAGENTUR FÜR ELEKTRIZITÄT, GAS, TELEKOMMUNIKATION, POST UND EISENBAHNEN (Hrsg.) (2019f): Netzentgeltsystematik, elektronisch veröffentlicht: URL: https://www.bundesnetzagentur.de/DE/Sachgebiete/ElektrizitaetundGas/Unternehmen_Institutionen/Netzentgelte/Netzentgeltsystematik/netzentgeltsystematik-node.html [Stand 29.11.2019].

BUNDESNETZAGENTUR FÜR ELEKTRIZITÄT, GAS, TELEKOMMUNIKATION, POST UND EISENBAHNEN (Hrsg.) (2019g): Netzzugangsthemen, elektronisch veröffentlicht: URL: https://www.bundesnetzagentur.de/DE/Service-Funktionen/Beschlusskammern/BK06/BK6_83_Zug_Mess/Netzzugang-node.html [Stand 29.11.2019].

BUNDESNETZAGENTUR FÜR ELEKTRIZITÄT, GAS, TELEKOMMUNIKATION, POST UND EISENBAHNEN (Hrsg.) (2019h): Zuständige Regulierungsbehörden, elektronisch veröffentlicht: URL: https://www.bundesnetzagentur.de/SharedDocs/FAQs/DE/Sachgebiete/Energie/Verbraucher/Rechte/ZustaendigeRegulierungsbehoerden.html [Stand 29.11.2019].

BUNDESNETZAGENTUR FÜR ELEKTRIZITÄT, GAS, TELEKOMMUNIKATION, POST UND EISENBAHNEN/BUNDESKARTELLAMT (Hrsg.) (2019): Monitoringbericht 2018, Bonn 2019, elektronisch veröffentlicht: URL: https://www.bundesnetzagentur.de/SharedDocs/Downloads/DE/Allgemeines/Bundesnetzagentur/Publikationen/Berichte/2018/Monitoringbericht_Energie2018.pdf [Stand 29.11.2019].

BUNDESREGIERUNG (2005): Verordnung über den Zugang zu Elektrizitätsversorgungsnetzen (Stromnetzzugangsverordnung – StromNZV) vom 25. Juli 2005, veröffentlicht in: Bundesgesetzblatt Teil I, Jahrgang 2005, Nr. 46 vom 28.07.2005, S. 2243–2251, zuletzt geändert durch Artikel 14 des Gesetzes zur Beschleunigung des Energieleitungsausbaus vom 13. Mai 2019 (Bundesgesetzblatt, Teil 1, Nr. 19, S. 706–730), elektronisch veröffentlicht: URL: https://www.gesetze-im-internet.de/stromnzv/StromNZV.pdf. [Stand 05.07.2020].

BUNDESREGIERUNG (2006): Verordnung über Allgemeine Bedingungen für den Netzanschluss und dessen Nutzung für die Elektrizitätsversorgung in Niederspannung (Niederspannungsanschlussverordnung – NAV) vom 1. November 2006, veröffentlicht in: Bundesgesetzblatt Teil I, Jahrgang 2006, Nr. 50 vom 07.11.2006, S. 2477–2494, zuletzt geändert durch die Verordnung zur Berechnung der Offshore-Netzumlage und zu Anpassungen im Regulierungsrecht, Artikel 3 vom 14. März 2019 (Bundesgesetzblatt Teil I, Jahrgang 2019, Nr. 8 vom 21. März 2019, S. 333–337), elektronisch veröffentlicht: URL: https://www.gesetze-im-internet.de/nav/NAV.pdf [Stand 05.07.2020].

BUNDESTAG (1965): Aktiengesetz vom 6. September 1965, veröffentlicht in: Bundesgesetzblatt Teil I, Jahrgang 1965, Nr. 48 vom 11.09.1965, S. 1089–1184, zuletzt geändert durch das Gesetz zur Umsetzung der zweiten Aktionärsrechterichtlinie (ARUG II), Artikel 1 vom 12. Dezember 2019 (Bundesgesetzblatt Teil I, Nr. 50 vom 19. Dezember 2019, S. 2637–2651), elektronisch veröffentlicht: URL: https://www.gesetze-im-internet.de/aktg/AktG.pdf [Stand 05.07.2020].

BUNDESTAG (1994): Insolvenzordnung (InsO) vom 5. Oktober 1994, veröffentlicht in: Bundesgesetzblatt Teil I, Jahrgang 1994, Nr. 70 vom 18.10.1994, S. 2866–2910, zuletzt geändert durch das Gesetz Zweites Gesetz zur Novellierung von Finanzmarktvorschriften auf Grund europäischer Rechtsakte (Zweites Finanzmarktnovellierungsgesetz – 2. FiMaNoG), Artikel 24 Abs. 3 vom 23. Juni 2017 (Bundesgesetzblatt Teil I, Jahrgang 2017, Nr. 39 vom 24. Juni 2017, S. 1693–1821), elektronisch veröffentlicht: URL: https://www.gesetze-im-internet.de/inso/InsO.pdf [Stand 05.07.2020].

BUNDESTAG (1998a): Gesetz zur Neuregelung des Energiewirtschaftsrechts vom 24. April 1998, veröffentlicht in: Bundesgesetzblatt Teil I, Jahrgang 1998, Nr. 23 vom 28.04.1998, S. 730–736, elektronisch veröffentlicht: URL: http://www.bgbl.de/xaver/bgbl/start.xav?startbk=Bundesanzeiger_BGBl&jumpTo=bgbl198023.pdf#__bgbl__%2F%2F*%5B%40attr_id%3D%27bgbl198023.pdf%27%5D__1470484480911 [Stand 05.07.2020].

BUNDESTAG (1998b): Gesetz zur Kontrolle und Transparenz im Unternehmen (KonTraG) vom 27. April 1998, veröffentlicht in: Bundesgesetzblatt Teil I, Jahrgang 1998, Nr. 24 vom 30.04.1998, S. 786–794, elektronisch veröffentlicht: URL: https://www.bgbl.de/xaver/bgbl/start.xav?start=//*%5B@attr_id=%27bgbl198s0786.pdf%27%5D#__bgbl__%2F%2F*%5B%40attr_id%3D%27bgbl198s0786.pdf%27%5D__1593969747106 [Stand 05.07.2020].

BUNDESTAG (2005a): Gesetz über die Elektrizitäts- und Gasversorgung (Energiewirtschaftsgesetz – EnWG) vom 7. Juli 2005, veröffentlicht in: Bundesgesetzblatt Teil I, Jahrgang 2005, Nr. 42 vom 12.07.2005, S. 1970–2009, zuletzt geändert durch das Gesetz zur Änderung des Energiewirtschaftsgesetzes zur Umsetzung der Richtlinie (EU) 2019/692 des Europäischen Parlamentes und des Rates über gemeinsame Vorschriften für den Erdgasbinnenmarkt, Artikel 1 vom 05. Dezember 2019 (Bundesgesetzblatt Teil I, Jahrgang 2019, Nr. 45 vom 11. Dezember 2019, S. 2002-2004), elektronisch veröffentlicht: URL: https://www.bgbl.de/xaver/bgbl/start.xav?start=%2F%2F*%5B%40attr_id%3D%27bgbl105s1970.pdf%27%5D#__bgbl__%2F%2F*%5B%40attr_id%3D%27bgbl105s1970.pdf%27%5D__1593970505156 [Stand 05.07.2020].

BUNDESTAG (2005b): Zweites Gesetz zur Neuregelung des Energiewirtschaftsrechts vom 7. Juli 2005, veröffentlicht in: Bundesgesetzblatt Teil I, Jahrgang 2005, Nr. 42 vom 12.07.2005, S. 1970–2018, elektronisch veröffentlicht: URL: http://www.bgbl.de/xaver/bgbl/start.xav?startbk=Bundesanzeiger_BGBl&jumpTo=bgbl105s1970.pdf [Stand 05.07.2020].

BUNDESTAG (2014): Gesetz für den Ausbau erneuerbarer Energien (Erneuerbare-Energien-Gesetz – EEG 2014) vom 21. Juli 2014, veröffentlicht in: Bundesgesetzblatt Teil I, Jahrgang 2014, Nr. 33 vom 24.07.2014, S. 1066–1120, zuletzt geändert durch das Gesetz zur Änderung des Gesetzes über Energiedienstleistungen und andere Energieeffizienzmaßnahmen, Artikel 3 vom 20. November 2019 (Bundesgesetzblatt Teil I, Jahrgang 2019, Nr. 41 vom 25. November 2019, S. 1719–1723), elektronisch veröffentlicht: URL: http://www.bgbl.de/xaver/bgbl/start.xav?startbk=Bundesanzeiger_BGBl&jumpTo=bgbl114s1066.pdf [Stand 05.07.2020].

BUNDESTAG (2016a): Gesetz über den Messstellenbetrieb und die Datenkommunikation in intelligenten Energienetzen (Messstellenbetriebsgesetz – MsbG) vom 29. August 2016, veröffentlicht in: Bundesgesetzblatt Teil I, Jahrgang 2016, Nr. 43 vom 01.09.2016, S. 2034–2059, zuletzt geändert durch das Gesetz Zweites Gesetz zur Anpassung des Datenschutzrechts an die Verordnung (EU) 2016/679 und zur Umsetzung der Richtlinie (EU) 2016/680 (Zweites Datenschutz-Anpassungs- und Umsetzungsgesetz EU – 2. DSAnpUG-EU), Artikel 90 vom 20. November 2019 (Bundesgesetzblatt Teil I, Jahrgang 2019, Nr. 41 vom 25. November 2019, S. 1679–1681), elektronisch veröffentlicht: URL: http://www.bgbl.de/xaver/bgbl/start.xav?startbk=Bundesanzeiger_BGBl&jumpTo=bgbl116s2034.pdf [Stand 05.07.2020].

BUNDESTAG (2016b): Gesetz zur Digitalisierung der Energiewende vom 29. August 2016, veröffentlicht in: Bundesgesetzblatt Teil I, Jahrgang 2016, Nr. 43 vom 01.09.2016, S. 2034–2064, elektronisch veröffentlicht: URL: http://www.bgbl.de/xaver/bgbl/start.xav?startbk=Bundesanzeiger_BGBl&jumpTo=bgbl116s2034.pdf [Stand 05.07.2020].

BUNDESTAG (2019): Gesetz zur Änderung des Energiewirtschaftsgesetzes zur Umsetzung der Richtlinie (EU) 2019/692 des Europäischen Parlamentes und des Rates über gemeinsame Vorschriften für den Erdgasbinnenmarkt vom 5. Dezember 2019, veröffentlicht in: Bundesgesetzblatt Teil I, Jahrgang 2019, Nr. 45 vom 11.12.2019, S. 2002–2004, elektronisch veröffentlicht: URL: https://www.bgbl.de/xaver/bgbl/start.xav#__bgbl__%2F%2F*%5B%40attr_id%3D%27bgbl119s2002.pdf%27%5D__1593972050834 [Stand 05.07.2020].

BURGER, A./BUCHHART, A. (2002): Risiko-Controlling, München u. a. 2002.

CHOPRA, S./MEINDL, P. (2014): Supply Chain Management. Strategie, Planung und Umsetzung, 5., aktualisierte Auflage, Hallbergmoos 2014.

CHRISTOPHER, M. (2011): Logistics & Supply Chain Management, 4th edition, Harlow u. a. 2011.

COOPER, M. C./LAMBERT, D. M. (1997): Supply Chain Management: More Than a New Name for Logistics, veröffentlicht in: The International Journal of Logistics Management, Vol. 8, No. 1, January 1997, S. 1–14.

CORSTEN, H./DOST, C. (2019): Identifikation kritischer Lieferanten in Produktionsnetzwerken auf der Grundlage von Zentralitätsmaßen, in: SCHRÖDER, M./WEGNER, K. (Hrsg.): Logistik im Wandel der Zeit – Von der Produktionssteuerung zu vernetzten Supply Chains. Festschrift für Wolfgang Kersten zum 60. Geburtstag, Wiesbaden 2019, S. 185–205.

CORSTEN, H./GÖSSINGER, R. (2008): Einführung in das Supply Chain Management, 2., vollständig überarbeitete und wesentlich erweiterte Auflage, München u. a. 2008.

DIEDERICHS, M. (2018): Risikomanagement und Risikocontrolling, 4., vollständig überarbeitete und ergänzte Auflage, München 2018.

DILLER, H./KUSTERER, M. (1988): Beziehungsmanagement: Theoretische Grundlagen und explorative Befunde, veröffentlicht in: Marketing-ZFP – Journal of Research and Management, January 1988, Nr. 1, S. 211–220.

DOCH, S./AWAN, Y./KINZEL, M./STRAUBE, F. (2012): Entwicklung eines präventiven und reaktiven Lieferanten-Managementkonzepts zur Begrenzung von Beschaffungsrisiken, in: GÖPFERT, I./BRAUN, D./SCHULZ, M. (Hrsg.): Automobillogistik. Stand und Zukunftstrends, Wiesbaden 2012, S. 67–95.

DÖRNER, D./DOLECZIK, G. (2000): Prüfung des Risikomanagements, in: DÖRNER, D./HORVÁTH, P./KAGERMANN, H. (Hrsg.): Praxis des Risikomanagements. Grundlagen, Kategorien, branchenspezifische und strukturelle Aspekte, Stuttgart 2000, S. 193–217.

EBERT, C. (2013): Risikomanagement kompakt. Risiken und Unsicherheiten bewerten und beherrschen, 2., überarbeitete und erweiterte Auflage, Berlin u. a. 2013.

ELLER, R./HEINRICH, M./PERROT, R./REIF, M. (2010): Kompaktwissen Risikomanagement. Nachschlagen, verstehen und erfolgreich umsetzen, Wiesbaden 2010.

ENGELHARDT-NOWITZKI, C. (2010): Bausteine eines Supply Network Managements in veränderlichen Umfeldsituationen – auf dem Weg zu einem schlüssigen Supply Network Modell, in: ENGELHARDT-NOWITZKI, C./NOWITZKI, O./ZSIFKOVITS, H. (Hrsg.): Supply Chain Network Management. Gestaltungskonzepte und Stand der praktischen Anwendung, Wiesbaden 2010, S. 3–20.

ERICHSON, B./HAMMANN, P. (2011): Beschaffung und Aufbereitung von Informationen, in: BEA, F. X./SCHWEITZER, M. (Hrsg.): Allgemeine Betriebswirtschaftslehre, Band 2: Führung, 10., überarbeitete und erweiterte Auflage, Stuttgart 2011, S. 392–488.

ERICSSON, K. A. (1996): The Road to Expert Performance. Empirical Evidence from the Arts and Sciences, Sports, and Games, Mahwah 1996.

EßIG, M./HOFMANN, E./STÖLZLE, W. (2013): Supply Chain Management, München 2013.

ETTERER, W. (2008): Handlungsstrategien im Risikomanagement für kleine und mittlere Unternehmen aus Sicht eines mittelständischen Logistikdienstleisters, in: PFOHL, H.-C. (Hrsg.): Sicherheit und Risikomanagement in der Supply Chain. Gestaltungsansätze und praktische Umsetzung, Hamburg 2008, S. 193–215.

EUROPÄISCHES PARLAMENT UND RAT (1997): Richtlinie 96/92/EG des Europäischen Parlaments und des Rates vom 19. Dezember 1996 betreffend gemeinsame Vorschriften für den Elektrizitätsbinnenmarkt, veröffentlicht in: Amtsblatt der Europäischen Gemeinschaften, Nr. L 27 vom 30.01.1997, S. 20–29, elektronisch veröffentlicht: URL: http://eur-lex.europa.eu/legal-content/DE/TXT/PDF/?uri=CELEX:31996L0092&from=DE [Stand 06.08.2016].

EUROPÄISCHES PARLAMENT UND RAT (1998): Richtlinie 98/30/EG des Europäischen Parlaments und des Rates vom 22. Juni 1998 betreffend gemeinsame Vorschriften für den Erdgasbinnenmarkt, veröffentlicht in: Amtsblatt der Europäischen Gemeinschaften, L 204 vom 21.07.1998, S. 1–12, elektronisch veröffentlicht: URL: http://eur-lex.europa.eu/legal-content/DE/TXT/PDF/?uri=CELEX:31998L0030&from=DE [Stand 06.08.2016].

FALTER, W./MICHEL, U. (2000): Frühaufklärung und Risikomanagement für Unternehmen der chemischen Industrie, in: DÖRNER, D./HORVÁTH, P./KAGERMANN, H. (Hrsg.): Praxis des Risikomanagements. Grundlagen, Kategorien, branchenspezifische und strukturelle Aspekte, Stuttgart 2000, S. 471–505.

FANDEL, G./GIESE, A./RAUBENHEIMER, H. (2009): Supply Chain Management. Strategien – Planungsansätze – Controlling, Berlin u. a. 2009.

FERSTL, O. K./SINZ, E. J. (2013): Grundlagen der Wirtschaftsinformatik, 7., aktualisierte Auflage, München 2013.

FESER, M. (2015): Entwicklung eines Modells zur situationsadäquaten Implementierung von Supply Chain Risikomanagement, Dissertation, TECHNISCHE UNIVERSITÄT HAMBURG-HARBURG, Hamburg-Harburg 2015.

FLAUGER, J./IWERSEN, S. (2014): Die große Strom-Abzocke. Der Teldafax-Skandal und was Verbraucher daraus lernen können, Berlin 2014.

FLICK, U. (1994): Text zwischen Mimesis und Welterzeugung: Fragen der Geltungsbegründung textualisierter Sozialwissenschaft, in: BOEHM, A./MENGEL, A./MUHR, T. (Hrsg.): Texte verstehen. Konzepte, Methoden, Werkzeuge, Konstanz 1994, S. 97–118.

FLICK, U. (2011): Qualitative Sozialforschung. Eine Einführung, 4. Auflage, Originalausgabe, Reinbek bei Hamburg 2011.

FLICK, U./KARDORFF, E. V./STEINKE, I. (2012): Was ist qualitative Forschung? Einleitung und Überblick, in: FLICK, U./KARDORFF, E. V./STEINKE, I. (Hrsg.): Qualitative Forschung. Ein Handbuch, 9. Auflage (Originalausgabe), Reinbek bei Hamburg 2012, S. 13–29.

FRANZ, K.-P. (2000): Corporate Governance, in: DÖRNER, D./HORVÁTH, P./KAGERMANN, H. (Hrsg.): Praxis des Risikomanagements. Grundlagen, Kategorien, branchenspezifische und strukturelle Aspekte, Stuttgart 2000, S. 41–72.

FRAUNHOFER-INSTITUT FÜR MATERIALFLUSS UND LOGISTIK IML (Hrsg.) (o. J.): Energielogistik, Dortmund o. J., elektronisch veröffentlicht: URL: https://www.iml.fraunhofer.de/content/dam/iml/de/documents/OE%20320/Infoseiten%20Abteilung%20und%20Gruppen/Energielogistik_MAIL.pdf [Stand 28.11.2019].

GENSCHMER, U./KREY, A. (2010): Performance Measurement und Anreizsysteme als Elemente des strategischen Supply Chain Managements, in: ENGELHARDT-NOWITZKI, C./NOWITZKI, O./ZSIFKOVITS, H. (Hrsg.): Supply Chain Network Management. Gestaltungskonzepte und Stand der praktischen Anwendung, Wiesbaden 2010, S. 33–48.

GLEIẞNER, H./FEMERLING, C. (2008): Logistik. Grundlagen – Übungen – Fallbeispiele, Wiesbaden 2008.

GLEIẞNER, W. (2016): Strategisches Risikomanagement. Das Robuste Unternehmen, herausgegeben durch RISKNET – THE RISK MANAGEMENT NETWORK, elektronisch veröffentlicht: URL: https://www.risknet.de/themen/risknews/das-robuste-unternehmen/905798cce00941361912c536e99930b8/ [Stand 09.12.2019].

GLEIẞNER, W. (2017): Robuste Unternehmen und strategisches Risikomanagement – Ein Blick in die Vergangenheit und Zukunft, veröffentlicht in: RISIKO MANAGER, 2017, Nr. 2, S. 20–28, elektronisch veröffentlicht: URL: http://www.werner-gleissner.de/site/publikationen/WernerGleissner_offiziell-Nr-1441b-Robuste-Unternehmen-und-strategisches-Risikomanagement.pdf [Stand 11.05.2019].

GLEIẞNER, W. (2018): Risikomanagement 20 Jahre nach KonTraG: Auf dem Weg zum entscheidungsorientierten Risikomanagement, veröffentlicht in: Der Betrieb, 2018, Nr. 46, S. 2769–2774, elektronisch veröffentlicht: URL: http://www.werner-gleissner.de/site/publikationen/WernerGleissner_offiziell-Nr-1561-Risikomanagement-20-Jahre-nach-KonTraG.pdf [Stand 13.05.2019].

GLEIẞNER, W./ROMEIKE, F. (2005): Risikomanagement. Umsetzung – Werkzeuge – Risikobewertung, Freiburg u. a. 2005.

GLEIẞNER, W./ROMEIKE, F. (2015): Grundlagen des Risikomanagements, in: GLEIẞNER, W./ROMEIKE, F. (Hrsg.): Praxishandbuch Risikomanagement. Konzepte – Methoden – Umsetzung, Berlin 2015, S. 19–43.

GOETHE, J. W. VON (1808): Faust I, Tübingen 1808.

GOLDBACH, M. (2003): Coordinating Interaction in Supply Chains – The Example of Greening Textile Chains, in: SEURING, S. A./GOLDBACH, M./MÜLLER, M./SCHNEIDEWIND, U. (Hrsg.): Strategy and Organization in Supply Chains, Heidelberg 2003, S. 47–63.

GOTTLIEB, S./IVANOV, D./DAS, A. (2019): Case studies of the digital technology impacts on supply chain disruption risk management, in: SCHRÖDER, M./WEGNER, K. (Hrsg.):

Logistik im Wandel der Zeit – Von der Produktionssteuerung zu vernetzten Supply Chains. Festschrift für Wolfgang Kersten zum 60. Geburtstag, Wiesbaden 2019, S. 23–52.

GÖTZE, U./MIKUS, B. (2015): Der Prozess des Risikomanagements in Supply Chains, in: SIEPERMANN, C./VAHRENKAMP, R./SIEPERMANN, M. (Hrsg.): Risikomanagement in Supply Chains. Gefahren abwehren, Chancen nutzen, Erfolg generieren, 2., neu bearbeitete Auflage, Berlin 2015, S. 29–59.

GROßE-WILDE, J. (2004): SRM – Supplier-Relationship-Management, veröffentlicht in: Wirtschaftsinformatik, February 2004, Vol. 46, Issue 1, S. 61–63.

HABICHT, H. (2008): Universität und Image. Entwicklung und Erprobung eines stakeholderorientierten Erhebungsinstrumentariums (gebundene DIN A5 Fassung), Dissertation, TECHNISCHE UNIVERSITÄT MÜNCHEN, Wiesbaden 2008.

HAHN, D. (2000): Problemfelder des Supply Chain Management, in: WILDEMANN, H. (Hrsg.): Supply Chain Management, München 2000, S. 9–19.

HAHN, D./KRYSTEK, U. (2000): Früherkennungssysteme und KonTraG, in: DÖRNER, D./HORVÁTH, P./KAGERMANN, H. (Hrsg.): Praxis des Risikomanagements. Grundlagen, Kategorien, branchenspezifische und strukturelle Aspekte, Stuttgart 2000, S. 73–97.

HANDELSBLATT MEDIA GROUP (Hrsg.) (2019): Preisgekrönte Journalisten der Handelsblatt Media Group, elektronisch veröffentlicht: URL: https://handelsblattgroup.com/awards/ [Stand 05.12.2019].

HANDELSBLATT ONLINE (Hrsg.) (o. J.): TelDaFax Affäre. Handelsblatt Special, elektronisch veröffentlicht: URL: https://www.handelsblatt.com/unternehmen/teldafax/ [Stand 01.12.2019].

HANDELSBLATT ONLINE (Hrsg.) (2015): Jürgen Flauger und Sönke Iwersen. Die Redakteure, elektronisch veröffentlicht: URL: https://www.handelsblatt.com/unternehmen/teldafax/juergen-flauger-und-soenke-iwersen-die-redakteure/12534826.html?ticket=ST-26097061-xq1cKARVvJnqyQ0FM2p2-ap5 [Stand 05.12.2019].

HANDELSBLATT ONLINE (Hrsg.) (2015): TELDAFAX-AFFÄRE. Der Skandal in Zahlen, elektronisch veröffentlicht: URL: http://www.handelsblatt.com/unternehmen/teldafax/der-skandal-in-zahlen/12543268.html [Stand 01.12.2019].

HARLAND, C. M./LAMMING, R. C./ZHENG, J./JOHNSON, T. E. (2001): A Taxonomy of Supply Networks, veröffentlicht in: The Journal of Supply Chain Management, Fall, 2001, S. 21–27, elektronisch veröffentlicht: URL: https://onlinelibrary.wiley.com/doi/pdf/10.1111/j.1745-493X.2001.tb00109.x: [Stand 05.07.2020].

HARTMANN, H. (2004): Lieferantenmanagement. Gestaltungsfelder, Methoden, Instrumente mit Beispielen aus der Praxis, Gernsbach 2004.

HARTMANN, H. (2016): Lieferantenmanagement ist Beziehungsmanagement, herausgegeben durch BESCHAFFUNG AKTUELL, elektronisch veröffentlicht: URL: https://beschaffung-aktuell.industrie.de/lieferantenmanagement/lieferantenmanagement-ist-beziehungsmanagement/ [Stand 10.12.2019].

HAUSLADEN, I. (2009): IT-gestützte Logistik. Logistikmanagement im Zeitalter von Bits und Bytes, veröffentlicht in: WiSt – Wirtschaftswissenschaftliches Studium, 38. Jg., September 2009, Nr. 9, S. 452–457.

HAUSLADEN, I. (2010): Materialwirtschaft und Produktion heute – prozessorientiert und IT-gestützt, veröffentlicht in: HMD Praxis der Wirtschaftsinformatik, April 2010, Nr. 272, S. 6–16.

HAUSLADEN, I. (2016): IT-gestützte Logistik. Systeme – Prozesse – Anwendungen, 3., aktualisierte und erweiterte Auflage, Wiesbaden 2016.

HAUSLADEN, I./DACHSEL, B./HAAS, A./RAKOVSKA, M. (2017): Supply Chain Stress. Analysis of Supply Chain Influences, HHL Working Paper, No. 161, HHL LEIPZIG GRADUATE SCHOOL OF MANAGEMENT, Leipzig February 2017.

HAUSLADEN, I./EISELBRECHER, K. (2019): Lösungsansätze zur Gestaltung einer nachhaltigen Strom Supply Chain im Zeitalter der Energiewende und Digitalisierung, in: SCHRÖDER, M./WEGNER, K. (Hrsg.): Logistik im Wandel der Zeit – Von der Produktionssteuerung zu vernetzten Supply Chains. Festschrift für Wolfgang Kersten zum 60. Geburtstag, Wiesbaden 2019, S. 647–672.

HECK, M. (2003): Risikobewusstes F&E-Programm-Management. Theoretische und empirische Modellanalyse (gebundene DIN A4 Fassung), Dissertation, TECHNISCHE UNIVERSITÄT MÜNCHEN, München 2003.

HELD, T./KOCH, J. (2019): Einführungsstrategien für die Digitalisierung im Einkauf, in: SCHRÖDER, M./WEGNER, K. (Hrsg.): Logistik im Wandel der Zeit – Von der Produktionssteuerung zu vernetzten Supply Chains. Festschrift für Wolfgang Kersten zum 60. Geburtstag, Wiesbaden 2019, S. 495–525.

HELLER-HEROLD, G./BERENSTEIN, G. (2018): Allgemeine Grundlagen und Rahmenbedingungen der Vernetzung von Controllling und Risikomanagement als Basis für eine effektive Zusammenarbeit, in: Risk Management Association e. V./Internationaler Controller Verein e. V. (Hrsg.): Vernetzung von Risikomanagement und Controlling. Grundlagen – Praktische Aspekte – Synergiepotenziale, Band 3, Berlin 2018, S. 34–55.

HELMOLD, M./TERRY, B. (2016): Lieferantenmanagement 2030. Wertschöpfung und Sicherung der Wettbewerbsfähigkeit in digitalen und globalen Märkten, Wiesbaden 2016.

HELTEN, E./BITTL, A./LIEBWEIN, P. (2000): Versicherung von Risiken, in: DÖRNER, D./HORVÁTH, P./KAGERMANN, H. (Hrsg.): Praxis des Risikomanagements. Grundlagen, Kategorien, branchenspezifische und strukturelle Aspekte, Stuttgart 2000, S. 153–191.

HILLSON, D. A. (1997): Towards a Risk Maturity Model, veröffentlicht in: The International Journal of Project & Business Risk Management, Spring 1997, Vol. 1, No. 1, S. 35–45.

HOCHSCHULE SCHMALKALDEN (Hrsg.) (o. J.): Wissensdatenbank Wirtschaftsrecht. Entflechtung der Netzbetreiber, elektronisch veröffentlicht: URL: http://wdb.fh-sm.de/EnergieRUnbundling [Stand 08.12.2019].

HOFBAUER, G./MASHHOUR, T./FISCHER, M. (2009): Lieferantenmanagement. Die wertorientierte Gestaltung der Lieferbeziehung, München 2009.

HOFBAUER, G./MASHHOUR, T./FISCHER, M. (2016): Lieferantenmanagement. Die wertorientierte Gestaltung der Lieferbeziehung, 3., vollständig aktualisierte Auflage, Berlin 2016.

HOMMEL, U./KROSS, WILHELM, K./PRITSCH, G. (2015): Strukturierung des unternehmerischen Risikomanagements – Bausteine eines Risikomanagement-Prozesses, in: GLEIẞNER, W./ROMEIKE, F. (Hrsg.): Praxishandbuch Risikomanagement. Konzepte – Methoden – Umsetzung, Berlin 2015, S. 63–95.

IRLINGER, W. (2011): Kausalmodelle zur Lieferantenbewertung, Dissertation, UNIVERSITÄT PASSAU, Passau 2011.

IWERSEN, S. (2016a): Teldafax belastet den Fiskus. Insolvenzverwalter treibt nachträglich 141 Millionen Euro ein, veröffentlicht in: Handelsblatt, Nr. 29 vom 11.02.2016, S. 25.

IWERSEN, S. (2016b): Bittere Abrechnung bei Teldafax. Durch den Zusammenbruch des Billig-Anbieters könnten die Strompreise in Deutschland bald steigen, veröffentlicht in: Handelsblatt, Nr. 32 vom 16.02.2016, S. 22.

JACOBI, C./HARTEL, D. H./OHLEN, O./WENDIK, H. (2004): Logistik-Management. Gestalten und Beherrschen der Supply Chain, Unterföhring bei München 2004.

JANKER, C. G. (2003): Multivariate Lieferantenbewertung. Empirisch gestützte Konzeption eines anforderungsgerechten Bewertungssystems, Dissertation, TECHNISCHE UNIVERSITÄT DRESDEN, 2., aktualisierte und erweiterte Auflage, Wiesbaden 2003.

JARAUSCH, J.-K. C. (2011): Frühaufklärung von Lieferanteninsolvenzrisiken. Eine theoretische und empirische Analyse (gebundene DIN A4 Fassung), Dissertation, TECHNISCHE UNIVERSITÄT MÜNCHEN, München 2011.

JHERING, G. VON (2013a): Klage White & Case LLP zur Insolvenzanfechtung TelDaFax ENERGY GmbH gegen einen Verteilnetzbetreiber vom 19.11.2013, Hamburg 2013.

JHERING, G. VON (2013b): Schreiben White & Case LLP „Inanspruchnahme wegen Insolvenzanfechtung TelDaFax ENERGY GmbH" an einen Verteilnetzbetreiber vom 12.08.2013, Hamburg 2013.

JHERING, G. VON (2014): Schriftsatz White & Case LLP wegen Insolvenzanfechtung TelDaFax ENERGY GmbH gegen einen Verteilnetzbetreiber vom 15.04.2014, Hamburg 2014.

KAJÜTER, P. (2003a): Instrumente im Risikomanagement in der Supply Chain, in: STÖLZLE, W./OTTO, A. (Hrsg.): Supply Chain Controlling in Theorie und Praxis. Aktuelle Konzepte und Unternehmensbeispiele, Wiesbaden 2003, S. 107–135.

KAJÜTER, P. (2003b): Risk Management in Supply Chains, in: SEURING, S. A./GOLDBACH, M./MÜLLER, M./SCHNEIDEWIND, U. (Hrsg.): Strategy and Organization in Supply Chains, Heidelberg 2003, S. 321–336.

KAJÜTER, P. (2007): Risikomanagement in der Supply Chain. Ökonomische, regulatorische und konzeptionelle Grundlagen, in: VAHRENKAMP, R./SIEPERMANN, C. (Hrsg.): Risikomanagement in Supply Chains. Gefahren abwehren, Chancen nutzen, Erfolg generieren, Berlin 2007, S. 13–27.

KAJÜTER, P. (2015): Risikomanagement in der Supply Chain. Ökonomische, reguatorische und konzeptionelle Grundlagen, in: SIEPERMANN, C./VAHRENKAMP, R./SIEPERMANN, M. (Hrsg.): Risikomanagement in Supply Chains. Gefahren abwehren, Chancen nutzen, Erfolg generieren, 2., neu bearbeitete Auflage, Berlin 2015, S. 13–27.

KALUZA, B./BLECKER, T. (2000): Supply Chain Management und Unternehmung ohne Grenzen – Zur Verknüpfung zweier interorganisationaler Konzepte, in: WILDEMANN, H. (Hrsg.): Supply Chain Management, München 2000, S. 117–152.

KALUZA, C. (2010): Konzeption eines erfolgsorientierten Beschaffungscontrolling. Theoretische Betrachtungen und empirische Untersuchungen, Dissertation, TECHNISCHE UNIVERSITÄT MÜNCHEN, 2., aktualisierte Auflage, München 2010.

KASTREUZ, G. (1994): Management von Qualität und Zuverlässigkeit im Einkauf, Wiesbaden 1994.

KELLE, U./KLUGE, S. (2010): Vom Einzelfall zum Typus: Fallvergleich und Fallkontrastierung in der qualitativen Sozialforschung, 2., überarbeite Auflage, Wiesbaden 2010.

KERSTEN, W./SEE, B. VON/INDORF, M. (2018): Digitalisierung als Wegbereiter für effizientere Wertschöpfungsnetzwerke, in: KHARE, A./KESSLER, D./WIRSAM, J. (Hrsg.): Marktorientiertes Produkt- und Produktionsmanagement in digitalen Umwelten. Festgabe für Klaus Bellmann zum 75. Geburtstag, Wiesbaden 2018, S. 101–117.

KLEES, A. (2012): Einführung in das Energiewirtschaftsrecht, Frankfurt am Main 2012.

KNIEPS, G. (2003): Der disaggregierte Regulierungsansatz der Netzökonomie, in: KNIEPS, G./BRUNEKREEFT, G. (Hrsg.): Zwischen Regulierung und Wettbewerb. Netzsektoren in Deutschland, 2., aktualisierte und erweiterte Auflage, Heidelberg 2003, S. 9–45.

KOTZAB, H. (2000): Zum Wesen von Supply Chain Management vor dem Hintergrund der betriebswirtschaftlichen Logistikkonzeption – erweiterte Überlegungen, in: WILDEMANN, H. (Hrsg.): Supply Chain Management, München 2000, S. 21–47.

KRAHE, A. (2010): Risikomanagement. Was Manager von Alpinisten lernen können, Berlin 2010.

KRALLMANN, H./TRIER, M. (2019): Enzyklopädie der Wirtschaftsinformatik: Systemanalyse, herausgegeben durch GRONAU, N. et al., elektronisch veröffentlicht: URL: http://www.enzyklopaedie-der-wirtschaftsinformatik.de/lexikon/daten-wissen/Informationsmanagement/Information-/System/Systemanalyse [Stand 06.12.2019].

KRYSTEK, U. (1987): Unternehmungskrisen. Beschreibung, Vermeidung und Bewältigung überlebenskritischer Prozesse in Unternehmungen, Wiesbaden 1987.

KUPSCH, P. (1995): Risikomanagement, in: CORSTEN, H./REIß, M. (Hrsg.): Handbuch Unternehmungsführung. Konzepte – Instrumente – Schnittstellen, Wiesbaden 1995, S. 529–543.

LAMBERT, D. M./COOPER, M. C. (2000): Issues in Supply Chain Management, veröffentlicht in: Industrial Marketing Management, Vol. 29, Issue 1, January 2000, S. 65–83.

LAMBERT, D. M./COOPER, M. S./PAGH, JANUS, D. (1998): Supply Chain Management: Implementation Issues and Research Opportunities, veröffentlicht in: The International Journal of Logistics Management, Vol. 9, No. 2, July 1998, S. 1–19.

LARSON, P. D./HALLDÓRSSON, Á. (2004): Logistics Versus Supply Chain Management: An International Survey, veröffentlicht in: International Journal of Logistics, Vol. 7, No. 1, March 2004, S. 17–31.

LARSON, P. D./POIST, R. F./HALLDÓRSSON, Á. (2007): Perspectives on Logistics vs. SCM: A Survey of SCM Professionals, veröffentlicht in: Journal of Business Logistics, March 2007, Vol. 28, No. 1, S. 1–24.

LASCH, R./JANKER, C. G./DERNO, M. (2015): Risikoorientiertes Lieferantenmanagement, in: SIEPERMANN, C./VAHRENKAMP, R./SIEPERMANN, M. (Hrsg.): Risikomanagement in Supply Chains. Gefahren abwehren, Chancen nutzen, Erfolg generieren, 2., neu bearbeitete Auflage, Berlin 2015, S. 77–99.

LAUX, H./GILLENKIRCH, R. M./SCHENK-MATHES, H. Y. (2014): Entscheidungstheorie, 9., vollständig überarbeitete Auflage, Berlin u. a. 2014.

LAUX, H./GILLENKIRCH, R. M./SCHENK-MATHES, H. Y. (2018): Entscheidungstheorie, 10., aktualisierte und erweiterte Auflage, Berlin 2018.

LETTAU, A./BREUER, F. (o. J.): Kurze Einführung in den qualitativ-sozialwissenschaftlichen Forschungsstil, Münster o. J., elektronisch veröffentlicht: URL: https://www.uni-muenster.de/imperia/md/content/psyifp/aebreuer/alfb.pdf [Stand 09.12.2019].

MALTI, T./SCHWYZER, I. (2016): Einzelfallstudie, in: AEPPLI, J./GASSER, L./GUTZWILLER, E./TETTENBORN, A. (Hrsg.): Empirisches wissenschaftliches Arbeiten. Ein Studienbuch für die Bildungswissenschaften, 4., durchgesehene Auflage, Bad Heilbrunn 2016, S. 204–215.

MAYRING, P. (2016): Einführung in die qualitative Sozialforschung. Eine Anleitung zu qualitativem Denken, 6., überarbeitete Auflage, Weinheim u. a. 2016.

MELZER-RIDINGER, R. (2007): Supply Chain Management. Prozess- und unternehmensübergreifendes Management von Qualität, Kosten und Liefertreue, München u. a. 2007.

MENSCHING, A. (2018): Risiken vs. Gefahren – der soziologische Blick auf das Managen von Unsicherheit, in: MICHALKE, A./RAMBKE, M./ZERANSKI, S. (Hrsg.): Vernetztes Risiko- und Nachhaltigkeitsmanagement. Erfolgreiche Navigation durch die Komplexität und Dynamik des Risikos, Wiesbaden 2018, S. 109–113.

MIKUS, B. (1998): Make-or-buy-Entscheidungen in der Produktion. Führungsprozesse – Risikomanagement – Modellanalysen, Dissertation, UNIVERSITÄT GÖTTINGEN, Wiesbaden 1998.

MIßLER-BEHR, M./ROSENKRANZ, F. (2015): Entscheidung bei Unsicherheit und Risiko, in: GLEIßNER, W./ROMEIKE, F. (Hrsg.): Praxishandbuch Risikomanagement. Konzepte - Methoden - Umsetzung, Berlin 2015, S. 45–62.

MÖNNING, R.-D./ZIMMERMANN, F. (2015): Gutachten der durch die Beschlusskammer 6 im Rahmen ihrer Ermittlungstätigkeiten gemäß § 68 Abs. 2 EnWG i. V. m. §§ 402 ff. ZPO in dem Verfahren zur Festlegung eines Netznutzungsvertrags (Strom) beauftragten Sachverständigen Herrn Prof. Dr. Rolf-Dieter Mönning und Herrn Dr. Franc Zimmermann, Mönning & Georg Rechtsanwälte – Insolvenzverwalter, Aachen u. a. 2015.

MOUTER, N./NOORDEGRAAD, V. (2012): Intercoder reliability for qualitative research. You win some, but do you lose some as well?, o. O. 2012.

MÜLLER, M. (2014): Arbeitshilfen für Aufsichtsräte. Praktische Hinweise zum so genannten Risikomanagement, 4. Auflage, Düsseldorf 2014.

NGUYEN, T. (2008): Handbuch der wert- und risikoorientierten Steuerung von Versicherungsunternehmen, Karlsruhe 2008.

O. A. (2018): Unternehmenskrise, herausgegeben durch GABLER WIRTSCHAFTSLEXIKON, elektronisch veröffentlicht: URL: https://wirtschaftslexikon.gabler.de/definition/unternehmungskrise-49331/version-272567 [Stand 09.12.2019].

O. A. (2019): Metamodell, herausgegeben durch WISSENS-PORTAL ITWISSEN.INFO, elektronisch veröffentlicht: URL: https://www.itwissen.info/Metamodell-meta-model.html [Stand 06.12.2019].

OBERLANDESGERICHT OLDENBURG (Hrsg.) (2015): Pressemitteilung des OLG Oldenburg vom 12.08.2015 TelDaFax: Insolvenzverwalter vor Gericht erfolgreich (Urteil vom 23.07.2015 – Az. 1 U 94/14), Oldenburg 12.08.2015, elektronisch veröffentlicht: URL: https://www.oberlandesgericht-oldenburg.niedersachsen.de/download/115040/Archiv_der_Pressemitteilungen_des_OLG_Oldenburg_vom_23.01.1997-10.10.2016.pdf [Stand 03.09.2019].

OLSON, D. L. (2011): Supply Chain Risk Management. Tools for Analysis, New York 2011.

ORTLIEB, B. (2016): Europäischer Energiebinnenmarkt – Rückblick und Ausblick, veröffentlicht in: Zeitschrift des Instituts für Energie- und Wettbewerbsrecht in der Kommunalen

Wirtschaft e. V., 2016, Heft 3, S. 198–209, elektronisch veröffentlicht: URL: https://www.ewerk.nomos.de/fileadmin/ewerk/doc/2016/Ewerk_2016_03_14.pdf [Stand 28.03.2019].

PANOS, K. (2013): Praxisbuch Energiewirtschaft. Energieumwandlung, -transport und -beschaffung im liberalisierten Markt, 3., aktualisierte Auflage, Berlin u. a. 2013.

PAWLAK, C. (2015): Es geht um 569 Millionen. Flexstrom-Kunden müssen noch lange auf ihr Geld warten, herausgegeben durch FOCUS ONLINE, elektronisch veröffentlicht: URL: http://www.focus.de/immobilien/energiesparen/es-geht-um-569-millionen-flexstrom-kunden-muessen-noch-lange-auf-ihr-geld-warten_id_4654831.html [Stand 29.11.2019].

PFOHL, H.-C./GALLUS, P./KÖHLER, H. (2008): Konzeption des Supply Chain Risikomanagements, in: PFOHL, H.-C. (Hrsg.): Sicherheit und Risikomanagement in der Supply Chain. Gestaltungsansätze und praktische Umsetzung, Hamburg 2008, S. 7–94.

PICOT, A. (1985): Transaktionskosten, veröffentlicht in: DBW Die Betriebswirtschaft, 45. Jg., 1985, Nr. 2, S. 224–225, elektronisch veröffentlicht: URL: https://epub.ub.uni-muenchen.de/6853/1/6853.pdf [Stand 23.11.2019].

POPPE, M. (2019): Millionen Kunden betroffen. Experten warnen vor Pleitewelle bei Stromanbietern, herausgegeben durch FOCUS ONLINE, elektronisch veröffentlicht: URL: https://www.focus.de/immobilien/energiesparen/strom-ratgeber/wildwest-methoden-bei-stromdiscountern-millionen-kunden-betroffen-experten-warnen-vor-pleitewelle-bei-stromanbietern_id_10258137.html[Stand 29.11.2019].

PORTER, M. E. (1998): Competitive Strategy. Techniques for Analyzing Industries and Competitors, New York 1998.

PORZIG, N. (2014): Management von Nachhaltigkeit in Supply-Chain-Netzwerken, Dissertation, HHL LEIPZIG GRADUATE SCHOOL OF MANAGEMENT, Leipzig 2014.

PRZYBORSKI, A./WOHLRAB-SAHR, M. (2014): Qualitative Sozialforschung. Ein Arbeitsbuch, 4., erweiterte Auflage, München 2014.

REICHSREGIERUNG (1935): Gesetz zur Förderung der Energiewirtschaft (Energiewirtschaftsgesetz) vom 13. Dezember 1935, veröffentlicht in: Reichsgesetzblatt, Teil 1, Jahrgang 1935, Nr. 139 vom 16.12.1935, S. 1451–1456, elektronisch veröffentlicht: URL: http://alex.onb.ac.at/cgi-content/alex?aid=dra&datum=1935&page=1597&size=45 [Stand 24.03.2019].

RIEDEL, P. (2017): Die Bundesnetzagentur muss Stromkunden besser schützen, herausgegeben durch FOCUS ONLINE, elektronisch veröffentlicht: URL: http://www.focus.de/finanzen/experten/peter_riedel/pleiten-von-stromanbieters-die-bundesnetzagentur-muss-stromkunden-besser-schuetzen_id_7085878.html [Stand 29.11.2019].

RISSMANN, C. (2015): Schreiben mit Klageentwurf der BOGRAKOS RECHTSANWÄLTE wegen Insolvenzanfechtung FlexStromAG an einen Verteilnetzbetreiber vom 04.06.2015, Berlin 2015.

ROMEIKE, F./HAGER, P. (2009): Erfolgsfaktor Risiko-Management 2.0. Methoden, Beispiele, Checklisten. Praxishandbuch für Industrie und Handel, 2., vollständig überarbeitete und erweiterte Auflage, Wiesbaden 2009.

SAEED, M. A. (2019): Sustainability Performance Assessment of a Supply Chain, in: SCHRÖDER, M./WEGNER, K. (Hrsg.): Logistik im Wandel der Zeit – Von der Produktionssteuerung zu vernetzten Supply Chains. Festschrift für Wolfgang Kersten zum 60. Geburtstag, Wiesbaden 2019, S. 673–687.

SCHATZ, A./MANDEL, J./HERMANN, M. (2010): Studie Risikomanagement in der Beschaffung 2010. Eingesetzte Strategien und Methoden, organisatorische Verankerung, Bedeutung und Reifegrad des Risikomanagements in der Beschaffung in der Industrie, Stuttgart 2010, elektronisch veröffentlicht: URL: http://www.marketing.ch/Portals/0/Wissen/Vertriebspolitik/Logistiksysteme/Studie_Risikomanagement_in_der_Beschaffung_2010_FraunhoferIPA_marketingch.pdf [Stand 12.02.2016].

SCHIFFER, H.-W. (2005): Energiemarkt Deutschland, 9., völlig neu bearbeitete Auflage, Köln 2005.

SCHMIDT, M. (2014): Integrierte Unternehmensführung mit den Methoden des Risiko- und Chancenmanagements, in: KNOLL, T./DEGEN, B. (Hrsg.): Praxis des Risikomanagements. Moderne Instrumente in der Unternehmenssteuerung, Stuttgart 2014, S. 67–83.

SCHNECK, O. (2010): Risikomanagement. Grundlage, Instrumente, Fallbeispiele, Weinheim 2010.

SCHRÖDER, M. (2019): Strukturierte Verbesserung des Supply Chain Risikomanagements, Habilitation, TECHNISCHE UNIVERSITÄT HAMBURG, Hamburg 2019.

SCOTT, J. (1990): A Matter Of Record. Documentary Sources in Social Research, Cambridge 1990.

SINGER, C. (2012): Flexibilitätsmanagement zur Bewältigung von Unsicherheit in der Supply Chain, Dissertation, TECHNISCHE UNIVERSITÄT HAMBURG-HARBURG, Hamburg 2012.

SPECHT, D./HELLMICH, K. (2000): Management der Zulieferbeziehungen in dynamischen Produktionsnetzen, in: WILDEMANN, H. (Hrsg.): Supply Chain Management, München 2000, S. 89–115.

SPILCKER, A. (2015): 700.000 Kunden gehen leer aus. Teldafax-Prozess: Pleite-Manager kommen mit Bewährungsstrafen davon, herausgegeben durch FOCUS ONLINE, elektronisch veröffentlicht: URL: https://www.focus.de/immobilien/energiesparen/strom-ratgeber/700-000-kunden-gehen-leer-aus-teldafax-prozess-pleite-manager-kommen-mit-bewaehrungsstrafen-davon_id_5083348.html [Stand 01.12.2019].

STEINER, I. (2010): Supply Chain Management im Netzsegment der Energiewirtschaft, veröffentlicht in: Energiewirtschaftliche Tagesfragen, 60. Jg., 2010, Heft 3, S. 66–68.

STRÖBELE, W./PFAFFENBERGER, W./HEUTERKES, M. (2012): Energiewirtschaft. Einführung in Theorie und Politik, 3., überarbeitete und aktualisierte Auflage, München 2012.

SYDOW, J. (2010): Management von Netzwerkorganisationen – Zum Stand der Forschung, in: SYDOW, J. (Hrsg.): Management von Netzwerkorganisationen. Beiträge aus der „Managementforschung", 5., aktualisierte Auflage, Wiesbaden 2010, S. 373–470.

SYDOW, J./WINDELER, A. (1997): Komplexität und Reflexivität in Unternehmungsnetzwerken, in: AHLEMEYER, H. W./KÖNIGSWIESER, R. (Hrsg.): Komplexität Managen, Wiesbaden 1997, S. 147–162.

TCW TRANSFER-CENTRUM GMBH & CO. KG (Hrsg.) (o. J.): Lieferantenmanagement, elektronisch veröffentlicht: URL: http://www.tcw.de/management-consulting/einkaufsmanagement/lieferantenmanagement-104 [Stand 28.11.2019].

THE ASSOCIATION FOR OPERATIONS MANAGEMENT (Hrsg.) (2017): Quick Reference Guide SCOR 12.0. Supply Chain Operations Reference Model, o. O. 2017.

TRIER, M./BOBRIK, A./NEUMANN, N./WYSSUSSEK, B. (2013): Systemtheorie und Modell, in: KRALLMANN, H./BOBRIK, A./LEVINA, O. (Hrsg.): Systemanalyse im Unternehmen. Prozessorientierte Methoden der Wirtschaftsinformatik, 6., überarbeitete und erweiterte Auflage, München u. a. 2013, S. 41–72.

VERBRAUCHERZENTRALE NRW E. V. (Hrsg.) (2018): 20 Jahre Strommarkt. Entwicklungen, Erfolge, Perspektiven der Marktliberalisierung seit 1998 aus Verbrauchersicht

2018, elektronisch veröffentlicht: URL: https://www.verbraucherzentrale.nrw/sites/default/files/2018-05/20-Jahre-Strommarkt.pdf [Stand 17.09.2019].

VKU VERBAND KOMMUNALER UNTERNEHMEN E. V. (Hrsg.) (2015a): LEITFADEN „INSOLVENZRECHT". Handlungsoptionen bei der Insolvenz von Vertragspartnern und Möglichkeiten zur Minimierung des Forderungsausfallrisikos, Berlin 2015.

VKU VERBAND KOMMUNALER UNTERNEHMEN E. V. (Hrsg.) (2015b): POSITIONSPAPIER zum Regierungsentwurf eines Gesetzes zur Verbesserung der Rechtssicherheit bei Anfechtungen nach der Insolvenzordnung und nach dem Anfechtungsgesetz vom 29.09.2015, Berlin 2015.

VKU VERBAND KOMMUNALER UNTERNEHMEN E. V. (Hrsg.) (2015c): STELLUNGNAHME zum Entwurf eines Gesetzes zur Verbesserung der Rechtssicherheit bei Anfechtungen nach der Insolvenzordnung und nach dem Anfechtungsgesetz vom 16.03.2015, Berlin 10.06.2015, elektronisch veröffentlicht: URL: https://www.bmjv.de/SharedDocs/Gesetzgebungsverfahren/Stellungnahmen/2015/Downloads/06102015_Stellungnahme_VKU_RefE_Anfechtungsgesetz.pdf?__blob=publicationFile&v=1 [Stand 07.12.2019].

VKU VERBAND KOMMUNALER UNTERNEHMEN E. V. (Hrsg.) (2017): LEITFADEN „INSOLVENZRECHT". Handlungsoptionen bei der Insolvenz von Vertragspartnern und Möglichkeiten zur Minimierung des Forderungsausfallrisikos, Berlin 2017, elektronisch veröffentlicht: URL: https://www.vku.de/index.php?eID=tx_nawsecuredl&u=0&g=0&t=1509158401&hash=0030914b7700df08838ce78e4675765a3830f280&file=fileadmin/media/Dokumente/Recht/Rechtsinformationen/2017/170727_VKU-Leitfaden_Insolvenzrecht.pdf [Stand 27.10.2017].

WAGNER, S. M./KEMMERLING, R./KERSTEN, W./BÖGER, M. (2010): Supply Chain Risikomanagement: Besonderheiten und Herausforderungen für kleine und mittlere Unternehmen, in: ENGELHARDT-NOWITZKI, C./NOWITZKI, O./ZSIFKOVITS, H. (Hrsg.): Supply Chain Network Management. Gestaltungskonzepte und Stand der praktischen Anwendung, Wiesbaden 2010, S. 97–116.

WATERS, C. D. (2011): Supply Chain Risk Management. Vulnerability and Resilience in Logistics, 2nd edition, London u. a. 2011.

WEBER, J./KAMPS, U./GILLENKIRCH, R. (o. J.): Risiko, herausgegeben durch GABLER WIRTSCHAFTSLEXIKON, elektronisch veröffentlicht: URL: https://wirtschaftslexikon.gabler.de/definition/risiko-44896 [Stand 08.12.2019].

WEBER, J./WALLENBURG, C. M. (2010): Logistik- und Supply Chain Controlling, 6., vollständig überarbeitete Auflage, Stuttgart 2010.

WEGNER-HAMBLOCH, S. (2016): Praxisleitfaden Lieferantenmanagement, Hamburg 2016.

WERNER, H. (2013): Supply Chain Management. Grundlagen, Strategien, Instrumente und Controlling, 5., überarbeitet und erweiterte Auflage, Wiesbaden 2013.

WERNER, H. (2014): Kompakt Edition: Supply Chain Controlling. Grundlagen, Performance-Messung und Handlungsempfehlungen, Wiesbaden 2014.

WERNER, H. (2017): Supply Chain Management. Grundlagen, Strategien, Instrumente und Controlling, 6., aktualisierte und überarbeitete Auflage, Wiesbaden 2017.

WESCHE, C./Koch, M. (2012): TelDaFax-Insolvenzverwalter fordert Rückzahlung von Netznutzungsentgelten im Wege der Insolvenzanfechtung; BDEW extra Information Energie 2/2012, Berlin 19.01.2012.

WESCHE, C. (2013a): BDEW-Vermerk: Kundeninsolvenz und insolvenzrechtliche Anfechtung. Ausfallrisiken und Handlungsmöglichkeiten für Energie- und Wasserversorgungsunternehmen, Berlin 04.01.2013.

WESCHE, C. (2013b): Insolvenzrechtliche Anfechtung von Insolvenzverwaltern gegenüber Energie- und Wasserversorgungsunternehmen – Vorgehen zur Vermeidung von Insolvenzrisiken; BDEW extra Information Energie 1/2013, Berlin 14.01.2013.

WESCHE, C. (2017): BDEW-Anwendungshilfe: Gesetz zur Verbesserung der Rechtssicherheit bei Anfechtungen nach der Insolvenzordnung. Praxishinweise zur Begründung insolvenzfester Forderungen, Berlin 10.03.2017.

WESCHE, C. (2019): BDEW-Anwendungshilfe: Insolvenzantrag BEV. Folgen für Netzbetreiber und Grundversorger, Berlin 01.02.2019.

WHITE & CASE LLP (Hrsg.) (2017): Workshop: TelDaFax die Dritte? – Die Insolvenz von Care Energy und die Folgen vom 27.04.2017 (Mitschrift der Verfasserin), Düsseldorf 2017.

WILDEMANN, H. (o. J.): Supply Chain Management, o. O. o. J., elektronisch veröffentlicht: URL: http://www.tcw.de/uploads/html/publikationen/aufsatz/files/Supply_Chain_Management_aufsatz.pdf [Stand 28.02.2016].

WILDEMANN, H. (2003): Supply Chain Management. Effizienzsteigerung in der unternehmensübergreifenden Wertschöpfungskette, München 2003.

WILDEMANN, H. (2005): Supply Chain Management. Effizienzsteigerung in der unternehmensübergreifenden Wertschöpfungskette, 2. Auflage, München 2005.

WILDEMANN, H. (2006): Risikomanagement und Rating, München 2006.

WILDEMANN, H. (2008): Einkaufspotenzialanalyse. Programme zur partnerschaftlichen Erschließung von Rationalisierungspotenzialen, 2., neu bearbeitete Auflage, München 2008.

WÖHNER, H./WIMMER, T. (2010): Integration entlang der Wertschöpfungskette – Erfolgsfaktoren von Supply Chain Design, in: ENGELHARDT-NOWITZKI, C./NOWITZKI, O./ZSIFKOVITS, H. (Hrsg.): Supply Chain Network Management. Gestaltungskonzepte und Stand der praktischen Anwendung, Wiesbaden 2010, S. 21–32.

WOLKE, T. (2016): Risikomanagement, 3., vollständig überarbeitete, erweiterte und aktualisierte Auflage (2. Nachdruck), o. O. 2016.

WÜRFEL, P. (2015): Unter Strom. Die neuen Spielregeln der Stromwirtschaft, Wiesbaden 2015.

ZAWISLA, T. (2006): Risikoorientiertes Lieferantenmanagement. Eine empirische Analyse (gebundene DIN A4 Fassung), Dissertation, TECHNISCHE UNIVERSITÄT MÜNCHEN, München 2006.

ZELEWSKI, S. (1995): Krisenmanagement, in: CORSTEN, H./REIß, M. (Hrsg.): Handbuch Unternehmungsführung. Konzepte – Instrumente – Schnittstellen, Wiesbaden 1995, S. 897–911.